首長たちの戦いに学ぶ
災害緊急対応100日の知恵

編集
（一社）NEXT代表理事・前長岡市長
森 民夫

ぎょうせい

はじめに――
災害による教訓の蓄積の必要性

「天災は忘れた頃にやってくる」。人口に膾炙《かいしゃ》した寺田寅彦の言葉であるが、私の場合は、忘れるどころか全く初めての経験だった。

平成16年10月23日17時56分、新潟県中越地震が発生した。当時の川口町（現長岡市）では最大震度7を記録。68名が死亡し、家屋の全半壊は約1万7000棟に上った。

私は、発生直後から数日間は市長室に寝泊まりすることとした。災害対策本部会議が終了した深夜、インターネットで、災害初期対応の参考になる他の災害の資料を探しまくったが、唯一阪神・淡路大震災における緻密な記録集が存在するのみで、リーダーとしての首長の参考になる資料は見つからなかった。また、中央官庁のホームページにも、すぐに役に立つ記事は見つからなかった。災害対策基本法や災害救助法を読み直したが、現場の対応にすぐに役立つわけでもなく、結局、全て一人で考え、悩みながら決断するしかなかった。

市長就任後5年の私は、連日、情報の収集、避難所の開設、飲料水や食料の確保と配布など様々な決断を迫られた。しかし、教科書もマニュアルもなく、一人で手探り状態の決断だった。私にとって何よりも必要だったのは、災害対応の知識というよりも、リーダーとしての心構えへのアドバイスだった。

仮設住宅の建設等の応急対策が一段落した後、記憶が新しいうちに、とにかく自らの経験を記録に残そ

う と思い立った。深夜の市長室で、感謝、困惑、怒りなど様々な感情が湧いてきて筆が進んだ。そして、問題の発生と対応結果について順を追って記述した図書を出版することとした。ひとえに、生の体験を記述することで今後の災害で苦労する首長や職員の苦痛を少しでも軽減することが私の義務だと考えたからである。したがって、できるだけ実務の参考になるように私だけでなく職員や関係者を含め執筆を依頼した。地震発生の翌平成17年7月に『中越大震災―自治体の危機管理は機能したか』と題し、(株)ぎょうせいから発行された。

この図書は、東日本大震災や熊本地震等の災害のたびに被災地の首長の皆さんに配布させていただいた。平成28年熊本地震の際、大西一史熊本市長に高く評価していただいたのをはじめ、多くの首長の皆さんに役に立ったと言っていただいた。

しかし、中越地震から既に20年以上が経過した。この間、災害のたびに制度の改善がなされてきた。例えば、被災者生活再建支援法は、中越地震で初めて本格的に適用されたのであるが、年収、年齢、単身か否か等によって複雑すぎる制度のため長岡市の窓口は夜11時、12時まで行列ができるほどであった。今は改善され、年収などの要件を撤廃して住宅被害データと再建方法だけで、300万円の渡し切り、領収書は要らないという方法に改善された。応急仮設住宅も1戸当たり建設費の上限240万円、面積29・7㎡という制限が撤廃された。また、山古志の応急仮設住宅内に村の床屋さんを認めるか否かの課題は、中小企業基盤整備機構が建設して、安くレンタルする制度が創設された。さらに避難勧告制度も大幅に改善された。中越地震当時は、「避難勧告」と「避難指示」の2段階であったが、平成17年に「避難準備情報」が新設され、現在では、大雨・洪水の警戒レベルと連動して「高齢者等避難」「避難指示(全員避難)」「緊急安全確保」の3段階となっている。

このように改善された制度に対応するだけでなく、近年頻発する災害に適切に対応するためには、基礎自治体の首長の強力なリーダーシップや、自治体等の関係者による住民に寄り添う現場感覚が必要不可欠である。特に、発災初期の数か月間の対応が、その後の着実な復旧・復興の礎となることを私は経験している。そこで、新しい首長向けの手引書が必要だと考えたのである。

本書の編集に携わって、首長の生々しい体験談と緊急事態に対処した心構えが参考になることはもちろん、国による支援、NPOによるボランティア、民間企業の支援なども大いに役立つであろう。まさしく、関係者の発災初期の生々しい経験談は教訓の宝庫である。

今後予想される大規模災害に対して、最善の対応を図るために必ずや参考となる書であると確信している。少しでも被災者の苦しみを救うために役立つことを心から願っている。

令和7年2月

（一社）NEXT代表理事・前長岡市長　森　民夫

＊本書の文中に登場する人物の肩書きは、災害当時のものです。

目　次

第6章　平成30年7月豪雨

第7章　令和4年8月豪雨

第8章　国、関係団体、民間企業からのアドバイス

第1章

令和６年 能登半島地震

Data

令和６年能登半島地震及び令和６年９月20日からの大雨による被害

1　令和６年能登半島地震
　⑴　発生日時：令和６年１月１日16:10
　⑵　震源及び地震の規模
　　　石川県能登地方（北緯37.5度、東経137.3度）
　　　震源の深さ：16km（暫定値）　マグニチュード：7.6（暫定値）
　⑶　最大震度：震度７
　⑷　人的被害（人）死者：515（うち災害関連死287）　行方不明者：2
　⑸　住家被害（棟）全壊：6,461　半壊：23,336　一部破損：125,929
　※内閣府災害情報のページより（令和７年１月28日14:00現在）
2　令和６年９月20日からの大雨による石川県の被害
　⑴　人的被害（人）死者：16
　⑵　住家被害（棟）全壊：110　半壊：576　一部破損：119
　　　床上浸水：53　床下浸水：770
　※内閣府防災情報のページより（令和６年12月24日14:00現在）

令和6年能登半島地震と令和6年9月能登半島豪雨による二重の災害

石川県珠洲市長　泉谷満寿裕

1　令和6年能登半島地震における珠洲市の現状

■発災直後の状況

令和6年1月1日。その前年の5月5日には石川県珠洲市を震源とする震度6強の地震が発生し、局地激甚災害に指定された。新しい年を迎え、今年は復旧を本格的に進めるとともに、復興の年にしたいと決意を新たにしていた。午後4時6分、かなり大きな地震が起きた。私は家族とともに自宅におり、急いで防災服に着替えていた時だった。午後4時10分、とてつもない揺れ。これまでに経験したことのない暴力的な揺れ。柱と窓枠を掴み、「鎮まれ」と4回叫んだが前後、左右、上下に揺れは収まらない。目の前で窓が外れ、タンスが倒れる。全てを破壊しつくすような激震が1分余り続いただろうか。ようやく揺れが収まり、家族とともに外に出ようとするが、ドアというドアが開かない。何とか外に出ることができたが、その瞬間、愕然とした。街並みが変わり果てていた。小走りで市役所に向かったが、まともに建っている家はごくわずかで、ほとんどの建物が倒壊するか傾いていた。道路には亀裂が走り、至る所で段差が生じていた。4時12分にはＪアラートで津波警報が発出された。4時20分には市役所に着いたと思うが、4時22分には大津波警報がＪアラートで発出。市役所は5階建てで、3階以上を津波の一時避難場所に指定しており、多くの市民が避難されて来た。市役所に到着した私が真っ先にしたことは、馳石川県知事に携帯電話で自衛隊の派遣と防災ヘリの出動を要請したことだった。

珠洲市の行政職員は約２００名だが、発災直後に参集したのは20名もいただろうか。そのわずかな職員で避難者の誘導をした。日は短く、みるみる暗くなっていく。非常用電源が作動し、緊急用の照明は点灯したが、テレビのスイッチは入らない。庁舎内は断水。自治体病院である珠洲市総合病院の職員に連絡したが、病院にまで辿り着けていなかった。私の携帯電話には国会議員や関係機関などから状況確認の電話が次々と入り、岸田総理からも電話があった。「壊滅的な状況です」と伝えた。その後、病院の職員と連絡が取れ、病院は機能しているが、避難者と急患で混乱しているとのことだった。副市長の携帯電話を通し、消防団の救助活動の状況や、津波の被害も伝わってきた。深夜には自衛隊のヘリポートや水・食料などの物資の拠点をどこにするか判断を迫られ、即座にヘリポートは緑丘中学校のグラウンドとし、物資の拠点を健民体育館とすることを決定した。

まずは、人命救助が最優先。翌2日には、自衛隊・緊急消防援助隊・警察の広域援助隊が市内を三つのブロックに分けて分担し、人命救助にあたっていただいた。上空にはヘリが飛び交い、まさに戦場だった。

地震により倒壊した住宅

道路が至る所で寸断されていた。橋という橋の前後が沈下し段差が生じて渡れない。土砂崩れが多数発生し、道路を塞いでいる。倒壊した家屋に阻まれ通行できない。こうした中、自衛隊と国土交通省のテックフォースによる道路啓開作業が進められた。また、令和5年5月の地震の際の経緯から医療支援をはじめとする支援団体が駆け付け、早速、市災害対策本部に「保健・医療・福祉調整本部」を立ち上げた。こうした多くの方々のご尽力により、4日までには指定避難所16か所と自主避難所78か所、合わせて94か所に約7600名が避難していることが把握できた。この間、市の職員は徐々に参集したが、発災直後、市役所に辿り着けなかった職員は最寄りの避難所で対応にあたっており、参集した職員は本来の部署に関わらず、様々な業務に臨機応変に対応した。また、4日からは、内閣府、国土交通省、総務省、経済産業省、農林水産省、環境省、石川県などからのリエゾンに加え、浜松市、福井県、兵庫県、愛媛県、千葉県、熊本市、松江市、江差町をはじめとする対口支援の職員合わせて240名余りに参集いただき、政府への要望や避難所の運営にご尽力いただいた。1月2日のお昼前に珠洲市総合病院の停電が復旧し、お昼過ぎには市役所の停電も復旧した。3日には県の手配によるパン1万2000個を配送し、4日からは、支援物資や仮設トイレが届き始め、5日早朝には、自衛隊と対口支援の職員により、各避難所への物資の配送体制が構築された。携帯電話の電波は、市の中心部から離れたところでは1月6日までつながりにくかったが、この間、地域の方が市役所まで何時間も歩いて状況を伝えに来られ、その際に衛星携帯電話を手渡し、ようやく連絡が取れるようになった。1月6日からは、自衛隊による炊き出しと入浴支援が始まるとともに、WOTAから循環式のシャワーボックスと手洗い器が届き始めた。1月11日には熊本市の手配でキャンピングカーが届けられ、ようやくリエゾンはじめ応援職員が体を横にして休めるようになった。

被害状況と復旧の現状

住宅の倒壊や大規模土砂災害に加え、4～5mの津波に襲われた地域もあったことから、令和6年8月末現在、災害関連死も含め122名もの多くの方々が尊い命を失われた。住宅の被害が極めて甚大で、市内約5600世帯のうち全壊が1700戸余りで約3割、半壊以上が約3分の2の3700戸余りとなっている。なお、罹災証明書の交付に伴う、被害家屋調査については、発災直後から1次外観調査をプッシュ型とし、各自治体からの短期派遣職員の応援をいただき、市内全域をローラー方式で進めたことで進捗を速めることができた。

道路や橋梁は、市内の至る所で甚大な被害が生じており、8月末現在も通行止めの箇所が残る。外浦側の漁港や船溜まりは隆起し、陸地になってしまったところもある。農地・農業施設もため池や用水路の被害に加え、田んぼに亀裂が入ったり傾きが生じたりしたが、水稲については約6割が作付けできた。困難を極めたのが断水の解消である。こうした中、斉藤国土交通大臣が、発災直後から上下水道の一体的復旧を明言され、1月25日には、直轄調査と技術者の増員派遣を通じ、国のリーダーシップの下、早期復旧を推進するとされた。給水戸数の約9割を担う宝立浄水場は浄水機能の2分の1が早期復旧が不可能であり、取水施設、送水

段差が生じた道路

管など甚大な被害が生じていたが、国土交通省、日本水道協会、名古屋市上下水道局はじめ各自治体の応援により、3月10日に自治体病院や避難所の一部に通水することができた。応急仮設住宅については、必要戸数を1640戸としているが、8月末現在完成戸数は1232戸であり、未だ避難所には約300名が滞在している。

■復興に向けて

多くの建物は壊れてしまったが、本市がこれまで取り組んできた、大学と連携した人材育成事業やSDGsの推進、トキの放鳥に向けた取り組み、日本中央競馬会の引退競走馬を活かす取り組み、奥能登国際芸術祭などは決して壊れていないと考えている。こうした取り組みを復興への光とし、古から引き継がれてきた里山里海の営みの再建をベースに、アートや先駆的な技術を取り入れ、さらに次の世代に引き継ぐことのできる、より強靭で安全な地域づくり、より生産性の高い生業づくりを目指していく。また、市内10地区において、地域の皆様と「新たなまちのかたち」を議論し、決定し、具体的に災害公営住宅の建築などを進めていかなければならない。これまでご支援賜った全ての皆様に心から感謝し、復旧・復興に向けて引き続きご支援賜りますようお願いしたい。

ここまでが泉谷市長の筆になる原稿であるが、その後、令和6年9月21日の豪雨による災害が発生し、対応に追われ加筆していただく余裕がなかったことから、インタビューにより文章を起こすこととした。以下が、その内容である。

2　令和6年9月能登半島豪雨による被害の追い打ち（インタビュー）

――地震による被害からの復旧途上に水害が発生した時のお気持ちと状況は。

大地震からの復旧対応を10か月近く続けてきて、応急仮設住宅の建設等、ようやく復旧の見通しが立ち始めた段階での豪雨災害だった。本当に過酷な状況となり、市民の皆様や職員の疲弊は言葉にできない。

3連休の初日の午前7時に土砂災害警戒情報が発出され、珠洲市では8時に、大谷地区と若山地区の土砂災害警戒区域に避難指示を発出した。その後も雨がなかなか収まらず、雨雲レーダーで線状降水帯を見つめていたが、次から次に強い雨雲が湧いてくる状況だった。午前10時に、珠洲市全域に避難指示を発出したが、現実問題としては、発出する前に避難場所の手当も必要で、発出は難しい面もあった。もう少し早く発出できればよかったという思いもある。

この豪雨災害で、珠洲市においても3名の方が尊い命を失われた。誠に残念であった。

――地震による地盤への被害が豪雨による被害を大きくした面があるか？

そのとおりだ。地震によって山が崩れかけていたところに、豪雨で一気に土砂や木が流された。川幅の狭い河川で、どこからこれだけ大量の土砂や木が流れてきたのかと思うほどだった。農地だけでなく道路や宅地まで流木で埋め尽くされている箇所もある。

犠牲者の一人は地震で半壊の住宅に住み続けていたが、土砂災害警戒区域外の裏山が崩れて、家が倒壊したという状況であった。

また、外浦の真浦地区の宿泊施設のオーナーは、裏山の土砂崩れで、土砂がその宿泊施設に流入し、外に出た時に土石流が発生して海まで流されてしまった。

――仮設住宅の建設への水害による影響は。

仮設住宅は1640戸の計画のうち1294戸が完成していた。特に、大谷町では、令和6年9月末に72戸全戸完成予定だったが、豪雨災害で土砂が合併浄化槽に流入してしまった。その浄化槽の整備に年末までかかるということだったが、何とか対応してもらって、11月末には完成したが、大幅に遅れてしまった。皆さん本当に落胆している。

豪雨による大量の流木

――仮設住宅団地への被害はどのようであったか?

上戸小学校のグラウンドに建設した30戸のうち床上浸水が17戸で床下浸水が13戸あった。ボランティアの対応が迅速で助かった。床下の泥を全部撤去して1か月半ぐらいかけて、修繕工事をするという当初の予定だった。入居者は、できるだけ必要最小限の修繕にとどめてほしいという希望であったので、短期間で修繕をするという方針に変更した。仮設住宅に一度落ち着いた被災者は、もう動きたくないというのが本音だ。そこに住み続けるリスクより、移動して1か月半も異なる場所で寝泊まりしなくてはいけないというストレスのほうが大きいと判断した。

――断水の状況は。

全市では333戸の断水があったが、9月末までに復旧させるという目標だった。ただ、清水浄水場の取水施設が地震で大きく被災して、水源を変更せざるを得ないこととなった。千谷川の下流域に小型の可搬式のプラントを設置して、復旧させる計画で工事に着手していたが、千谷川の川筋が変わってしまい振り出しに戻ってしまった。

隣接した大谷浄水場の復旧を急ぎ、清水浄水場の配水エリアに通水しようとしているが厳しい状況である。

――令和6年の春には農地の約6割が作付けできたそうだが、水害で被害はどの程度広がったのか？

ちょうど、刈り入れが始まった頃の豪雨で、おそらく半分も刈り入れしていない状況だった。地震にめげず、何とか復旧して作付けした田んぼに、土砂や流木が流れ込んでいるので刈り入れは難しい。

さらに倉庫に積んでいた収穫した米の袋が水につかってしまった。被害は甚大だ。

――被災者の意識はどうか？　相当お疲れなのでは。

皆さん、復旧・復興に向けて一歩一歩前に進み始めた矢先だったので、「心が折れそう」ではなく「心が折れた」と表現される方が多い。

農業については、農業機械再取得等支援制度で、自己負担10分の1で新しく買った農業機械が浸水でダメになった。大変な痛手だ。

　持続化補助金を活用して地震で被災した事業所の様々な設備や機械が水害でまた被害にあった。二重被災に対して、経済産業省も再度の申請で対応できる方向で動いていただいているが、それにしても大変だ。

　この二重被災だが、地震による被害と豪雨による被害とを別々の被害として切り分けて支援されるほうが良い場合と、被害を合わせて支援をされるほうが良い場合と、個別に異なってくる状況がある。

　例えば建物の解体撤去は、半壊以上が公費解体の対象になるのだが、地震で準半壊、豪雨災害で同じく準半壊となると公費解体の対象にならない。それであれば地震の被害がさらに拡大したという形で判定されれば、半壊の判定になる可能性がある。この場合は、二つの災害を合わせて対象としたほうが手厚い支援になる。

　これに対して、事業所の設備あるいは農業用の機

空から見た豪雨の被害状況

械となれば、それぞれに支援をいただかないと再建ができない。今のところ被災者に寄り添った形になる方向で進めてはいただいている。

――当面の復旧の目標は？

年内の目標は、仮設住宅を全部完成させて体育館等の避難者をゼロにすること。また、水道の復旧は1日も早く進めたい。

解体撤去の申請も6600件ほど上がっているが、うち3分の1が住宅で、5600世帯のうちおよそ2500世帯ぐらいの住宅が解体撤去となる。地震で一部損壊や準半壊した住戸を修繕して住み続ける予定が、床上浸水や土砂災害で埋まったりして困難になっている。自治体として本当に厳しい。

――長期的に、被災者の定住についての方策は。

例えば、宝立町の鵜飼地区の二百数十世帯、また、三崎町の寺家地区の約100世帯は、地震の津波で本当に全滅と言っていい状態だ。

また、市の中心部の飯田町から蛸島町にかけて、軟弱な地盤で倒壊率が高い地区もあり、もしかしたら町がなくなってしまうのではないかと考えてしまう地区もある。

新たな町の形をどのように再建していくかが非常に重要になってくる。各地区の皆さんと議論をしながら決めていこうと進めているが、水害が発生した9月21日以降は議論が止まっている。

――定住を考える時、産業、特に農林水産業や観光への影響はどうか？

影響は極めて大きい。観光については、特に海岸線を回る奥能登絶景海道等の道路がつながらないと本当に難しい。奥能登の海岸線の風光明媚な景色を楽しむというコースは、海岸が隆起したり窓岩が壊れたり見附島の形が変わったり、景色も変わってしまった。まず、その岬を巡るルートが復旧しないことには難しい。

地震の後、寸断された道路の復旧や孤立集落の方々の安否確認、水や食料の供給など様々な問題も逐次解決してきたが、豪雨災害で新たに土砂崩れや道路崩落が発生し通行止めの箇所が多く出た。何とか通れても積雪時の安全確保の課題も大きい。

農地の復旧も大変だ。土砂や流木を取り除かないといけない。川が壊れているし用水路も土砂で埋まってしまった箇所が数多くある。農業を守るためには、令和7年の春に向けての復旧が重要課題だ。

――他の産業の状況は？

伝統的な珠洲焼がある。珠洲焼の窯も、令和4年の6月19日の震度6弱の地震で窯が壊れ、令和5年の5月5日の震度6強でまた壊れ、今回またまた壊れた。これ以上続けられないという陶工さんもいる一方、また頑張って釜を修繕するという方もいる。しかし、「石川県なりわい再建支援補助金」等の資金的な支援だけでは難しい面もある。珠洲焼の窯を直す業者がいるわけではなく、皆さんの手作りで造られている。何千個ものレンガをもう一回積み直さないといけない。

珪藻土コンロもあるが、この珪藻土を切り出す坑道の入り口が土砂崩れで塞がってしまった。この土砂の撤去だけでも大変だが、土砂が撤去できたとしても次の地震の発生が怖くて入れないという心理もあり、珪藻土産業もなかなか再建が難しい。

酒蔵が2軒あるが一つは全壊した。ここは何とか再建で頑張ってほしい。

揚げ浜式製塩もある。海水を汲んで塩田に撒いて濃度を高めて塩を作るのだが、海岸が隆起してしまったので、海水を汲むのが大変な作業になってしまった。ホースとポンプでやるしかないという状況だが、その地域が、土砂崩れで道路が泥だらけになっていて、そこを綺麗にしないと製塩は難しい。

珠洲市の特徴的な生業が、地震と豪雨の二重災害で一層厳しい状況になっている。

これらの珠洲市特有の産業に伝統的なお祭りも含めて、平成23年に世界農業遺産に「能登の里山里海」が認定された。農地の甚大被害を直視しつつも、この世界農業遺産の里山里海をベースに復興を進めたい。

――農業遺産やSDGsで珠洲市を復興させていくために、特に若い関係人口の方々にも呼びかけをしてほしい。

これまでの取り組みでも、関係人口といえる様々な方々に関わっていただいているので、復興に向けて新たな取り組みを始めるというより、これまでの取り組みをしっかりと復興に向けて進めていくことが大事だと考えている。

（聞き手：（一社）NEXT代表理事・前長岡市長　森　民夫）

令和6年能登半島地震からの復興と能登のポテンシャル

石川県七尾市長　茶谷義隆

■プロローグ

私には3人の娘がいる。三女の1歳の誕生日を祝った翌朝、阪神・淡路大震災が発生し、鮮明に記憶に残っている。

当時は、大阪国税局東税務署で法人税の調査を担当していた。自宅は震源地から離れていたが、長時間の揺れを感じた。その日は税務調査の初日であったため、しばらくして動き出した近鉄電車に飛び乗り、大阪市内へ向かった。駅に着くと大阪市内の地下鉄は動いておらず、地上に出て徒歩で税務署に向かうことにした。地下から地上に出た瞬間、その被害の大きさを知った。

当時は、携帯電話やSNSも普及しておらず、被災した上司と3日間、全く連絡が取れず、不安な思いで過ごした。

その後、税務署内で緊急対応体制委員会（危機管理委員会）が立ち上がり、様々な危機への対応について検討を重ねた。約半年かけて危機対応のマニュアルを作成したが、できあがったものは、かなりの厚さの書類となった。その時の結論として、緊急時、その瞬間にマニュアルを見ていたのでは遅く、状況を的確に判断し、いかに臨機応変に行動するかが重要であると学んだ。令和6年能登半島地震への対応は、その経験を踏まえた上での初動からの行動となった。

■初　動

令和6年元日16時10分、能登半島地震が発生したその瞬間だった。我が家は毎年のように年末は、兄弟や子どもたちが集まり、和倉温泉で過ごすことが恒例となっていた。今回は、みんなが年末に帰ってしまい、正月は久しぶりにゆっくりと過ごせると思った時の出来事だった。

2度目の大きな揺れは、29年前の大震災を思い出すようなものだった。家具は揺れ、壁掛け型のテレビは落下し無残にも壊れた。少し揺れが収まったあと、厚手のジャンパーを羽織って家の外に出た。住民の多くは海から離れた高台にある小丸山城址公園に向かっていた。東日本大震災の教訓から津波を警戒し、多くの住民が高台へ向かって避難した。私は、余震による瓦屋根の落下の危険があるため、道の真ん中を歩くよう声をかけながら、市役所本庁舎へ向かった。庁舎内には多くの住民が避難し、5階の防災交通課にも数名の職員が到着していた。その後、テレビなどのメディアや国、県などからの情報収集を行った。七尾湾内では大津波の可能性が低く危険が少なくなったため、高台での避難者をコミュニティセンターなどの建物へ誘導した。

一方で、参集できた幹部職員と第1回の本部会議を開催する準備を行い、県庁や関係機関と連絡を取りながら、今後の対策を検討する災害対策本部会議を開催した。当日は、午後6時、9時、0時に開催し、その時々で把握した情報の共有を図った。土木や農林の担当が被害状況の確認に向かうとの話があったが、２次被害の可能性を考え、翌朝、明るくなってから確認するよう指示し、人命に関わる救助は消防及び警察に任せた。

■初動で役に立った自治体のＬＩＮＥグループ

発災直後、岡山県総社市の片岡市長をはじめ全国の自治体の首長より連絡が入った。その中で、約３００名の首長が登録しているＬＩＮＥグループが大いに役に立った。全国の自治体から支援物資の情報をいただき、震災翌日から多くの物資が市役所に到着した。庁舎内のロビー等は物資でいっぱいになり、避難所等への配送が課題となった。搬入搬出にあたる職員が不足し、支援物資の搬入が夜中になることもあり、対応する職員の疲労が増した。当初は６か所のエリアの避難所へ物資を運び、近くの避難所や住民の方には、その拠点に取りに来るよう呼びかけた。

地震による被害状況

情報発信の手段も限られていたことから、私個人のＦａｃｅｂｏｏｋやＸなどのＳＮＳを活用して情報発信するとともに、搬出入や運搬のボランティアを呼びかけた。多くの市民等が協力していただいたことにより職員の負担が軽減された。

その後、避難所において時間が経つにつれ、必要な物資の内容が変わってきた。長期間、水が使えず洗濯ができないと下着の希望が増えてきた。これらもＬＩＮＥグループに呼びかけると全国の自治体から反応があった。物資を支援していただいた全国の自治体の皆様に心から感謝したい。

また、今回の支援物資のシステムでは、通販サイトのＡｍａｚｏｎで必要な支援物資を登録すると、支援される方の寄付金により物資が送られ、必要な物資が届き役に立った。

■避難場所の設置と運営

避難所は、震災直後に避難した場所がそのまま長期避難場所となったケースが多く、町会等で自主避難所も開設されており、その全体を把握するのが困難であった。全ての避難所に職員を配置するには職員数が足りず、応援自治体の職員の力も借りて24時間体制で対応したが、避難者の細かなニーズに応えることに苦労した。避難所の担当は健康福祉部で、避難者の様々な要望等に応えることで精神的、肉体的疲労が著しかった。それに対応するため、担当部署に捉われず避難所のエリアに居住しているリーダーシップのある職員を抜擢し、避難所の運営に即対応できる体制を取った。

庁舎ロビーに届いた物資

避難所の運営は、本来、地域住民が主体となるべきところであるが、現実にはその施設運営者が中心となり運営にあたることとなってしまった。避難所の多くはコミュニティセンターと体育館等だった。コミュニティセンターは地域づくり協議会、小学校の体育館は教職員などが運営にあたり、避難者もそれらの団体や行政に依存することが多くなっていた。仮設住宅の建設やみなし仮設への移転により避難者は徐々に減少したが、最後の避難所が閉鎖したのは、発災から8か月を過ぎた9月8日となった。

■上下水道の復旧

震災当初より市民生活で一番困ったのが水道の問題だった。水が使えないことで、まずトイレが使用できない、水が流せないという問題がある。次に風呂に入ることができない。そして、洗濯ができず着替えができないなど日常生活の不便さと衛生環境の問題が発生した。トイレについては、支援自治体からトイレトレーラーの提供を受けた。その後、避難所等に仮設トイレを設置したが、汲み取るためのバキュームカーが不足するなど、次々と新たな課題が出てきた。風呂に関しては、数日間はウエットティッシュなどで体を拭くだけの日々が続いた。しばらくすると地元の銭湯などが徐々に再開し、毎日、芋の子を洗うような状態だった。また、水がないことによる衛生面の課題、感染症予防など、新たに対策をとるべき課題も増えてきた。

上下水道の復旧工事

水道に関しては、七尾市は加賀方面からの県水に依存するところが多く、当初は、県水の送水管の復旧

までに2か月以上かかるとの情報が流れ、市民からは絶望の声が聞かれた。その時、七尾市内は自己水エリアで、既に約25％が通水していたことから、各地域の通水予定を市民に示したことで、少し安心感を与えることができた。その後、名古屋市をはじめとした対口支援の自治体のおかげで、2月末には約8割、3月末にはほぼ全域で通水可能となった。我が家で初めて水が使用できた時、こんなきれいな水をトイレに流していいものかと思った。

■罹災証明書の判定と調査

震災関連の諸手続きにおいて、最初に必要となるのが罹災証明である。七尾市では生活再建支援金をいち早く届けるため、住家の罹災証明書の交付を優先に行った。判定基準は県下で統一されているものの、自治体で判定に差が出ているなどの噂話が広がり、当市の判定が厳しいなどと、1次の判定を不服とした2次調査の申請が多数提出された。2次調査では現地の詳細な調査が必要となり、相当の人員と日数がかかった。他の自治体の応援もあったが、税務課職員の負担も大きくなった。

一方で住家以外の納屋や蔵、そして事業用建物など非住家の罹災証明書の発行が後回しになったことでその後の公費解体の手続きにも影響を与えた。

見るからに全壊と判定される倒壊家屋も多数見られたことから、当初より調査なしで判定を行えば、解体等の着手を早めることができたと感じる。今後は、このような状況を整理し、迅速な対応ができるシステムを構築する必要がある。

■災害ゴミの仮置場

避難所の運営や市民の活動に落ち着きを取り戻した状況で、家屋の片付けが始まった。家屋から出る災害ゴミの仮置場の設置が急務となり、和倉温泉の駐車場が最初の仮置場となった。

仮置場の設置に関しては、できる限りリサイクルするとの観点から災害ゴミを10品目に分類することとなった。当初は分別がうまく広がらず分別に時間がかかったり、場合によっては持ち帰ってもらうことがあり、仮置場の作業員と被災者やボランティアの間でトラブル等も発生した。作業員の中にも被災者がいたり、災害対応で市民も疲労する中で、感情がぶつかることも避けられなかった。その後はボランティアの活動にも助けられ、徐々に分別も定着してきたことで、片付けも進んだ。途中、2か所の増設や分別のための仮々置場の設置など、様々なアイディアで作業を進めた。その後、公費解体の廃棄物仮置場の設置が必要なため、当初の3月末から期間を延長したが、7月30日で災害ゴミの仮置場を閉鎖した。

■公費解体

損壊した建物の処分は、本来、所有者が行うべきであるが、過去の災害の経験から行政による処分が制度化され、今回の震災においても公費解体が全面的に実施されることとなった。一方で、被災者と解体事業者が直接契約を結び解体する自費解体については、後に償還払いされるにもかかわらず、全額が償還されない可能性があるとの情報から、当初は公費解体の制度に依存する体制となった。

当然のことながら、税金を投入する公費解体は申請手続きも煩雑となり、コンサルタントによる見積りも厳格にならざるを得ず解体準備までに時間を要した。また、解体事業者の確保や廃棄物仮置場の手配や準備などにも相当の期間が必要であり、解体のスタートが遅くなる原因となった。一方で、解体が可能な事業者からは、まだ仕事が回ってこない、公費解体だと下請けや孫請けどころか3次、4次となり採算が合わないなどといった声が聴かれた。

その中で、自費解体では全額支払われない可能性があるものの所有者と事業者間の同意で解体が可能であり、解体を加速化させるためにも自費解体を勧めるよう国（環境省）や県にも要望を続けた。その結果、解体を加速化させるためにも自費・公費両輪で進めるとの判断で一気に解体が進むこととなった。

自費解体の現場

■テント村の開村

今回の震災でいち早く七尾市に支援の手を差し伸べていただいたのが、岡山県総社市の片岡市長だった。片岡市長とは、令和5年に小松市で開催された全国国府サミットでお会いしていた。元日の発災直後から連絡をいただき、翌日にはペットボトルの水など、多くの支援物資を送っていただいた。

その片岡市長からボランティアのための宿泊場所として「テント村」の提案をいただいた。過去の熊本地震において、益城町に避難所としてテント村を設置した経験から、今回の地震でボランティアの参加が少ない現状を考慮し、登山家の野口健さんの協力もいただき、市内の野球場にテント村を設置することとなった。設置にあたっては、チーム片岡というべき、岡山県赤磐市、大阪府東大阪市、和泉市、神奈川県海老名市、富山県南砺市の各市長の協力により、テント100張、最大200名収容のテント村が完成した。この無料の宿泊場所があることにより、ボランティアの方々が長期間の活動をすることができ、一方で近隣に住む皆さんによる食事（炊き出し）が始まった。単なる宿泊場所ではなく、ボランティアの方々と地域住民との重要な交流の場所となった。テント村の設置は、住居や宿泊場所がない災害の状況下で有効なモデルとなった。

■SNSの活用

避難所で炊き出しが広まった頃、昼夜問わず物資の搬入にあたる市の職員が食べるものは相変わらずカップ麺やレトルト食品ばかりであったため、一部のボランティアから職員のためにと炊き出しをしていただいた。温かい食事を食べることができた感謝と喜びをＳＮＳに投稿したところ、私や市の職員を批判する投稿がなされた。それに対し、職員も被災者である、頑張ってほしいと激励や励ましの言葉が相次ぎ、私のＸは炎上したも

テント村で（写真左から筆者、野口健氏、片岡聡一総社市長）

のの多くの方に興味を持っていただいた。

また、被害の大きかった6市町の間でも、できる限り情報を共有し、様々な課題を相談する目的でLINEグループを作成した。お互いの状況を共有できることで、自治体間の無駄な競争に走らず、市町独自の課題対応に取り組むことができたと思う。また、能登の首長の中で、輪島市、穴水町、志賀町、そして七尾市の4首長が同じ七尾高校の出身ということもあり、自治体間の協力体制を強化することができた。

復興に向けて可能性は無限大

今回の震災では人命や財産など多くの貴重なものを失った。

しかしながら、震災により全国の自治体からの応援、多くのボランティアの支援、直接または間接的に能登、七尾市に関わった多くの応援者ができた。それにより国内はもとより、海外においてもつながりができた。また、今回の地震により、世界中の多くの方々にも能登、七尾、和倉温泉などを知っていただく機会となった。このように関係人口が増えたことは、今後の能登の復興において大きな財産となると考えている。

人口減少、過疎化が進む地方においては、減少をカバーする交流人口や関係人口の拡大が重要となる。ピンチはチャンス。自然豊かで食も豊富、歴史文化にあふれる能登を多くの方に知ってもらう機会となった。

一方で、復興にあたっては災害に強いまちづくりが基本である。ハード面ではインフラの耐震化はもとより、オフグリッドなど、公的なインフラだけに頼らない新たな技術の導入や、ソフト面では行政だけの災害対応ではなく、災害時の市民の役割やルールを考え、官民一体となった災害対応が必要となる。また、民間の技術やアイディアも取り入れ、真に災害に強いまちを実現することで、豊かで安心なまち、多くの方が集うまちをつくり、復興を図っていきたい。

■これからの能登

半島のハンディは道路や鉄道が寸断されると人も物も出入りができなくなることである。今回も災害支援や支援物資の搬入に時間がかかった。一方、能登には空港があり、周りが海に囲まれているので港がある。特に七尾港は、年中波穏やかで天然の良港と呼ばれている。今回の災害で、ヘリコプターを飛ばすことができたのに要請が少なかったという話を聞いた。空や海を日常的に利用する機会を増やすことで、陸路が寸断されても海や空から人や物が動く、そのようなまちをつくる必要がある。

今後、空飛ぶ車なども開発されており、新しい技術で縦横無尽に人や物を運ぶための環境整備を行っていきたい。

能登には様々な地域資源があり、ポテンシャルの高い地域であることは間違いない。さらに、これからの能登には外からの力が必要である。国内だけではなく海外からの力も必要である。能登の復興過程や数年後の能登半島を見て、海外の方に「アメージング！（驚きと感動）」を与えるまちを目指していく。

ボランティアスタッフの皆さん

善意の結晶―9560袋の寝袋と100張のテントを能登へ

岡山県総社市長 片岡 聡一

■氷点下の避難所に寝袋を送ろう!!

私のモットーは、救える命があればどこへでも行く、ということだ。岡山県総社市は全国で唯一市長が救いに行くと決めれば、どこの被災地にも救いに行ける災害支援条例を有し、同時に公費として1000万円の年間予算を議決し、持っている。

令和6年の元日の夕方、能登の地震のニュースを見た。その瞬間に私は、総社市として能登支援に入る決断をした。決断するまで1分かからなかった。すぐさま、私は親交の深い石川県小松市の宮橋市長と連絡を取り、懸念される道路状況を確認の上、震災による水道管の断裂などによる水不足を解消するために、大量の水を送ることを約束。破壊された道路部分の誘導を小松市に行ってもらうこととし、その結果、配分先を依頼のあった七尾市、かほく市、奥能登の輪島市に決め、決断からわずか10時間後の1月2日の早朝、総社市支援隊を出発させた。

最速スピードで行ったものの交通渋滞がひどく七尾市役所の勤務体制に加わったのが、1月3日の午前のことだった。多くの家屋が倒壊し、多くの尊い命を失った現場を職員たちが目の当たりにした時、ただただ立ちすくみ絶句した。そして被災現場に手を合わせた。私自身も、その報に接し、何とも言えぬ辛い気持ちになった。矢継ぎ早に入ってくる情報の中で、私は、もう一つ極めつけの問題点と直面することになった。

「市長、市長。輪島中学校の体育館、七尾の体育館、あらゆる全ての避難所が寒すぎるので、ビニールハウスの中に避難している老夫婦や、孤立している避難所だらけになってます!!それら、どの避難所も氷点下2~3度という寒さです。その中で何枚の毛布を重ねても、被災市民、特にご高齢の方々が避難所の中で身を寄せてガタガタ震えています」という報告を受けたことだ。

私は、水は他の自治体に委ねることとし、すぐさま登山家の野口健氏に連絡を取り、避難所の暖を取るために寝袋を総社市と野口氏とで集め、被災地に送るプロジェクトを一緒にやらないかと投げかけた。私の呼びかけが終わるやいなや、彼の答えは、「やろう」という一言だった。彼と私はかつて、熊本の大地震、トルコの大地震、福岡の大洪水、様々な災害場所で支援活動を共に行ってきた。気心が知れた親友であり、カウンターパートナーである。お互い意思疎通ができているから長い会話は必要ない。集める寝袋の数を目標1万と決め、即座にスタートしていった。寝袋はそんなに安いものではない。3万~4万円するものもざらにある。集まるだろうかという不安をよそに、「能登に寝袋を送ろう!!」と、私と健さんが、SNSに出した瞬間、集まった集まった……。総社市役所に寝袋が山のように集まって来た。一日で400~500個届いた。私はこれまで全力で災害支援活動を行ってきたが、今回ほど胸の奥が熱くなったことはない。これほどまでに多くの市民が、もちろん県外の方もいたけれども、熱い気持ちをもって高価な寝袋を送ってきてくれるなんて……涙が出た。結局、野口健チームと我々の間で集まった寝袋は9560

枚になった。先ほど申し上げたように寝袋はそんなに安いものではない。いろんな方が寄付してくださったが、忘れられないのがＣＨＡＧＥ　and　ＡＳＫＡのＡＳＫＡさんが１０００個の寝袋を寄付してくれたことだった。ＡＳＫＡさんは重大な忘れ物をしていて、値札がついたままだった。その寝袋の値札に書かれた値段を見た瞬間目を疑ったが、それはそれはとても高価なものだった。ＡＳＫＡさんは３０００万円を超えるご自身のお金でご寄付をしてくださっていたのだ。私はＡＳＫＡさんに心から感謝をした。

■ボランティアが宿泊するテント村建設へ

私がその寝袋を持って初めて被災地に入ったのが1月11日、発災から10日後のことだった。かほく市長に会い、七尾市長に会い、輪島市長に会い、そして、それぞれの避難所に寝袋を届けた。輪島中学校では我々と親交の深いＡＭＤＡのチームが、既に避難所を運営管理していた。私がＡＭＤＡチームに寝袋を５００個渡した時、多くの避難者が集まってきて、これで今晩から安心して眠れると涙を流された。持って行ってよかった、寝袋支援活動をやってよかったと思えた瞬間だった。野口健氏とともに訪問した地域、あるいは単独で訪ねた地域もあったが、我々が約1万の寝袋を七尾市、輪島市、珠洲市、穴水町、志賀町、能登町に届けたことで、多くの人が安心した暖かい睡眠を取り

能登半島地震の被害を確認する筆者（珠洲市内にて）

戻すことになったのは、言うまでもない。

野口氏は、毎週のように被災地に入り、寝袋を配りながら現地の方々と会話を重ねていった。私自身も1月11日を皮切りにこれまで合計8回の能登入りを行ってきた。多くの寝袋を配り、それが現地に届き、そのことがいつしか感謝に変わっていった頃、彼と私は共に一つの言い出せない、この能登の支援における大きな問題点を見出していた。それはボランティアの方々が異様に少ないということだった。普通、被災現場に行けばオレンジ色のビブスをまとったボランティアの方々が100人、200人、道をぞろぞろと歩きながら、スコップを持ち現場に入っていく光景を目の当たりにする。しかし、奥能登津々浦々に、寝袋を配っていく活動の中で、我々はほとんどと言っていいほどボランティアの姿を見かけることはなかった。

なぜ能登にボランティアがいないのか！

これは明白だった。被災地である七尾市の和倉温泉、あるいはそれぞれの奥能登のホテル、旅館全てが倒壊し、使用不能になっていて、ボランティアが行こうにも泊まる場所、居場所がないという状態だったからだ。そこで石川県が考えた施策は、金沢を拠点としてホテル、旅館を借り切り、そこに来たボランティアをバスで奥能登までピストン輸送するという手立てであった。確かに石川県が日本全国にボランティアを公募したところ、1万人を超える方々が手を挙げ、マッチングされていたと聞いていた。しかし、どうであろう。奥能登へつながる道は、一本道のため交通渋滞が発生し、朝、ボランティアバスが、金沢あるいは小松から出発して輪島や珠洲に到着するまで、3時間をゆうに超える時間を要していた。特に穴水町周辺の渋滞は深刻だった。したがって、ボランティアの方々が活動場所まで往復で7時間かかるとすれば、実際に活動できる時間はごくごく短時間に限られる。また、それを承知の上でボランティアに来るという方は極めて少なかった。

私はすぐさま野口氏と連絡を取り、2月の中旬から奥能登にボランティアを迎え入れるためのテント村を設営しないかと告げた。すると野口氏は、今回もまたわずか5秒で即答。「片岡市長がそう言うと思ってましたよ、やりましょう、やるしかない」。固い決意と共に二人の心は一致していた。我々はその日からボランティアを迎え入れるためのテント村建設に向けて準備を開始した。

しかし、最初に立ちはだかった壁は場所の選定だった。当初、輪島市に声をかけたが、輪島市は震災の傷跡が大きすぎて、テント村用地として公的機関をお貸しする場所がない、施設がないということだった。それは無理もない、当たり前のことだ。どこの公共施設もぐちゃぐちゃに壊れているのだから。その中に割って入って、我々外部者がテント村を建設するなどできるはずもない。そこで次の目標としたのが、七尾市だった。私は野口氏から全権委任を受け、茶谷市長と話を詰めていった。

最初、能登島の中央部にある平地がいい、そこで建設をしようと、準備を進めていたが、能登島へ建設するのは難しいと七尾市が断ってきたため、急遽、能登島への建設を断念。能登島を諦めた私は、2月の本当に寒い日、大雪が降る中を茶谷市長と七尾市営野球場の外周を歩いていた。「茶谷市長、やるのはこしかないですよ。この外野の芝生の中にテントを立てさせてくださいよ、茶谷市長!!どうなんですか!!」「んー、そうだね、なかなか良さそうだね」。すると横にいた職員さんが「野球ができなくなる恐れがあります」。それはそうだ、野球場なんだから。しかし、私は直感的にテントを張るなら、この野球場の中の外野グラウンドにするしかないと思い、茶谷市長に決断を委ね、七尾市を後にした。七尾市民が大切にしている市営野球場を全施設借り切ることに一縷の望みを託し、茶谷市長からの答えを毎日待っていた。しかし、なかなか返事が来ない。やっぱりダメかな、ダメなのかなと不安になり、諦めかけた時、1本の電話。茶谷市長から、「七尾市営野球場を全面的にお貸しします」というお返事だった。私は本当に嬉しくて、そのスマホを固く握りしめ、七尾市の方向に向かって深々と頭を下げた。

そして即、誰よりも何よりも早く野口健氏と連絡を取り、「借りられたよ、茶谷市長が大決断をしてくれた」とお互い喜びを分かち合った。その時の健さんの喜びようは尋常ではなかった。我々はすぐさま、テント村の建設に向けて実務に移った。まずはテント村の規模。テントは100張にしよう、テントは野口氏が責任を持って集める。その代わり、建設と運営管理は、総社市が責任を持って行うという役割分担にした。蛇の道は蛇である、野口氏は100張のテントを即座に確保することに成功。そして私は総社市内の建設業組合に建設を委ねた。

一方で私は、私の盟友である、フランスで働いている前守山市長の宮本氏に連絡を取っていた。なぜなら、彼は元国土交通省、東京大学工学部卒、設計施工には長けている。宮本前市長に、「テントを100張設置したい。そしてボランティアベースキャンプにしたい、力を貸してくれないか」と電話で依頼したところ、フランス時間の極めて深夜にもかかわらず、「わかった、すぐに帰国し七尾市へ行く」と即答だった。フランスから、テントを建設する設計のためだけに帰ってきてくれるのだ。これには本当に泣けた。

彼は帰国後、七尾に行って茶谷市長と会い、そして野球場の図面の上に100張のテントの位置、そして設計施工方法を明記していき、非常に難しい七尾市の許可を得ていた。そして同時に、日本住宅パネル工業協同組合、デュポン・スタイロ株式会社、センコー株式会社の協力を得て、テントの下に置くコンパネや寒さを凌ぐための断熱材などを全て無償提供してくれるよう要請。自力で全て調整してくれたのも彼の手腕であった。実際に我々は、3月24日を開村日と決め、建設に入っていった。しかし、その建設を進めかけていた矢先、次なる難敵が出現。それは予想だにしない石川県庁の反対であった。石川県庁のボランティア受入担当者から、総社市が野口健氏と行うテント村の運営を許可しないと言い出したのだ。様々な理由を言われたが、運営管理をする責任者である県庁が許可しないということであれば我々も諦めざるを得ない。石川県民を助けようとして、石川県庁に反対される。

その悔しさで、私は自分自身の体が怒りでわなわなと震えていることに気づいた。それでも、ここまでやってきたのだからと無理やり気を取り直し、私は、茶谷市長に、もう一度石川県と再調整をしてくれないか、とお願いした。茶谷市長からは、「わかった、交渉してみる」ということで、馳知事と茶谷市長の会談が実現し、侃侃諤諤の末、茶谷市長は七尾市営野球場の使用許可及びテント村の運営を勝ち取り、総社市と野口氏に全てを委ねてくれた。本当によく戦ってくださったと思う。茶谷市長の勝負強さとご英断には何とお礼を言っていいかわからない。普段は寡黙で冷静な茶谷市長のいざとなった瞬間の勝負勘には脱帽だった。

テント村にて七尾市の茶谷市長（左）と握手を交わす筆者

■全国から集まったボランティアへの感謝

その後着々と準備を進めていき、3月21日から100張のテントを建設。残るは、その運営管理を共にしてくれる市を集めることだった。いわゆるホテル業と同じで、100部屋あるホテルを運営し、お客様を迎え入れるわけだ。それなりには多くの人材が必要であり、ある時はホテルマンとし、ある時はボランティアのガイドとして、安全・衛生、その管理を行っていかなければならない。私が声をかけた市長は、東大阪の野田市長、和泉の辻市長、海老名の内野市長、赤磐の友實市長、南砺の田中市長。どの市長も、中には内容も聞かず、「いいよ、片岡が言うのなら全力で一緒にやろう!!」と快諾してくれた。そして、スタート直後、鎌倉市長が、テレビで見たテント村構想について私も協力したいからと言って手を挙げて参加してくれた。これは本当に嬉しかった。

ボランティアの募集は総社のホームページで公募することとした。「七尾市営野球場のテント村ボランティアの募集!!」とSNSで全国発信した時に、信じられないほど多くのボランティアの方々がエントリーしてくださった。テントが100張だから定員100人を毎日受け入れることとしたが、あっという間に募集が殺到し、ボランティアの予約数が満杯になっていった。ほとんどが県外、北海道から沖縄まで多くの方々がエントリーをしてくださっていた。その名簿を見た時、本当に嬉しく、日本という国はまだまだ捨てたものではないな、と感じずにはいられなかった。

我々は多くの首長と一緒に3月24日に開村式を行った。開村式を行う時、このテント村の村長について、「僕の提案だけど野口健さんに村長になっていただくのはどうだろう、それとも選挙で決める?」と投げかけたら、並ぶ全ての自治体の首長から「健さんで決定〜!!」との声が相次ぎ、野口氏は無投票でテント村の村長に就任した。首長を選ぶ時、よほどの人格者でない限り無投票とはならないものである……。その上で私が運営管理の責任者、そして、それぞれの市長がアシスト役をしてくれながら、いよいよテント村が動くことになった。

私は毎日100人程度が宿泊し、そして現場にボランティアで出発していく日々の中で、一つの大きなこだわりがあった。それはただ一日が終わった、ということではなくて、我々のテント村から行った100人が一体何世帯のお宅の片付けに参加して、ボランティア活動を成功させていったのかという実体を、毎日毎日捉えながら支援自治体と情報共有をする必要があるということ。さらにはボランティアに来てくれた100人の方々の行動レポートそして感想・思いなどをお聞きし、それを情報共有するということを毎日毎日積み重ねていく必要があると思っていた。毎日ボランティアの方々は、テント村を出てボランティアセンターに出かけていき、その日の活動を指示してもらい、10人1チーム程度の組織を作り、運転手役・作業役・チームリーダーと、役割を決めてそれぞれのお宅に飛び込んでいってくれた。

今思えば、能登半島の4月はまだまだ寒くて、私自身もテント村

テント村開村式

ボランティアに参加したが、夜中のテントの中は決して暖かではなく、ぐっすり眠れるものではなかった。ちょうど寝ようと思った時、野口健さんがいて、「僕が8000m級にアタックする時に使う寝袋があるから貸してあげる。これ言えないんだけど、60万円くらいするんだよね」。そう言われて興味半分で、健さんの寝袋に入った途端どうだろう、10分もしないうちに汗だくになってしまった。それぐらい暖かな寝袋だった。そして寝袋から、朝のウグイスの声に起こされて、野球場の中で共に夜を明かしたボランティアの方々と挨拶を交わし、歯磨きをし、身支度を整え、野球場から出て行く時、私はこれだけの大事業をよくぞできたと自分自身が実体験として感じたし、多くの方の協力に心から感謝をしたものだ。

結局、我々は3月25日から5月31日までの期間、延べ5234人のボランティアを迎え、そして986世帯のボランティアを完結させていった。テント村開設67日間には多くの物語があった。一番忘れられないのは、七尾市営野球場のご近所町内から久保いえみさん、平沼えいこさんお二人のご婦人が毎晩テント村に来てくれて、ベンチの中で全国から来たボランティアの方々に炊き出しを行ってくれたことだ。彼女たちが作った手料理で一日あった仕事をみんなで語り合う。その手作り料理には私も舌鼓を打ったが、まさしく愛あるボランティアを支えるボランティアであった。後で聞いてみると、そのお二方ともご自身の家は大きく壊れ、被災して居場所を失っていたという。彼女たちのテント村への愛を思うと返す言葉もない。

ボランティアを受けた被災者側からも、「瓦礫を全部運んでくれてありがとう。どこの誰だかわからないけれども、能登から遠く離れた北海道からあるいは沖縄から来てくれてありがとう」という多くの手紙が届いた。私自身が出会った北海道苫小牧から単身で来ていた高校生は、輝く目をした好青年だった。その子は私に、「小遣いを貯めて一人で来た。困っている人がいれば助けに行きたい。そう思ってやってきました」と語ってくれた。多くの愛、多くの友情、それによって成り立ったテント村活動、私はいささかの後悔もしていない。多くの方々のご協力に心から感謝を申し上げている。

■今後の活動に向けた課題

このテント村に対する活動を、速やかに行うことができたことに心から感謝しているが、ここで今後の活動のためにいくつかの私自身の思いを申し上げておきたい。

一つは、受援力。

支援を受ける力を各基礎自治体は鍛えておく必要があるということ。総社市自身も6年前の平成30年に12名を失い、１５００軒を超える家屋が浸水する西日本大豪雨の被災地の一つであった。その時感じたことでもあるが、応援するよりも応援を受けるほうが、当然のことながら数段高度な実力を求められることになる。応援を受ける力、それは直接市民を守る力に直結していく。それを鍛え上げることに全力を尽くすべきであること。

二つ目は、権力の複数構造は災害支援を遅らせるということ。

国があり、県があり、市があり、その複数構造の中で有事の際の中心的な役割を持ち責任を持つのは、当然基礎自治体、市であると私は思っている。したがって、国や県はできる限り、基礎自治体のやり方を見守ってやってほしい。市が決めたことを優先的に行わせてもらいたい。今回、石川県庁は七尾市の発言を許し、市営球場でボランティアを受け入れる活動を容認してくれた。私は、今回のミッションはそこの部分に尽きると思っている。国では、有事対応の地方自治法の改正により、超法規的な指示を国が自治体に対して命令するとあるが、基礎自治体の判断を最優先する、その権力構造をできる限り守ってもらいたいと思っている。それが復興への最短の近道だからだ。

三つ目は、テント村という災害支援方法が、これからの地震などを中心とした災害には有益であるいうこと。そして寒冷地の避難所では、寝袋が有益であるということ。

アウトドアグッズの使途が被災地を救うということを、これから我が国の被災地支援の一つの手段として考えてもらいたい。実際に多くのボランティアを迎え入れ、今回のミッションは成功している。テント村構想を被災地支援のあり方の一つに加えて世界に通用するスフィア基準を満たす一助になるべきだと考えている。

最後に、私たちは報道のあり方やSNSの発信の情報量によって被災地への支援が増減する悪癖がある。これは致し方ないことではあるが、発災から時間が経過した現在、被害状況などが報道されなくなった能登の方々は、地震後の大水害により復興の道が阻まれ、今もなお、途方に暮れている。現場には食事を作ろうにも食材がない。そんな中で始めた「もっと野菜プロジェクト」。私と健さんが結束して輪島市の重蔵神社で毎週土曜日、被災者に野菜を無償で提供し続けている。能登の支援を終わらせてはいけない。

〈インタビュー〉柿沼 伸佳・(一財)国連支援財団事務局次長に聞く
(一財)国連支援財団における災害支援の取り組み

■国連支援財団とは

――国連支援財団はどのような目的で設立されたものか?

国連支援財団(FSUN)は、1988(昭和63)年11月に日本人メンバーが中心となり、国連事務次長(当時)明石康氏、米国元国連大使リチャード・ピートリー氏、衆議院議員(当時)渡部一郎氏を設立者として、米国ニューヨークで設立した国際NGOである(設立当時の日本語名称は国連支援交流財団)。

そして、国連支援財団は、国連経済社会理事会(ECOSOC)の「総合協議資格(General Consultative Status)」を有するNGOに認定された国連の諮問機関である。

米国ニューヨークのUSA Officeでは国連事務局・プログラム・基金・機関と協力して活動を行っているほか、中国・カンボジア・フィリピン等に支部を置いている。

――国連支援財団の活動に関する基本的な考え方はどのようなものか?

国連支援財団は、民間又は非政府レベルにおいて国連の目的や活動を支援し、NGOの視点から提言を行い国連活動の充実と国連改革につなげ、もって世界平和と人類の発展・福祉に寄与することを目指している。

■災害時における財団の役目や使命は

——財団の活動の狙いは何か？

私たちは、国連の三つの柱である「平和と安全」「開発」「人権」の維持を支援している。また災害などで危機的な状況に置かれている人々を守るための活動（防災・減災、緊急支援、復興支援）を行っている。

そのような柱の中で、「国連支援財団 人道災害救援プラットフォーム（Humanitarian Disaster Rescue Platform／略称：HDRP）」の構築や東日本大震災の被災地支援事業に取り組んでいる。

また、このHDRPは以下の2点を主な狙

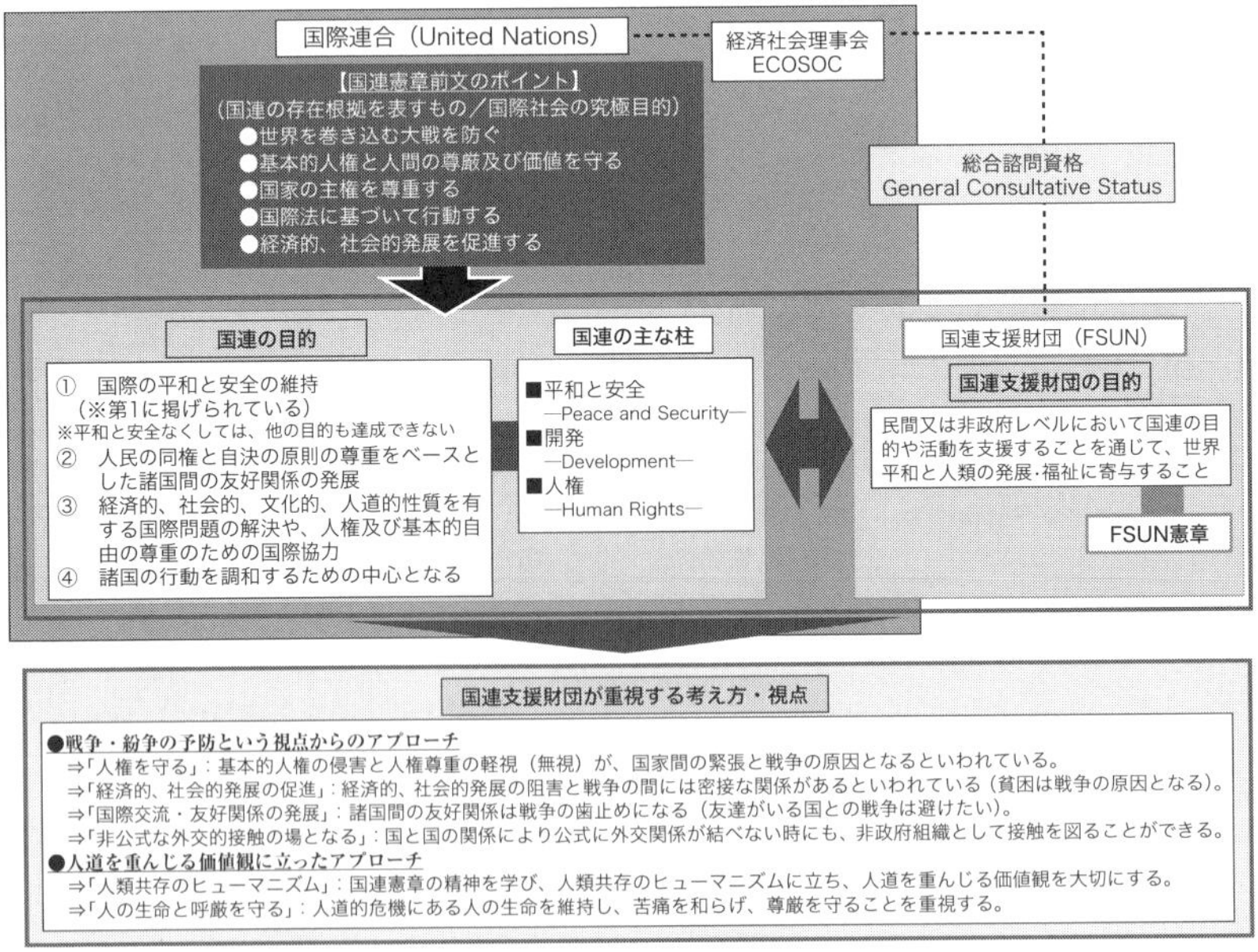

図表1　国連支援財団（FOUNDATION FOR THE SUPPORT OF THE UNITED NATIONS）の活動の基本となる考え方

いとし、現在、具体的な事業の構築に取り組んでいる。

■行政の災害救援活動を補完できる、民間セクター主導型の広域的な人道災害救援プラットフォームを構築し、一人でも多くの人命を守ること。

■個別の利害や立場を超えて行政・企業・市民と協力関係を築くことのできるNGOの特性を生かして、民間の資金・ノウハウ・人材等のリソースを集約化し、中立的な立場から行政の災害救援活動と被災地域の負担を軽減するとともに、人道的見地に立った災害救援を行うこと。

――どのような支援を行ってきたか？

これまで、阪神・淡路大震災発生時には救援センターを設置・運営、東日本大震災では被災地での健康セミナーの開催などを行った。

図表2　国連支援財団 人道災害救援プラットフォーム

東日本大震災／福島県富岡町
Photo/FSRI

東日本大震災／福島県富岡町 自治体職員 健康セミナー
Photo/FSRI

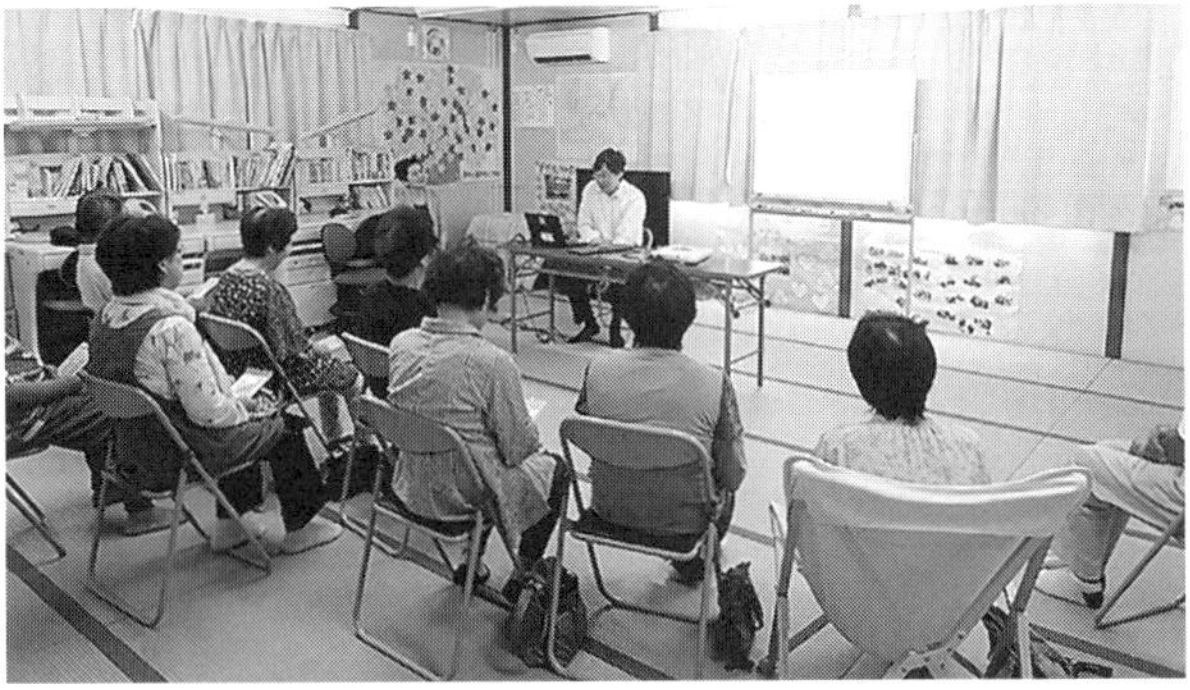

東日本大震災／石巻市大川地区 市民向け健康セミナー
Photo/FSRI

令和6年能登半島地震における財団の取り組み

―震災直後の支援は何を行ったか？

国連支援財団では「令和6年能登半島地震　HDRP被災地支援プロジェクト」による取り組みとして、石川県庁様と協議し、現地で必要とされている物資を第1弾　令和6年1月27日、陸上輸送にて七尾市役所に届けた。

―支援を行う上での準備などはどのようにしたか？特に情報収集は。

当財団のこれまでの経験や専門家の意見などから、災害支援の課題として以下の認識がこれまで集約されており、これらの課題を今回の災害において解決する手法をどのように構築するかが事前に重要なことであった。

●被災地で本当に必要なものが届かない

✓　被災地で本当に必要なものを伝えることができない（自らの生活に懸命で、リスト化することや伝えることができない）

✓　必要なものを必要な場所へ届けられない（人的課題）

●支援物資を活用できない

✓　人的不足

✓　動力不足（電気、燃料の不足）

✓ 資機材不足
✓ 保存が困難

●支援したいがどのようにしたら良いかわからない

✓ 製品等を提供したい（無料、安価、安定または優先提供）
✓ 人材、技術力を提供したい（無料、安価、安定または優先提供）
✓ 支援活動を支援したい

そのため、まず発災後1週間目で支援の枠組みを構築し、関係機関への呼びかけを実施し、特に被災地の状況把握が十分にできていない当時の時点においては、災害対策などに知見のある専門家（(株)価値創造マネジメントセンター代表取締役・日高正人氏など）の意見により、自ら支援に必要なものを想定することしかできない状況であった。

――支援のスキームはどのようにしたか？

情報の不確実性もある中、何もしないより行動しながら被災地に寄り添う支援として実施した。

その支援スキームとして図表3のように設定し、協力体制を構築した。

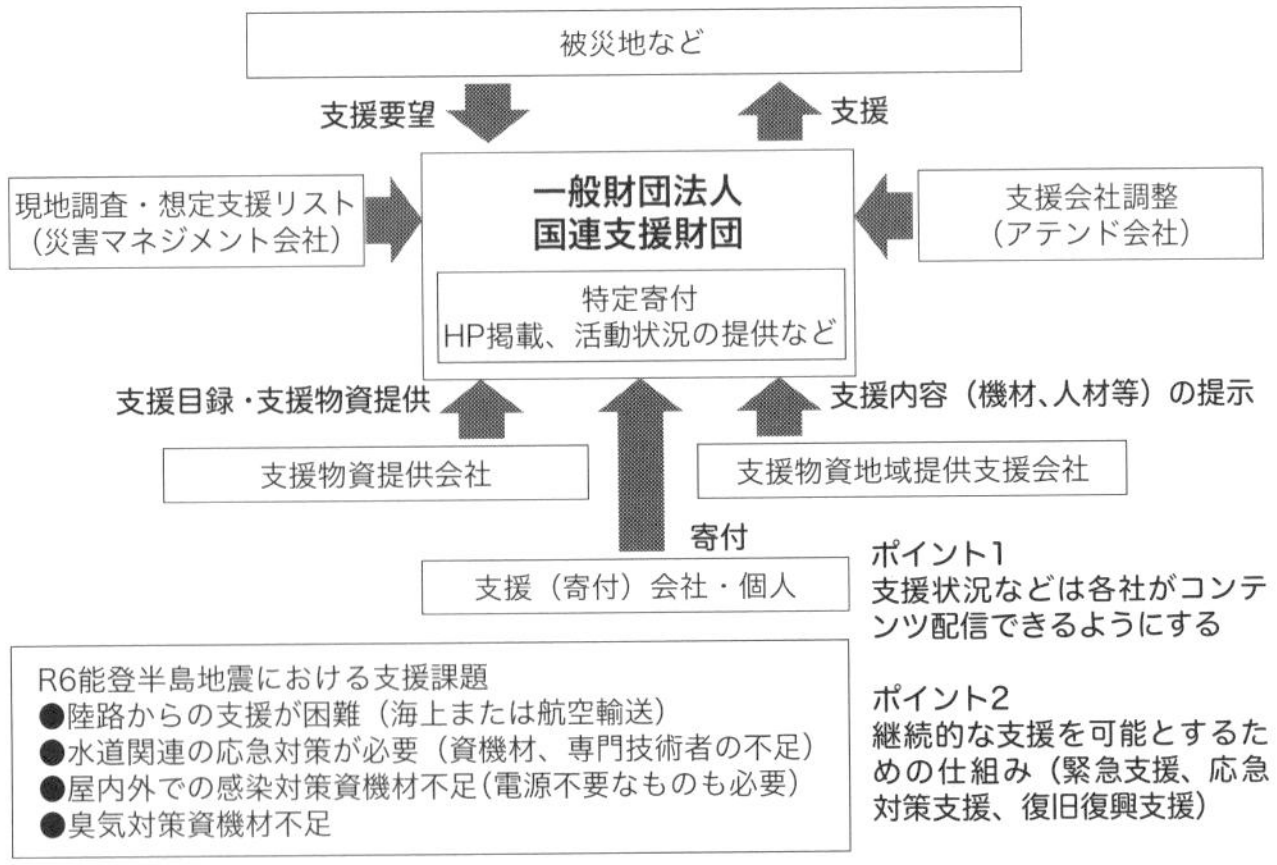

図表3　支援スキーム

特に支援したい人は大勢いるが、その支援の方法や形、程度が様々なので、様々な支援の形を一つにすることを当財団の役目として行動した。

実際の支援はどのように実施したか？

当初は国連支援財団がヘリコプターで支援物資を直接現地に届けることも想定して準備を行ったが、石川県の指示により県庁まで支援物資を陸路で届けることになった。

まずは水不足の状況への対応として約３０００人の３日分相当の５００㎖換算で約１万７０００本の保存水と避難所などでの衛生確保の観点でのオゾン脱臭機96台を、資金寄附14社または団体、個人、物品寄附２社、配送協力１社、運営協力１団体で対応した。

■取り組みを実際に行っての災害時の課題や問題点は

取り組みの中で大変だったことは？

調整すべき相手が多いことと当財団内に専門家が不足して

支援物資

いること。特に、被災地の自治体とのやり取りなど、地方自治に詳しい人材の不足により交渉や意見交換などがスムーズに進まないこととなり、互いに無駄な労力が発生している可能性があった。

――災害時の支援における課題はあるか？

能登半島地震に限らないことだが、情報が錯そう、混乱、渋滞すること。当財団としては地域や被災者に寄り添った支援を目指しているが、現地情報の独自の集約方法を持たず、現時点では地域の行政との意見交換により支援内容を決定していくこととなる。

そのため迅速な人道支援が必要な場合は機動力がなく、時々刻々と変化する被災地に対してジャストタイムでの支援ができないこともある。

■今後の財団の取り組みについて

発災時より関係諸機関と連携し、被害状況等の情報収集と対応の検討を続けており、今後も状況を見極めながら被災地ニーズに即した支援活動を行っていく。

特に、能登半島地震の被災者と過去の災害を克服した住民との交流の場を提供するとともに、経験豊富なアドバイザー（被災自治体の元首長や対応した行政責任者など）との交流を行うことにより、能登半島地震からの復興、特に被災者による創造的復興の推進に対しての支援なども展開していきたいと考えている。

（聞き手：（株）価値創造マネジメントセンター代表取締役　日高　正人）

災害と被災地支援の経験に基づく私の支援活動

チーム中越代表　佐竹直子

■令和6年能登半島地震が起きてから

令和6年1月1日に発生した能登半島地震では、新潟県長岡市中之島で最大震度6弱を観測したが、私の住む地域は幸いにも震度4にとどまった。まずは家族や職場、知人の安否確認を行った。私が園長を務めるこども園はお正月休み中であったため、職員に向けてメール配信を行い、緊急時には連絡を取るよう伝えた。偶然にも、園児の家族の一組が出産で石川に里帰りしていたが、電話で確認すると金沢にいたため大きな被害はなく、職員一同安堵した。

次に、市内の子育て支援施設について対応した。私が平成16年に設立したNPO法人多世代交流館になニーナは、現在、長岡市から委託を受け、子育て支援施設である「子育ての駅ぐんぐん」を運営している。元日と2日は休館日だったが、ぐんぐんは「あんしんの避難所」という機能も担っているため、急遽1月2日より臨時開館することを決め、市からの了承も得た。この決断には、平成16年の中越地震時の経験が大きく影響している。結果として、2日には約50組の親子が来館し、「開館してくれて助かった」という声を多くいただいた。3日からは通常運営に戻り、4日から始まるこども園の新年の準備に追われた。

私は「チーム中越」の代表を務めている。新潟県中越地域は、これまで中越地震（平成16年）、7・13水害（平成16年）、平成18年豪雪、中越沖地震（平成19年）など、度重なる災害に見舞われた。そのたびに全国各地や海外から支援を受けて復興してきた。これらの経験と知見を次の被災地の支援と復興に役立てるため、チーム中越は設立された。中越防災安全推進機構や長岡市社会福祉協議会、市民団体など、主に長岡市を拠点に活動する団体のゆるやかな共同体である。

令和6年能登半島地震に対しても、チーム中越は1月3日から動き出した。長岡市川口地域の方々から、交流のある穴水町の商店街に支援物資を届けたいという声が上がり、物資の収集や資金確保に協力した。1月4日未明、物資を満載した車両が現地に向けて出発するのを見送った。私たちも1月6日から先遣隊を派遣し、情報収集を行ったところ、最も必要とされたのはトイレであった。中越防災安全推進機構が新潟県からの委託で進めている「にいがた防災ステーション」のプロジェクトを通じて、トイレカーを提供している企業から協力の申し出を得ることができた。

その後、輪島市にトイレカーを設置することが決まり、私も現地に同行することにした。その際に私が強く感じたのは、女性専用のトイレカーが必要だということ。トイレはプライベートな空間であり、特に女性や子どもが安心して利用できる環境が求められる。最終的に2台のトイレカーを女性専用とし、そのうちの1

母子避難所に設置したトイレカー

台を輪島市内の保育園に設けられた母子避難所に設置することが決まった。1月11日、チーム中越はトイレカーを携えて輪島市に向かい、母子避難所では大変喜ばれた。もう1台は自主避難所となっていたJAの駐車場に設置した。トイレカーに装飾を施し、女性ならではのグッズをそろえたため、避難所内外の利用者からは「輪島市で一番きれいなトイレだ」と自慢する声が上がり、近くの病院に勤務する看護師もわざわざここまで利用しに来ていた。おそらく男性では気づかない視点で行動できたことに満足感を覚えた。

■支援活動の個人的な広がり

チーム中越の支援活動は、定期的なミーティングを通じて、物資の搬入や避難所の運営支援、炊き出し、足湯などを行った。一方で、私は現地の人々と接する中で、ごく自然に個人的な支援活動も広がっていった。最初にトイレカーを設置した母子避難所の保育園では、園長にトイレの管理を依頼した。トイレカーは設置するだけでは機能しない。誰が責任を持って管理するかが重要である。園長は女性であり、私とは同性の園長同士ですぐに親しくなり、訪れるたびに困っていることは何か、悩んでいることは何か、必要なものはあるかを聞き、できる範囲で支援を行った。

JA駐車場に設置したトイレカーにおいても、避難者の中にリーダー格の女性がいて、その方に管理をお願いした。その女性は避難者でありながら、皆をまとめ、物資の手配や情報共有などを積極的に行っていた。私は彼女を支援することが一番よいと考え、LINEで連絡を取り合いながら必要な物資を届けた。例えば、冬の寒い中でドライヤーが不足していると聞き、地元で調達したドライヤーを持っていったりした。

私は被災者を直接支援するのではなく、現地で支援を行っているキーパーソンをサポートするという形をとった。母子避難所の園長やJAの女性リーダーを中心に支援を進めていった。

その後、輪島高校の指定避難所にも足を運び、避難者の中で自主的に動こうとしている人々と話すようになった。何気ない会話の中から必要な物資を察し、地元の仲間と協力して足湯やカフェ、デザートの差し入れなどを行った。

また、鈴木翔太君との出会いも大きな転機となった。長岡に住む彼の家族が安否を心配していたことから、私は輪島を訪問した際、会ったこともない彼を探したが、偶然にも2度目の訪問時に出会うことができた。その時、私は知人と一緒に簡単な炊き出しセットを持参し、JAの入口にてゲリラ的にお餅を焼いて振る舞っていたら、たまたま翔太君がふらっとやってきた。言葉を交わしたら「ああ、探していたのは君だ！」となった。第一印象といっても、うめえうめえと言いながら餅を食べている姿しか覚えていない。

輪島高校での活動（デザートの差し入れ）

翔太君は被災しながらも、多機能型サポート施設で障がい者の人たちと寝泊まりしながら、物資の配達や情報提供を行っていた。長岡出身という共通点が安心感となり、頑張っている彼の活動を応援するようになった。

ある時、翔太君は「余震が続く中、倒壊の危険がある家屋のそばを子どもたちが通学している。自腹でもヘルメットを買ってプレゼントしたい」と言い出した。輪島市は物流が復旧していなかったから、彼がＡｍａｚｏｎで購入したヘルメットを長岡に届けてもらうように調整し、現地に持参した。翔太君とはＬＩＮＥで連絡を取り合い、輪島市に行くたびに声をかけ、時には一緒に食事をしたり、イベントを開いたり、彼の活動を手伝ったりしている。翔太君との縁は進化しており、私の娘が彼の古着屋を手伝うようになったり、その娘が友達と長岡のイベントや学園祭で古着屋を出店し、収益金を輪島の復興に寄付したりと、支援の輪が広がっている。

■支援活動で感じたこと

私の過去の経験と今回の能登半島地震を比べると切なさを覚える。全体的に動きが遅く、いろいろな意味でパワーが足りないと感じるからである。

中越地震の際、私は3人の子育て中で動ける余力は少なかったが、子育てや出産関係のネットワークがあった。私が発信すると、全国の支援者がすぐに応えてくれた。例えば、母乳が止まったかもしれないと不安に思っている人がいると伝えると、母乳の専門

長岡まつりで筆者の娘が出店した輪島復興支援の古着屋

家が適切なアドバイスをしてくれた。その情報をもとに私が実践し、その結果を再びネットワークに報告する。こうしたやり取りが母子支援の基礎を築き、ガイドブック「あんしんの種」として形にすることができた。このガイドブックは東日本大震災でも役立ち、さらに新たな気づきを得て内容を更新してきた。

今回の能登半島地震でもその知見を活かしたかったが、現地での子育て支援のネットワークを見つけられなかった。インターネットで調べると、石川県奥能登地方の子育て情報サイト「のとノットアローン」を見つけ、連絡を取ったが、既に活動を停止していた。また、仲間のつながりで輪島高校の音楽室に子どもの遊び場を作っている団体がいることがわかり、訪れると、そこに鈴木翔太君も関わっていることがわかった。能登は本当に狭いと感じた。

能登には市民活動団体が少ないのだろうか。例えば、長岡にはNPO法人市民協働ネットワーク長岡があり、市民活動グループのリスト化がされていて、紹介してもらえるが、輪島にはそのような中間支援団体が見当たらない。共助の機能が薄いのかもしれない。自助がどの程度できているのかはわからないが、共助が期待できない中で、どうアプローチすべきか悩んだ。

チーム中越の基本方針は、信頼できる地元の活動団体を見つけ、その活動をバックアップすることである。東日本大震災でもこの方法で、現地のカウンターパート団体を支援し、うまく機能した。チーム中越のメンバーが協働で、ながおか市民防災センターに「東日本大震災ボランティアバックアップセンター」を立ち上げ、中長期にわたって活動を行うことができた。しかし今回は、能登で市民活動団体に出会えず、公益社団法人青年海外協力協会（ＪＯＣＡ）やピースボート災害支援センターの活動をサポートする形になった。ここで苦労したのは「引き継ぎ」だった。

例えば、避難所からのリクエストに応じて、必要なものを集め、日程を調整して輪島に来たのに、「チーム中越さん、今日来る予定だったのですか」といったことが何回もあった。掃除機が必要だというからSNSで協力を呼びかけて確保し、避難所に持参したが、「そんな要請はしていない」と言われたり、テレビが欲しいと言われて5台ほど持っていったら、「ブレーカーが落ちるからテレビを設置できません」とか、「アンテナがないから映りません」と言われたりした。現地の調整不足を感じ、残念に思う場面が多々あった。

また、これまで一回も外部からの炊き出し支援が入っていないという小規模な自主避難所があると聞いたから、その避難所をコーディネートしてもらって炊き出しに行ったが、実際には既に他団体による支援が十分に入っており、逆に私たちは迷惑をかけてしまった。私たちも時間やリソースを使って支援しているため、こうしたミスはお互いにとって残念な結果となった。

今回の支援活動で当初、特に悲しく思ったのは、次の世代の人たちが見えてこなかったこと。輪島の未来を担う若者が諦めずに、地域を盛り上げようとする姿を見たかったが、今ようやくその兆しが感じられるようになり、これからに期待したい。

チーム中越の能登半島地震支援活動報告会の様子

■これからの活動について

私がチーム中越の活動で常に大切にしているのは、支援の本質は自立支援であるということ。子育てにおいても、子どもが成長する過程で周りの大人が何でも手伝いすぎると自分で何もできないまま大きくなってしまう。そんな状況で突然手を離されると、子どもは自分の足で立つことができなくなる。自分で行きたい場所に行き、物を手に取り、食べ物を口に運ぶことができるようになってこその幸せである。その過程を伴走し、「ちゃんと応援している」と伝えることが大切だ。手を離すタイミングは慎重に考えなければならず、子どもは歩くようになって成長の途中で何度も振り返りながら、母親が見守っていることを確認する。その安心感は年齢を問わず必要だと思う。誰からも見放されることが一番辛い。立とうと思っていたのに誰も見ていないなら座り込んでしまうことになる。だから私は見守り、応援を続ける。

こうした考え方を確認する中で、社会福祉協議会（社協）の存在に気づいた。社協は地域住民が職員として働いており、もともと福祉に従事していた人が地域の人の自立支援を大切にしている。だから、私たちにとって社協の活動をサポートすることが有効なのではと考え、社協の方々に聞き取りを行った。その結果、在宅で支援を必要としている人々への全戸訪問を行いたいが、現状ではその余裕がないことがわかった。在宅で入浴できない人も多く、様々な思いを抱えながら吐き出せない人たちがいる。そこで、在宅の方々に足湯を提供できないかと提案し、ふさわしい場所を調整していただいて、数回足湯を行った。そこでは、在宅避難している方から、「夫は私には厳しくあたるが、近所の人たちの前ではいい顔をしている」

といったこととか、様々な話を聞くことができた。

そのうちに、社協の方々が疲れていることに気づいた。市民を優先している彼らを元気にするために、整体を行いながら話をうかがった。部外者の私だからこそ、普段は話せない本音を吐き出してくれたのだと思う。社協の方々は地域の人々と密接に結びついているため、特定の家族の事情や配慮が必要な人を把握している。日常的に情報共有が行われていることで、地域での見守りができるという安心感がある。私は社協の方々と一緒に活動することで、心地よく支援できるのだと思った。

私は、支援する側と支援される側の区別を作ってはいけないと思っている。これは、中越地震の際に山古志のおばあちゃんたちと一緒に郷土料理の三角ちまきを作った経験や、フィリピンで青年協力隊として活動した経験から得たものである。フィリピンでは、ピナツボ火山の被災地で現地の保育者の養成を行っていた。そこでは、自分が助けなければならないという思いが強かったのだが、自分が弱っているときに隣のおじさんに水汲みを頼んだ際、彼がすごく張り切って喜んで助けてくれたことから、人に頼ることの重要性や受援力の大切さに気づかされた。持てる力を奪

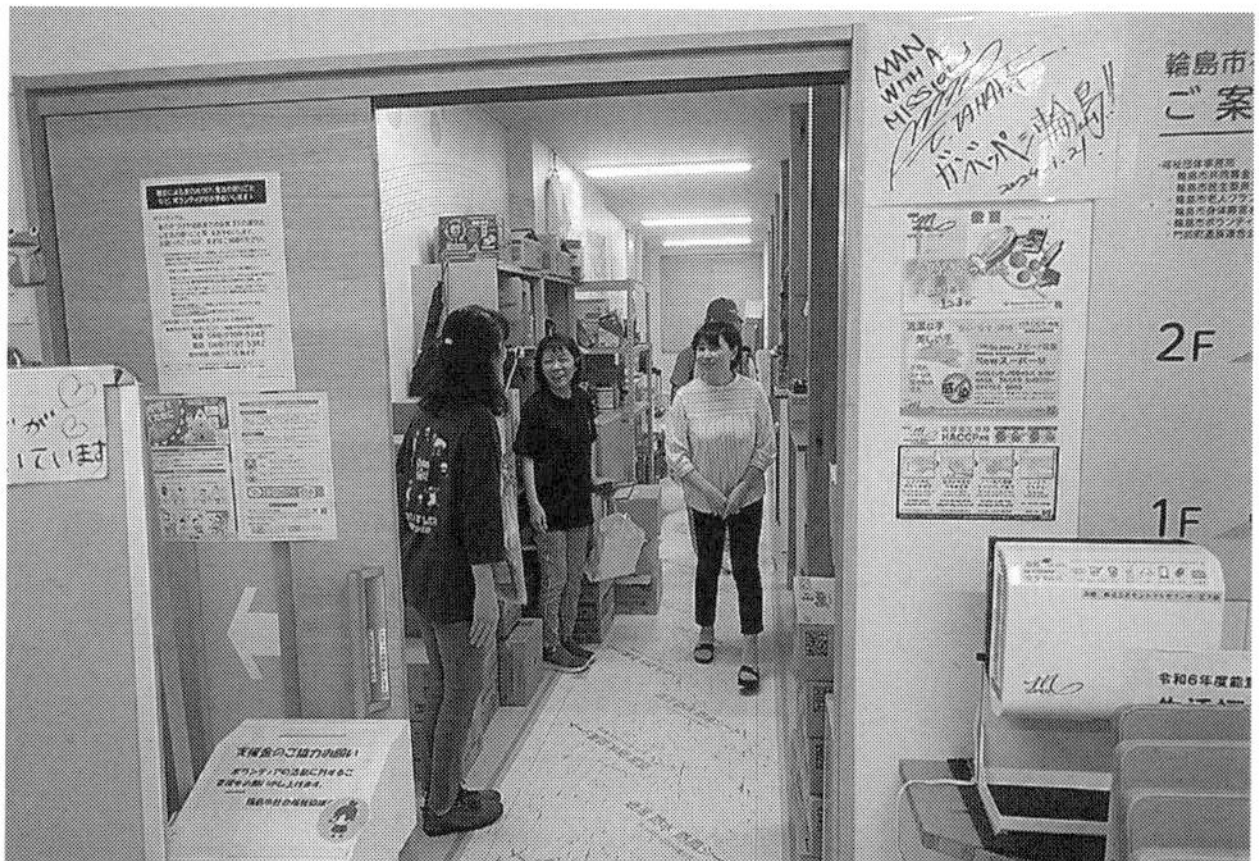

輪島市社協への訪問と声かけ

わない支援を心がけながら、被災地に入るようにしている。

日本では、避難所の生活が大変とか物資が不足しているといった否定的な捉え方が先行するが、私がフィリピンに行ったときに驚いたことは、避難所でみんなが楽しそうに歌ったり踊ったりしていたことである。理由を聞いたら、「命があっただけでいいじゃないか」と口にしていた。物が失われても、家族が無事であれば物はまた手に入るからと物に執着がない。命があったことにただ感謝する。ピナツボという名前は「最も恵みをもたらす山」という意味を持ち、人々はその山からの恵みを感じて生きている。その山が噴火したということは神が怒った、自分たちが神様を怒らせるようなことをしたのかと考える。災害によって自分たちの過去を振り返って反省する。これは今の日本人には見られない感覚であり、かつては存在したのかもしれない。フィリピンでの経験を忘れないようにしようと思い、いや、命があるだけで本当にありがとうなんだと感じている。

私は自分の目の前に現れることは必然であると思っている。全てに反応しているわけではないが、出会ったり相談されたり言葉を交わしたりすることにはご縁があることだと思い、心が動けば体も自然と動く。

今回私がつくづく思ったことは、輪島はとてもいいところだということ。旅行で訪れて海やイカ焼きを楽しみ、イカ釣りもしてみたい。今はまだ難しいかもしれないが、私が出会った輪島の人々が、この先ちょっと長岡に行ってみようと思えるように関わっていきたいと思っている。

第2章

平成16年
新潟県中越地震

Data

平成16年（2004年）新潟県中越地震

⑴　発生日時：平成16年10月23日17:56
⑵　震源及び地震の規模
　　新潟県中越地方（北緯37度17.5分、東経138度52.0分）
　　震源の深さ：13km　マグニチュード：6.8
⑶　最大震度：震度7　新潟県川口町（現長岡市）
⑷　人的被害（人）死者：68
⑸　住家被害（棟）全壊：3,175　半壊：13,810　一部破損：105,682
※内閣府防災情報のページより（平成21年10月27日13:30現在）

災害に立ち向かう人の力を信じて
――被災者の意欲を引き出す復興

前新潟県長岡市長　森　民夫

■はじめに

災害が発生した時に、リーダーとなるべき首長が被災者のために働くのは当然のことである。本稿では、本当の意味での「被災者のため」、すなわち「被災者の心に寄り添う」ことこそ肝要であることを述べる。

平成16年に発生した新潟県中越地震の復旧・復興に携わった経験から言えることは、最も大切なことは被災者の心に寄り添い、意思を尊重し、復興に向かって前進する意欲を引き出すことを心がけることだと考えている。被災者の中には、健康を害した方、介護が必要な高齢者、アレルギーを持つ子ども等々、様々な災害弱者がいらっしゃる。こうした方々に対しては、手厚いケアが必要である。一方、全体的に見れば、眼前の惨状に対して自ら何とかしようとする意志を持ち、自らの考えで行動する方が数多くいらっしゃるのである。「被災者の心に寄り添う」ということとは、そうした意思を大切にして一緒に悩みながら問題を解決していくという意味を含んでいる。

自助・共助・公助という三要素が大切であるということは一般化している。この三要素の中で、私はまず自助すなわち被災者の意思と意欲を尊重することが基本であり、それをコミュニティで支える共助があり、行政が支える公助があるのだと考えるのである。

リーダーとして即断即決が要請される災害初期の緊急対策時であっても、いや大変な思いをしている時だからこそ、被災者にはそれぞれの意思があり自らの考えで行動する。そのため、必ずしも平常時に想定した計画通りにいかない課題が数多く発生する。例えば、避難指示を発令してもなかなか避難してくれないという課題、指定避難所以外の自然に発生する避難所への対応をどうするか等の想定外の課題に対する臨機応変な対応が必要となる。そうした想定外の課題に対し柔軟に受け入れていく度量、そして被災者と共に課題を解決していくという協働の精神が、緊急対応時には何よりも大切なのである。そして、そうした協働の精神を貫くことにより、その精神が根付いて本格的な復興の時期を迎えて以後の創造的復興への基礎ができるのだということを忘れてはいけない。

やがて、仮設住宅などへの入居が完了し一応安心できる拠点ができれば、いよいよ復興に向けて本格的に取り組む時期となる。ただ単に元に戻すのではなく、不幸を糧にしてさらに一歩進んだ「創造的復興」を目標とする必要がある。この場合、被災者の意思と意欲が何よりも大切な原動力となる。中越地震の翌年に長岡市と合併した旧山古志村では、中越地震における災害がなければ起きなかったような事象、アルパカ牧場の開設やコミュニティバスの運行など住民主体の復興事業が数多く成功した。以下、中越地震の発生から本格的な復興を目指せるようになった時期までの詳細を解説することとする。

■地震発生から仮設住宅入居まで

(1) 被災者の意思を尊重した災害初期対応の重要性

首長にとって災害時は混乱の連続である。人命の救助、避難所の設営、飲料水と食料の確保と配布、都道府県や国との調整等々、決断と実行の連続である。これらに休みなく対応する必要がある。

中越地震の場合は、仮設住宅等への入居が完了し被災者の気持ちに一定の余裕が芽生えるまでが一つの区切りであった。一応落ち着く場所を得ることにより、今後のことをじっくりと考える余裕ができるのである。私も、この段階を経て、ようやく復興の方向について考える余裕ができた。

しかし、この仮設住宅等への入居の一区切りから被災者の多くが元の生活を取り戻すための復興を果たすまでには大変な時間がかかった。中越地震の場合、発災から約1か月で入居が始まり、約1か月と2週間で希望者全員の入居が終わった。しかし、ここから全員が退去するまで、実に約3年という時間がかかったのである。

災害の規模や状況によって当然異なるが、大ざっぱに言って災害発生後100日前後で緊急対策が終わり、その後は本格的な復興に向けての苦闘が始まる。そして、本格的な復興が成功するためには、被災者自らの意思を尊重することにより、生活の再建に向けて前向きに進む気概を被災者から引き出すことが何よりも大切なのである。そのためには、仮設住宅の入居が始まるまでの緊急対策の段階から、被災者の意思を尊重し元気を引き出すことを最優先事項とすることが大切なのである。

以下、私が長岡市長として経験した平成16年新潟県中越地震を事例に解説することとする。

(2) 災害発生当初の大混乱への対応

平成16年10月23日午後5時56分。怪物にいきなり両肩を掴まれて揺すられたような錯覚を覚える揺れだった。ドシーンと傍らの書棚が倒れ、本が頭上に降ってきた。慌てて防災服に着替え自転車に飛び乗り、停電で真っ暗の街を市役所に急いだ。6時20分頃には市役所に到着した。

駆け付けてくることができた職員は、ほんの数人だったが、それでもすぐに災害対策本部会議を開き対応策を協議した。そして、7時20分に避難所の開設を決定した。しかし、コールが殺到しているせいか、携帯電話は全くかからない。一般電話もなかなかかからない。職員に伝達するにも電話がかかりにくい。そこで一計を案じ、地元のケーブルテレビとFMながおかに依頼し、職員に対し避難所の開設を指示する内容の放送をしてもらった。これは妙案だったようで、8時の段階で、12か所の避難所が開設され、約1000人が避難しているとの報告があった。以後、次第に集まってきた職員に手分けして市内各地に飛んで情報収集を行うよう指示したが、思うように集まらず、被害の詳細な状況はほとんどわからない状況であった。避難所の状況が断片的に入ってくるが、なかなか全貌が把握できないまま、いらいらした状態が続いた。

携帯電話は依然としてかかりにくい状態が続いていたが、携帯電話によるメールは比較的正常に送ることができた。これにより、情報収集と指示は大きく前進した。今後の災害においても、十分活用できると思った。

(3) 被災者の意思を尊重した柔軟な対応

ア 自然発生した避難所

徹夜で避難者の人数等の情報を集め、水と食料を手配し、早朝から配布し始めた。しかし、現場からは、「水と食料が不足して混乱している」という情報が入ってくる。指定避難所にいる方々を対象に水と食料の配布を始めたのだが、指定避難所以外に避難されていた被災者が水と食料を求めて殺到しているとのことであった。車やテントで一夜を明かした方々や自然発生した避難所に避難していた方々が予想を超えて多かったのである。そうした方々の人数は、混乱の中では正確な数を把握しようがなかった。

実は、長岡市はあらかじめ指定した避難所の近傍に住む職員を責任者とし、避難者のお世話をする計画にしていた。しかし、計画的な指定避難所以外に50か所を超える自然発生した避難所ができていたのである。また、避難所ではなく、車やテントに避難している方々も数多くいた。最終的には125か所の避難所を開設したのだが、指定避難所は73か所で、指定避難所以外の避難所が52か所もあることがわかってきた。当然のことではあるが、指定避難所以外の避難所にも水や食料の供給をはじめ、職員による世話を行うように急遽指示を行った（図表）。

自然発生的な避難所ができた理由は様々あるが、できるだけ自宅の近くにいたいという住民の切実なニーズがあったことが最大の理由である。余震のたびに自分の家の被害が拡大していないか確かめに行き

区分（旧長岡市）		（最高時） 10月25日	12月8日
避難者数 （50,100人）	指定避難所	41,502人	1,476人 （山古志1,415人）
	その他の避難所	8,598人	0人
避難所数 （125か所）	指定避難所	73か所	9か所 （山古志6か所）
	その他の避難所	52か所	0か所

図表　避難所の状況

たい方、家の中の物を必要に応じて取りに行きたい方、防犯の面が心配な方等、様々な理由があったようである。中には、毎日仏壇を拝みに帰りたいというお年寄りもいた。

イ 指定避難所以外への支援も柔軟に

一部が壊れた家は、完全に使用できないわけではない。夜眠るのは怖いが、昼間は必要に応じて使用したいというのが被災者の気持ちである。新潟県では、簡易なプレハブ建築物を自宅の庭に設置し避難所として扱う制度を設けたが、住民ニーズに合致した制度であった。

また、地震発生後、県内外の各温泉地から、一時避難の場所として提供するという善意の申し出が数多くあり、被災者に呼びかけたが、期待した成果を上げることができなかった。家の近くにいたいという強い住民ニーズに合わなかったためである。

ところで、計画外の避難所が形成されたことは、必ずしも計画がずさんだったことを意味しないと思う。防災計画であらかじめ避難所を計画する場合には、第一に建物の耐震性の有無、第二に十分なスペースの有無、第三に長期に使用した場合の通常の業務への支障の有無等を判断して決めなければならない。したがって、指定避難所はある程度限られたものにならざるを得ない。しかし、市民にも様々な事情や目的があり、その意思に応じて避難場所を選択する。例えば、市立中央図書館や市役所ホールが避難所になったのは、そうした市民の目的に合致したためである。市民が計画の予想を超えた行動をしたのは事実であるが、被災者にも意思があり、選択をする以上は、予想を超える事態は常にありうる。リーダーにはその心構えが必要である。しっかりした計画は常に必要であるが、非常時には「臨機応変に対応すること」が、それ以上に重要であるということを、身に染みて学んだ。

ウ　避難所の現実

以下は、後に、指定避難所である市立宮内小学校の担当職員が『中越大震災―自治体の危機管理は機能したか』（㈱ぎょうせい・平成17年発行）に書いた事実である（抜粋）。混乱した事情がよくわかる。

午後7時には市民が宮内小学校のグラウンドに集まってきていた。グラウンドは車と人で溢れていた。人々は着の身着のままであった。近所の人がブルーシートを持ってきてそこに座っている。余震は相変わらず続いていた。停電で周囲は暗闇であった。

午後8時には400人ほどになっていた。自動車も50台以上がグラウンド内に止まっている。車内にはエンジンをかけたまま人々が横になっている。すでに市の職員も10人近く集まっていた。校長先生も駆けつけて体育館の鍵も開いた。

8時45分。寒くなってきたので体育館を避難所として開設した。いつ余震が来るかわからないので、出入り口は開けたままにした。冷たい風が入り込むが我慢していただくしかない。

職員の中に数箱の携帯カイロを持ってきてくれた者がいたので、高齢者や赤ちゃんに使ってもらうよう配布した。何か所からか赤ちゃんの泣き声が聞こえてきた。早速、赤ちゃんのミルクと高齢者にお茶を飲んでもらおうとお湯を沸かした。幸いにも、水道はまだ出ていた。ガスも使える状態だった。水の出が悪くなってきたので、今のうちにポットや鍋やヤカンに水を溜めておくことにした。余震のたびに体育館の屋根がアコーディオンのように揺れ、ギシギシと金属音を上げていたが、小学校の体育館は非常に安全にできているようだった。

要介護4の高齢者を抱えた家族から、「年寄りがいるんですが、なんとか施設にお願いできないでしょうか。自宅にいたときは、ポータブルでやっていたが、毛布をたくさん掛けても体育館は寒く、周りのこともありまして」と、介護をしている奥さんが言った。携帯がやっと災害対策本部につながり、何度か連絡をして、受け入れ可能な特養のショートステイを利用することができた。

深夜になって、災害対策本部からポータブルトイレが届き、その後、発電機も届いた。本部からは、朝食を朝7時から配送するとの情報も入った。

また、地区内にあるコミュニティセンターの駐車場に300人以上が避難しているという話があったのは23日午後8時30分頃のことであった。コミュニティセンターは指定避難所にもなっていることから、対応する必要があると判断し、小学校グラウンドの人々を避難させてから、コミュニティセンターに向かった。

コミュニティセンターに到着したのは、9時30分頃になっていただろうか。私ともう一人の職員とで自転車に乗って、全速力で走った。1キロくらいの距離であろうか。マンホールが突き出て、道路が波打っているところがあった。真っ暗な道のところどころに自家用車が路上駐車してあって、その中で人々が固唾を飲んでじっとしていた。

駐車場に着いた。近所の人300人以上が座ったり横になったりしていた。コミュニティセンターの鍵はすでに開いていたが、誰も入ろうとはしなかった。町内会長が統率していた。

隣の南部体育館は、天井が落ちて危険なので入れる状態ではなかった。

私たちは町内会長とコミュニティセンターの中に入った。中は散乱していたが、大丈夫のようだった。机や物を片づけて入っていただくことにした。

携帯で小学校体育館に連絡したところ、体育館の中は落ち着いているとのことで、市職員3～4人コミュニティセンターに来るように手配した。

「近くのスーパーの駐車場にもたくさんの人が野宿してますよ」と口々に私たちに言った。もうコミュニティセンターは人で一杯だった。

南隣の高齢者センターみやうちを見てみようと思い行ってみたところ、ちょうど施設長が懐中電灯をつけて館内を点検していた。避難所に開放していただきたいとお願いして、私たちは自転車でスーパーの駐車場へと向かった。駐車場は車でいっぱいだった。町内の役員らしき人がいたので、高齢者センターを避難所としたので利用してほしい旨の話をしてコミュニティセンターに帰った。コミュニティセンターが落ち着き、市職員が小学校から到着したのを見届けて、私は小学校の体育館に帰った。時計の針が24時を回ったころ、自転車で本庁の災害対策本部に出向き、避難所の状況を報告し、今後の物資配送や地区内３か所の避難所運営の打ち合わせを行った。

避難する市民は、日常の生活の中では自身の災害時における避難所がどこであるかを知らない人が圧倒的に多い。公園や市立小中学校、コミュニティセンター、病院など市民独自の判断で避難所と思われる場所に殺到することが想定される。

(4) コミュニティに配慮した仮設住宅――励まし合いが可能となるように

中越地震の復旧・復興における最大の特徴は、山間部の強固なコミュニティが大きな役割を果たしたことである。長引く避難所の運営は行政のみでは不可能である。山古志村民の避難所では、食事の配布、清掃、高齢者等の災害弱者の見守り等々の担当を町内会長（自治会長）が担当者を割り振りスムースな運営が行われていた。

また、長岡市に建設した仮設住宅は、概ね集落単位の入居とした。本格的な形としては全国初のケースとなった。このコミュニティ単位の入居については、阪神・淡路大震災時の仮設住宅入居を災害弱者優先としたことによりコミュニティ形成が不十分だったことへの反省があった。私は、阪神・淡路大震災当時、建設省に勤めており、災害直後に被災地に入り、約1か月現地に滞在し、仮設住宅の建設のアドバイス等をした経験があった。

中越地震発生後間もなく、当時神戸芸術工科大学学長で私の恩師の鈴木成文先生からファックスが入った。「広場と集会所を中心にしてこれらを取り囲むように仮設住宅を配置すべき。計画的にコミュニティが保たれる団地にせよ」という指示とともに、真ん中に広場と集会所があって、この周りを住宅が囲んだ配置図まで送ってこられた。アドバイスというより命令で、恩師だけに大変なプレッシャーだった。仮設住宅を迅速に建設する必要があったことと土地面積の制約から、結果的に住棟を並行に配置することしかできなかったが、集落単位にまとまって入居することはもちろん、玄関を向かい合わせにして、出入りする時に必ずお向かいと声をかけ合いながら入ることができる配慮を行った。このほか、集会所を集落のコミュニティごとに配置することを徹底した。

また、旧山古志村の床屋さんから仮設住宅で営業をしたいという申し出があった。当時の厚生省に問い合わせたのだが、あくまで住宅であるから店舗併用はまかりならんという返事だった。しかし、親しんだ床屋さんがあってこそ、初めて被災者の方が元気になり、元気になるから復興の意欲がわいてくるということが、全ての基本ではないかと考えた。床屋さんはコミュニティの維持に大きな役割を果たすという観点から厚生省の指示を無視して認めることとした。

⑸ コミュニティの醸成への試行錯誤

仮設住宅の中には、地域がばらばらで入居せざるを得ない仮設住宅地区も存在した。そうした仮設住宅地区には、早急に取り組まなければならない課題が山積していた。

そのため、12月1日付けで、福祉部門、コミュニティ関連部門、建築部門等からなる横断的組織として「仮設住宅入居者生活支援対策チーム」を設立した。何よりも被災者に寄り添うことを重視し操車場跡地地区の仮設住宅地内に現地事務所を開設した。入居者からの苦情・要望を受け止めることはもちろんボランティアの調整、仮設住宅地区自治会の立ち上げ等を実施した。特に、操車場跡地の北地区については、市内各所からの入居となったため、まさに〝隣は何をする人ぞ〟状態で、コミュニティといえる状況ではなかった。駐車場所のトラブル、ごみ出しのマナー、ペットの飼育等々課題が山積していた。これらの生活上の課題を解決するためには、何としても自治会が必要であった。しかし、約200世帯の地区の自治会の設立は、一朝一夕にはいかなかった。まず、約30世帯ずつ集まってもらい、連日説明会を開催し、何とか自治会が立ち上がった。その過程で隣近所の方々が顔を合わせたことがその後のコミュニティの形成に大きな役割を果たした。

また、全国から応援を受けた保健師の皆さんの協力で、仮設住宅の全戸訪問を実施した。これによって、単身高齢者や健康上の課題を持つ人がどこの地区に入居しているのかを把握することができ、フォローが必要な方については医療・福祉の専門機関や在宅介護支援センターの相談員とも連携しながら個別訪問するなどきめ細かな対応を行った。

(6) 仮設住宅に設置した高齢者施設「サポートセンター千歳」の設置

既に述べたように、仮設住宅の入居はコミュニティを維持した居住地域単位とし、また居住者間の交流の拠点となる集会所を全ての仮設住宅地内に建設した。しかし、仮設住宅が459戸建設された長岡操車場跡地南北地区は、規模が最も大きく、複数のコミュニティが混在して入居するため、新たなコミュニティづくりの核となるものが必要であった。また、阪神・淡路大震災で高齢者の「孤独死」が相次いだ教訓や高齢者の身体機能の低下への対応等についても緊急の課題となっていた。

そのため、集会所の1パターンとして、仮設住宅地内にサポートセンターを設置することを、全ての被災者の方に元気を出してもらいたいという気持ちから決断した。国、県との協議を経て11月6日に正式に決定され、仮設住宅への入居がほぼ完了した12月8日に、入浴、食事、機能訓練等のデイサービス機能等を兼ね備えた「サポートセンター千歳」が、長岡操車場跡地にオープンした。災害救助法による「応急仮設住宅」の「居住者の集会所等に利用するための施設」として、県が国の補助を受けて建設し、市が管理委託を受け、各種サービスの提供は、(社会福祉法人)長岡福祉協会に委託した。災害救助法の適用を受けて建設された全国初の画期的な試みであった。

サポートセンター外観

また、配食サービスについては、それまでの当該法人の実績から、デイサービスセンターの厨房を利用し、調理、配達を行うことで、一食330円で1日3食の365日のサービスを提供した。

毎週、火曜日と木曜日には、「元気だして行こう教室」が開かれ、仮設住宅入居者でにぎわった。午前10時には、デイルームで指導員の元気な掛け声とともに健康体操が始まり、簡単なレクリエーションで楽しく心身をリフレッシュ。午後からは「正月飾りづくり」など、季節感あふれる内容を取り入れた趣味創作活動が、和気あいあいとした雰囲気の中で行われ、地域の茶の間としても大きな役割を果たした。

このほか、「サポートセンター千歳」の事業運営の大きな特徴は、県内外の介護保険施設等から派遣された多くの職員がかかわって運営がなされたことである。災害救助法による仮設住宅は、原則2年間で撤去されることになっており、特に高齢者は、新たな住まいを見つけることの経済的、精神的不安を抱えている場合が多い。

正月飾りづくり

仮設住宅での生活を終えて、元の生活へ復帰することに向けた支援という視点に立って支援を続けた。この経験は、東日本大震災に引き継がれた。

以上述べてきたように、このようなコミュニティ尊重の姿勢が、3年間という長期の仮設住宅暮らしにもかかわらず、互いに励まし合うことで孤独死の防止に役立つとともに集団移転の話し合いの成功等に結びついた。旧山古志村には、結果的に約7割近い住民が帰村することとなった。7割が多いか少ないかの議論がマスコミでなされたが、高齢者が多く冬には4mに達する積雪があること等を考慮すれば十分高い帰村率だったと思う。これは、仮設住宅でもコミュニティが維持され、互いに励まし合った結果であろう。

そして、いつしか帰村した皆さんの中から、「地震の力はすさまじいけれど災害から立ち上がる人の力はもっとすごい」という言葉が飛び交うようになった。いまだに耳に残っている。

(7) 集団移転の成功

集団移転事業は、山古志、越路、川口、小国、それぞれの地域で、5集落の成功を見た。

このうち、集落の全壊率100%、河川の河道閉塞による浸水被害も発生した山古志地域の楢の木集落の集団移転先は、標高300mの高台（旧池谷小学校跡地）に決まった。実際、移転先の高台から旧楢の木集落を見下ろすと足がすくむ。住民は「天空の里」と呼んだ。

この集団移転が実現するまでの2年半、住民主体による懇談会は、実に24回開催された。市長であった私は、何故そんなに時間がかかるのか理解できなかった。山古志支所の担当者に少々いらいらして問いかけたところ、「実は、ほとんどの皆さんは、天空の里に

高台に移転した楢の木集落（天空の里）

移転するか長岡市内など別の地域に移住するか、とっくに決めているんです。でも、移転する人は残る人に、残る人は移転する人に悪いと思って本音を言わないんです。また、息子夫婦の家に移住するしかないとわかってはいても嫁と姑の問題等で決断できないでいる人もいるんです」と、言われた。なるほど、何でも行政が決めることは間違っている。行政は口出しせずに被災者が腹を決めるまで見守るしかないのだと今更ながら思い知らされた。同時に、私は、長岡市長は務まってても山古志村長は務まらないなと思った。

コミュニティ単位での仮設住宅生活が密な話し合いを可能にしたことは言うまでもない。

⑻　中山間地型復興住宅の開発

長岡市は、中山間地型復興住宅の開発を実施した。単なる住宅開発ではなくて、山古志に帰るぞという目標と希望を持ってもらうことを、しっかりとした形で示すというのが一番の動機であった。被災者の復興へのパワーを引き出すことが、この政策の眼目であった。学識経験者、長岡市の設計事務所、建設業者、部材供給業者等からなる委員会を設置し、山間部の豪雪地帯の生活に適し、かつ、周囲の環境に溶け込む住宅を開発した。市営住宅の建設に適用し、そのモデル住宅を公開した時の被災者の皆さんの目の輝きを忘れられない。

木造一戸建てを導入した長岡市営竹沢復興住宅

⑼ コミュニティパワー

被災者の自助への意志とコミュニティパワーは、帰村後の本格的な復興にも大きな役割を果たした。例えば、バス路線の廃止に対する対策としてクローバーバスという住民が運営するデマンドバスが今でも走っているが、復興基金等の公的資金の活用だけではなく住民の会費により運営されている。空き家の雪下ろしも集落単位で実施されている。さらに、災害のアーカイブと復興の拠点施設である「山古志復興交流館おらたる」（「おらたる」は「私たちの場所」という意味）の運営は住民組織により運営されている。山の暮らしは相互に助け合うコミュニティがしっかりしていることにより成立しているのである。

■そして創造的復興へ

⑴ 山古志地域の創造的復興

以下に述べる事例は、災害以前の山古志では起こりにくかったことと言われている。コミュニティ単位で入居した仮設住宅で共に励まし合ったことで絆をより一層深めた山古志地域住民と全国各地から来訪した大勢のボランティアの方々との交流により成功したと考えられる。実際、外部の方々からの提案と励ましにより、様々な新しい事業が成功したのである。

ア クローバーバス

山古志地域ではクローバーバスというコミュニティバスが走っているが、住民によって組織された（特定非営利活動法人）中越防災フロンティア（田中仁理事長）が運営して今日に至っている。復興基金等の公的資金の活用だけではなく、一世帯当たり年5000円の会費により運営されていることが特筆される。

イ　アルパカ牧場

山古志地域油夫《ゆぶ》のアルパカ牧場が大勢の来場者でにぎわっている。震災後、アメリカのコロラド州でアルパカ牧場を経営している古橋典子さんが、復興の資産として活用してほしいとのご芳志で3頭のアルパカを寄付してくださったのが始まりである。住民が（株）山古志アルパカ村を設立し、飼育に成功し頭数を順調に増やした。現在、約60頭のアルパカで大にぎわいしているばかりか、北は北海道から南は熊本までの全国の動物園等に約100頭を販売したとのことである。行政の支援はほとんど受けず、大成功したことはすごい住民パワーだと言わざるを得ない。

クローバーバス

アルパカ牧場

ウ　木籠メモリアルパークと郷見庵

山古志地域木籠《こごも》のいわゆる天然ダム（河道閉塞）により水没した地域に

ついては、埋没した家屋を保存し木籠メモリアルパークとして整備した。最初は、住民の方は自分の家の惨劇を人に見せるのは嫌だと反対していた。しかし、自分たちが苦しんだ経験を東日本大震災等の被災地の皆さんに見せて納得していただく意義を理解し、住民自らが案内を引き受けるようになった。さらに、住民は「郷見庵」と名付けた販売所まで設置して運営している。復興までの道程を他の被災地の被災者に話をし、感謝していただくことで、逆にパワーをいただいているとのことである。

エ　多菜田食堂

山古志地域虫亀を通る県道23号沿いに小さな食堂がある。その名も「多菜田」。棚田の景色が美しい景観と美味しい野菜を組み合わせた山古志地域に相応しい店名である。「多菜田」は、山古志地域のごく普通のお母さんたちが、震災後に立ち上げた食堂である。地元の食材

水没した木籠集落

郷見庵（さとみあん）

を活用した料理を提供し、約20年後の今でも繁盛している。グーグルマップの評価では４・３という高い評価を受けていることも素晴らしい。

オ　錦鯉ＮＦＴの発行によるデジタル村民

さらに、近年では、旧山古志村の山古志住民会議（竹内春華代表）による取り組み「錦鯉ＮＦＴの発行によるデジタル村民」が高い評価を受けている。令和５年秋、山古志住民会議は、デジタル技術で地域活性化したとして総務大臣賞を受賞した。

山古志住民会議代表の竹内春華さんは震災後地域復興支援員として村外から訪れた方であった。竹内さんのお話によれば、「山古志人口が１０００人を切った令和元年頃から、山古志を応援する方々を一種のファンクラブとして組織し、交流人口となっていただく活動に取り組みました。そうした方々は何回も山古志を訪れ、美しい景観や錦鯉に触れる一方、冬の厳しさを体感した方々でした。そして錦鯉ＮＦＴの発行によるデジタル村民というアドバイスをくださったのは、Social Sculptor の林篤志さんでした。高知県土佐山村で地域支援活動を行っていた林さんは山古志村の復興に取り組んだご縁がありました。その後押しで、Nishikigoi NFT デジタル村民の実施に踏み切りました」という経緯であった。

旧山古志村の人口は、現在約８００人にまで減少し、産業としては、農業のほか錦鯉の生産がある。

食堂多菜田

錦鯉の半数以上が海外向けであり、秋には多くの外国人バイヤーを引き寄せている。そこで、Nishikigoi NFT（画像参照）を考案、錦鯉をデザインした「デジタルアート」を、デジタル村民の電子住民票として発行している。Nishikigoi NFTの価格は、0・03ETH（Ethereum）、1ETH＝33万円と想定すると約1万円となる。1万円の市民税を支払ってデジタル村民となる仕組みである。デジタル村民とリアル村民とをつなぐ「Nishikigoi NFT」により、山古志DAO（分散型自立組織）が形成されているのである。

令和3年12月14日に発売を開始したが、約3年後の令和7年2月15日現在で、Nishikigoi NFTの発行数は約2980、うちデジタル村民は約1800人。総取引量は120ETHで、1ETH＝41万円とすると総額約4920万円となる。したがって、山古志DAOの村民税収入として約4920万円ということになる。なお、リアル山古志住民には、Nishikigoi NFTを無料配布した。デジタル村民になった方々の多くは、もともと山古志村の復興に強い想いを持つ皆さんであったので、この試みに多くの方々から賛同を得ることができたのである。

そして、Nishikigoi NFTの特徴である「ガバナンストークン」

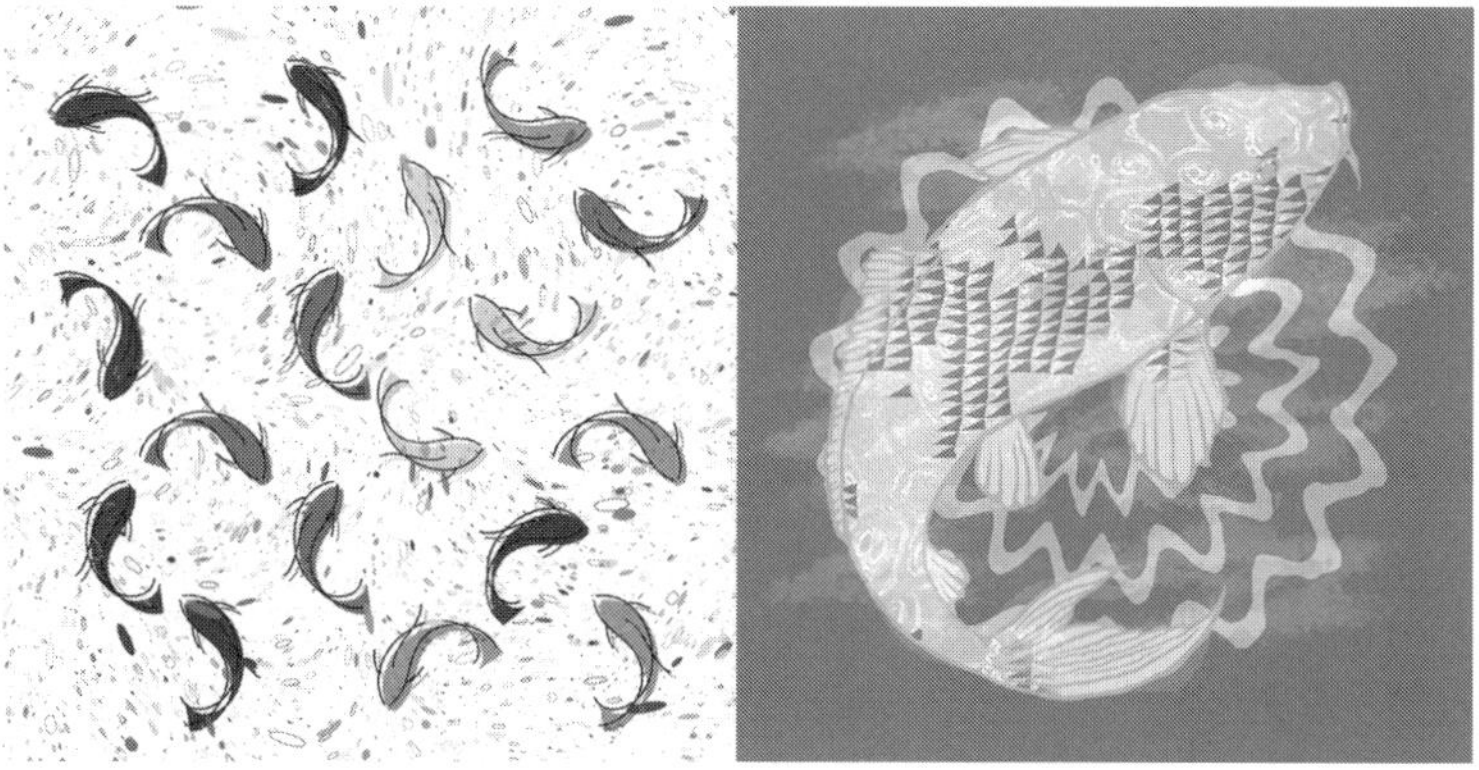

Nishikigoi NFT

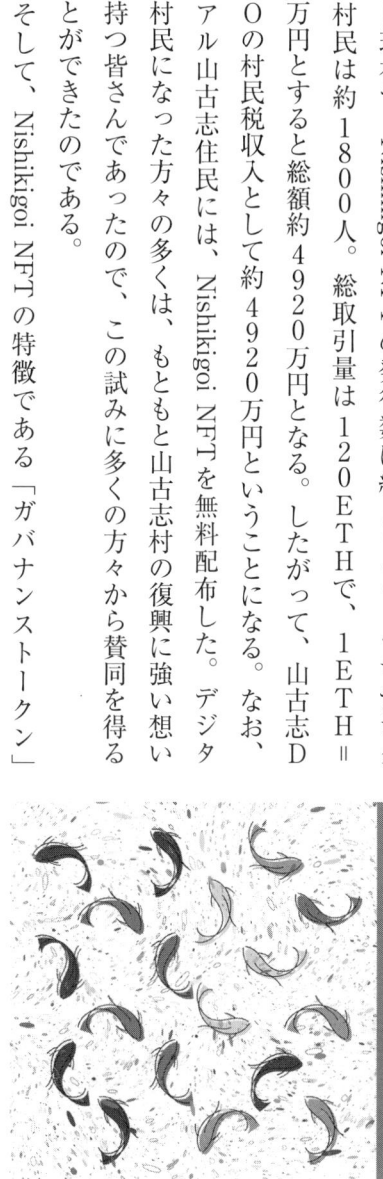

としての活用により、令和5年2月に「山古志デジタル村民総選挙」を開催した。これは、まず、デジタル村民による、山古志のための「アクションプラン」を募集。リアル村民とデジタル村民とが、良いプランに投票するというもので、当選プランには、約3ＥＴＨを活動資金として活用し執行する権限を付与した。

今後の発展の方向としては、ＮＥＯ山古志村（山古志ＤＡＯ）の自立的で持続可能な運営を目指している。①Nishikigoi NFTを日本各地の文化や地域の営みを存続させるプラットフォームへ深化させるとともに、②山古志村ＤＡＯとして、持続的に自立した運営を実現するための組織化を図ろうとしているのだ。

まさしく、全く新しい概念の地方自治体が形成されつつあるといえよう。ある意味で、地理的条件による「地方自治体」と異なる地域を超えた別次元の地方自治体、さらに言えば、「独立国家」への発展を先取りした取り組みではないかと思う。

(2) 旧長岡市における創造的復興

ア 自主防災会の成長

一方、山間部とは異なる平野部の長岡市においても、震災後に市民による防災活動が活発になった。町内会単位の自主防災会が急激に成長したのである。中越地震が発生した平成16年にわずか31％の結成率だったが、7年後の平成23年には結成率が90％を超えた。この自主防災会の活動は、現在も非常食の備蓄や避難訓練等に活かされている。

イ　公益財団法人山の暮らし再生機構

長岡市は、復興基金事業により、二つの復興支援組織を創立した。一つは、公益財団法人山の暮らし再生機構、もう一つは、公益社団法人中越防災安全推進機構である。

（公財）山の暮らし再生機構は、復興基金を原資として16名の復興支援員を雇用し、その活動をサポートした。復興支援員は、被災地のコミュニティ機能の維持・再生、集落再生の話し合い支援、行政と住民の意見調整ほか、地域との交流事業を行った。結果として、コミュニティを維持し、被災者をサポートし励ますことで、復興への意欲を引き出すことに成功した。この復興支援員制度は、東日本大震災の被災地においても同様の人的支援制度として設置された。

ウ　公益社団法人中越防災安全推進機構

（公社）中越防災安全推進機構は、新潟県中越地方に散在する震災アーカイブ施設を連携させた「中越メモリアル回廊」の企画、設置、運営を担当した。特にメモリアル回廊の中核施設である「長岡震災アーカイブセンターきおくみらい」の管理運営を行っている。同機構のホームページには、「地震の怖さや人間の強さを実際の映像で感じられるシアターや、ｉＰａｄを片手に床面の航空写真の上を歩きながら被害の状況を知ることができる震災マップなど、中越大震災の被害から復興の軌跡までを、きおくみらいに集められた膨大な情

iPadを片手に航空写真の上を歩く来場者

報から知ることができます」と、説明されている。

また、同機構は、震災発生後わずか1年4か月後の平成18年春に、「中越市民防災安全大学」を開講し防災士を養成している。開校して以来令和5年度までの18年間で、年間平均約50名ずつ合計906名の受講実績がある。費用は当初6万円（学生3万6000円）と高額であったが（現在：受講料1万円（学生5000円））、18年間も続いているということは、防災に役立ちたいという市民の意欲が極めて高いことが証明される。地域別の受講者は、長岡市が740名と約81・7％を占めるが、市外からの受講者も166名と少なくない数である。

そして、修了生有志が、中越市民防災安全士会（任意団体）を組織した。現在431名が入会し、他の被災地の支援や避難訓練等におけるボランティア活動を行っている。

エ　NPO法人ふるさと未来創造堂

さらに、「NPO法人ふるさと未来創造堂」という市民団体が、小中学校を核とした地域防災の普及に大きな役割を果たしている。平成29年、長岡市により「長岡市地域防災教育事業」を委託された同法人が、各学校に「防災玉手箱」と名付けた防災情報を随時提供するとともに「御用聞き」による学校訪問を実施。防災に不慣れな先生に対する防災教育のアドバイスを実施している。この活動は、第27回（令和4年度）

防災まちづくり大賞表彰式

防災まちづくり大賞総務大臣賞を受賞した。「新潟県長岡市における持続可能な防災教育体制の構築～「御用聞き」がつなぐ、学校・地域・家庭の防災教育～」というテーマである。

以上述べてきたように、中越地震からの創造的復興は、被災者自らの意志と意欲により成し遂げられたといえる。そして、被災者の意思と意欲は、災害直後の混乱期から、被災者による自助とコミュニティによる共助とを応援し育むことで成し遂げられたのである。

(3) おわりに

最後に、再び中越地震の被災者の合言葉を紹介して本稿を閉じることとする。

「地震の力はすさまじいけれど災害から立ち上がる人の力はもっとすごい」

第3章

平成23年
東日本大震災

Data

平成23年（2011年）東北地方太平洋沖地震（東日本大震災）

⑴　発生日時：平成23年3月11日14:46
⑵　震源及び地震の規模（推定）
　三陸沖（北緯38.1度、東経142.9度、牡鹿半島の東南東130㎞付近）
　震源の深さ：24㎞　モーメントマグニチュード：9.0
⑶　最大震度：震度7　宮城県北部
⑷　津波
　3月11日14:49　津波警報（大津波）を発表
　津波の主な観測値（検潮所）
　・宮古　最大波　15:26　8.5m以上
　・石巻市鮎川　最大波　15:26　8.6m以上
　・相馬　最大波　15:51　9.3m以上
⑸　人的被害（人）死者：19,775　行方不明：2,550
⑹　住家被害（棟）全壊：122,050　半壊：283,988　一部破損：750,064
※内閣府防災情報のページより（令和6年3月8日14:00現在）

「くしの歯作戦」と「ヤミ屋のオヤジ」

政策研究大学院大学客員教授
元国土交通省東北地方整備局長
徳山日出男

はじめに

私は平成23年1月18日に東北地方整備局（以下「東北地整」という）に赴任し、わずか2か月足らず後に東日本大震災に遭遇した。3月11日の発災時には、局長室にいた。大きな揺れで、これは想定していた宮城沖の大地震だなと、すぐにわかるような地震だった。これまで国土交通省の諸先輩から震災対応の経験を聞かされていたので、素直に今度は自分の番なのだと感じた。

すぐに防災服の上着だけを着、ペンと罫紙だけを持って、同じフロアにある災害対策室（以下「災対室」という）に移動した。災対室の所定の席に着いても余震は続いていた。１００人ほどの担当スタッフが順次集合、国道事務所や河川事務所などと連絡を取り始めた。災対室壁側にはいくつものスクリーンがあり、管轄している国道、

災害対策室（3月11日 夜の様子）

河川の警戒ポイント（約1800か所）に設置されている情報カメラの映像、NHK・民放などのテレビ放送を表示するようになっている。画面は臨時ニュースに切り替わり、緊張した顔つきのアナウンサーが大地震の情報を繰り返し放送していたが、被害は不明だった。

防災ヘリ「みちのく号」の離陸

災対室に入って5分後くらいに、熊谷順子防災課長が、「局長、ヘリを無人で上げます、許可を」と進言してきた。要するに職員が1時間かけて仙台空港に行くのを待たずに、空港にいる委託のパイロットだけで今すぐ上げたい、というのが彼女の意見だった。すぐに上げようと離陸を許可した。その後、防災ヘリ「みちのく号」は津波の来る直前に、間一髪で離陸できた。躊躇していたらヘリだけでなく、乗員も、向かっていた職員も失うところだった。

この進言のおかげで広範囲の情報を一気に把握することができた。「みちのく号」から送られてくる映像は、大津波が市街地に襲いかかり、家も船も車も全て押し流し、仙台空港が水没し、沖合から陸地に向かって、帯のような津波が進んでくるという想像を絶するものだった。

仙台も市内全域が停電していたが、局舎は停電後すぐに自家発電が動き出したので災対室の機能に影響はない。固定電話、携帯電話はつながらない状態が続いていたが、国土交通省独自のマイクロ通信網は健在だった。

防災ヘリコプター「みちのく号」

沿岸部の事務所、出張所の中には、津波で水没し、機能を停止したり、混乱して十分な連絡が取れなくなったりしたところもあった。それでも、時間を経るにつれて情報が集まるようになり、大災害の全体像が少しずつ理解できるようになっていった。

被災直後、私たちは情報の少なさ、曖昧さにいらだっていた。しかし沿岸部各地の事務所や出張所、独自の通信網、監視カメラ、防災ヘリなどは機能しており、今思えば、東北地整は国内で最も早く、正確に被災状況を把握していた機関の一つだったと思う。

■国土交通大臣の決断

午後4時頃、宮城県の村井知事と連絡が取れ、オペレーションについて話をした。知事からも、「東北道が止まっているようだが、東京からの救援ルートがキーになるので何とか頼む」というお話があった。「NEXCOと連携して、必ずやります」と申し上げた。ただ、太平洋側は大津波警報が出ていて点検に入れず、ヘリも雪のために三陸に飛べなかったので、一番肝心の太平洋岸がよくわからない状況で夜を迎えた。

被災当夜の10時に、東京と仙台をテレビ電話で結んで、国土交通省の災害対策会議が行われた。その冒頭で大畠章宏国交大臣に、「阪神・淡路大震災とは違います。津波型大災害を想定すべきです」と申し上げた。大畠大臣からは「全て任す。国の代表と思ってあらゆることをやってくれ」と言われ、「とにかく人命救助だ」ということを強調された。

この時までに、かなり思い切った被災地への支援が必要と考え始めていたが、大臣の「全て任す。とにかく人命救助だ」という指示は、その後の私たちの活動を後押しするものであった。大臣の後ろ盾があるということに、ずいぶん勇気づけられた。なお、この大臣とのテレビ会議の模様は、全国の地方整備局・事務所の職員もリアルタイムで見る環境にあり、全員がミッションを共有することができた。

■「くしの歯作戦」の発動

この夜、職員に三つの重要ポイントを指示した。情報の収集、救援ルートの確保、被災自治体の支援である。

情報収集に関しては、北陸、中部、近畿、四国の地方整備局が保有する防災ヘリ4機と「みちのく号」が活躍した。

救援ルートの確保では、通常の災害ではすぐに復旧工事ということになるのだが、今回はその前に「啓開」を行うように指示した。被災者の生存率が高いといわれる72時間以内に、救命・救難のチームが現場に入るためにも、啓開が必要だと判断したからである。

「啓開」は、職員も使い慣れない言葉だったと思う。整備局の職員たちは復旧については経験豊かなプロだが、啓開とは意味もやることも異なる。幅員や舗装が十分でなくても、とにかく車が通れるだけのルートを切り啓くのが啓開であり、被災して橋が流されたり道路が崩壊したりしていたら、その箇所にこだわることなく迂回路を定めるなどして全通させることが目的なのである。

12日朝の段階で、現地に精通した林崎道路調査官の立案に基づき、内陸部を南北に貫く国道4号、東北自動車道から沿岸部に伸びる15本の「くしの歯状のルート」を開けろという指示を出した。その全体を「くしの歯作戦」と命名したのは13日のことであった（図表1）。

ただ、指示はしたものの、道路や橋が地震や津波でどの程度の被害を受けているのか、実際に現場に行ってみないとわからない。沿岸部の浸水地域には膨大な量の瓦礫が残り、道路を埋め尽くしていたが、この時点で正確な情報を得ていたわけではない。いずれにせよ、やってみないとどんな難題が待っているか、わからなかった。

もう一つ心配だったのは、あの混乱した状況下で、啓開の意図が現場に正しく伝わり、指示通りにやってもらえるかということだった。土砂崩れを放っておいて、迂回路を先に進むというようなオペレーションは誰も経験がないし、1か所でも「きれいに通れるようにしよ

図表1
くしの歯作戦

道路啓開状況（岩手県陸前高田市内）

う」と思って本格的な復旧工事を始めたら、あっという間に72時間が経過してしまう。考えてみれば、日本の土木建設業界としても、復旧・復興事業で本領を発揮したことはあっても、被災直後に道路を啓開することで救命・救難に取り組んだのは初めての経験であったと思う。

そうした心配をしていたが、12日のうちに11ルート、15日には全部のルートが開いた。さらに、沿岸部の国道45号、6号は18日までに97％啓開できた。

地元を中心とする建設業者さんや、作業員の皆さんのおかげで順調に啓開することができた。私の心配は杞憂に終わり、日本人の現場力の凄さに感心した。

■陸海空の啓開作戦

発災から3日間は、太平洋沿岸に大津波警報などが発令されていて、海からの救援は不可能だった。このため、今回は陸のルートの啓開が先になったが、進めていたのは「陸海空の啓開」だった。

大量な物資輸送拠点として期待される被災地の港湾も、発災当時は海上や海底へのがれきの散乱や堆積で使用不能だったが、早期の利用再開を目指してがれきを撤去して航路を開き、3月23日までには太平洋側の10港全てで緊急支援物資の受け入れが可能になった。

仙台空港についても、やはり浸水とがれきで使用不能になったが、まず国土交通省が、通常河川の氾濫対策で利用する排水ポンプ車を全国から集め、空港全体の排水を最優先で実施した。それは25mプール約1万4000杯分の排水量だったが、この結果、空港機能が回復し、3月16日には「トモダチ作戦」により米軍の輸送機も到着し、4月13日の一部復旧という奇跡的なスピードで回復を達成した。

これらの作戦が迅速に行えたのは、宮本、澤田両副局長をはじめとする業務に精通した職員が支えてくれたからであり、関係機関との強い信頼関係があったからこそと感じている。

■被災自治体の支援

国土交通省には、全国の地方整備局に緊急災害対策派遣隊『ＴＥＣ－ＦＯＲＣＥ』（テック・フォース）に登録された特定専門分野に詳しい職員が配置されている。日常は通常業務を行っているが、国内で災害が発生した時は、その被災状況を調査したり、被災地域の地方公共団体に対して技術的支援を行ったりする。被災地の管理者だけでは対処できない大災害が発生した時には、大臣の命令で全国から『ＴＥＣ－ＦＯＲＣＥ』隊員が集結し、全国の『ＴＥＣ－ＦＯＲＣＥ』隊員が大災害を経験する仕組みにもなっている。今回の地震でも、翌日の３月12日には８名の先遣部隊が他の地方整備局から来て、３月13日には、全国から２００名を超える『ＴＥＣ－ＦＯＲＣＥ』隊員が東北地整へ集結し、現地で被災状況の調査などを開始した。

道路啓開を行ったチームは、簡単な充電式の衛星電話を持参して、それを被災自治体に提供した。その後、通信機能を持つ災害対策車、衛星通信車など災害対策

衛星通信車（石巻市役所への配備）

機械を全国の地方整備局から集結し、ピーク時には192台を被災市町村へオペレーター付きで提供した。東北地整だけではそんなにたくさん保有しておらず、東北で用意できたのは62台。足りない130台は他の整備局から『TEC－FORCE』隊員が乗ってきている衛星通信車などを他の整備局にもお願いして市町村にお貸しした。

これにより、音信不通だった市町村長との通信が回復した。本来、国自らが使う災害対策機械を市町村へ貸し出すのは異例のことだった。

■国交省リエゾンの派遣

また、これも異例のことだったが、地震発生の翌日から、被災市町村へ東北地整の職員をリエゾン（災害対策現地情報連絡員）として派遣した。最終的には、岩手県から福島県までの太平洋岸を中心に31の市町村へ派遣した。その人数もピーク時には96名に及んだ。最初は私どもの東北地整から選抜して送ったが、彼らは寝るところも食料も自前で相手に迷惑を掛けないようにしているので、1週間もすると交代が必要になる。結局、各整備局から来た『TEC－FORCE』隊員に、交代要員として市町村に行ってもらった。ピーク時の96名中、60名が他の地方整備局の『TEC－FORCE』隊員だったが、寒い東北で土地勘もなく、方言が聞き取れないことがあっただろうし、大変な苦労をされたことと思う。

リエゾンは市町村長の要望に応え、普段国土交通省職員として購入することのないような、様々な物資調達を行った。戸羽陸前高田市長からは、燃料と棺桶の手配が何とかならないかというお話があった。棺桶は道路特別会計や河川特別会計で買っていいもののリストには入っていないのだが、探し回って棺桶を調達した。ほかにも、仮設ハウス（市役所等の一部として使用）、仮設トイレ、遺体安置所（テント）、燃料、食料、日用品、生理用品等の物資調達を行った。3月31日までに、被災市町村から218物資調達の要望があったが、その約9割は約3日間というスピードで被災地へ送り届けた。

さらにリエゾンは、他省庁・県・自衛隊・民間企業との調整・交渉や、法律の解釈などありとあらゆる仕事をした。例えば、港から被災市街地へ流出してきた巨大な燃料タンクを解体するための関係機関との調整や、がれきを焼却する塵埃施設の電源復旧のための調整まで、できる限りの支援を行った。この働きに対しある市長さんからは、「単なる連絡員ではなく、市長の右腕であり、市の中心であった」とまで絶賛の声をいただいた。

大畠大臣、戸羽陸前高田市長と

陸前高田市に届けた棺桶

ヤミ屋のオヤジ

国土交通省はこれまでにも、被災自治体にリエゾンを派遣したことはあったが、今回のように31もの市町村に一斉に派遣したことはない。庁舎が完全に流されて役場の機能が麻痺したままであったり、仮移転先がわからない現場に、リエゾンを派遣した経験もない。そうした状態だったので、職員の安全や健康面も心配だった。結果的には目的地に行き着けなかったり、到着しても満足な活躍のできなかった職員もいたと思う。しかし、被災地への支援を早急に行うためには、条件が整うのを待っているわけにはいかなかった。

自治体への支援活動について、今回のように自治体からのどのような要請にも応えたい、被災者に直接届くような支援をやりたいと考えたのは、市町村長の皆さんの苦悩を直接伺うようになってからである。

震災の翌日以降、リエゾンが次々と現地に到着して、持参した衛星携帯電話で首長の皆さんと話すことができるようになった。そこで、「食べ物も暖房もない。夜は、照明もなく真っ暗闇で過ごしている。通信手段が壊滅して、今何が起きているのか、自分の町がどうなっているのかすらわからない」という実情を知ったのである。こんな話を何人もの首長から伺い、これは何とかしなくてはならない、何でもやってやろうと考えたのである。

その根っこのところには、大臣の「国土交通省の枠にとらわれず、思い切ってやれ」という言葉があった。首長の皆さんには「ヤミ屋のオヤジだと思って、何でも言いつけてほしい」と言ったが、文字通りどんなことでも対応するという意味だった。「ヤミ屋」はとっさに出た言葉で、「百貨店」というようなきれいな言葉ではなく、被災者のためなら違法なことでもやるぞ、という覚悟だった。

要請に応じて調達した棺やトイレ、生理用品などは国土交通省の通常業務を超えている。そんなことはどの首長も承知の上で、それでも要請したということは、最後の頼みの綱だったのではないかと思う。そうした事情が推察できるから、みんな必死に頑張ってくれたのではないだろうか。本省の会計課も、これら前例のない支出に対応してくれた。

地方整備局は、道路、河川、港湾などの管理をしているのではなく、地域の安全と暮らしを守っているのだということに、今回の震災は気づかせてくれた。

平成23年3月22日（火）

被災された市町村の首長さまへ

東北地方整備局長
徳山日出男

災害復旧、お疲れ様でございます。昨日もお手紙を差し上げましたが、本当に国土交通省の所管事項以外のことで結構ですので、なんなりとお申し付けください。

昨日は、こんなこともありました。某市長との会話です……。
私「棺桶でも大丈夫ですよ」 市長「本当にそんなことができるんですか!?」
実際、各方面に直接電話して、直接買い付けたり、持っている方にお願いしたりしました。

まだ、「国土交通省の整備局なんだからこんなことは無理だろう」という先入観をお持ちだと思います。大畠国土交通大臣からも「国土交通省の枠を超えて政府代表の局として対応せよ」と言われておりますので、本当に何でも遠慮なく言ってください。

私のことを「整備局長」と思わず、「ヤミ屋のオヤジ」と思って下さい。いつでもお手伝いさせていただきます。

図表2 「ヤミ屋のオヤジ」の文書

おわりに

これだけの悲劇を国民にもたらした未曾有の大震災は、もう二度と起きてほしくはないが、残念ながら歴史的に繰り返しているのは事実である。また、過去、東日本太平洋側の大地震に連動して、その後十数年の間に、首都圏直下型地震や東海・東南海・南海地震が発生したことを指摘する研究者もおられる。

今回の震災については、被災者やそれを支える立場の防災関係機関に対して、多くの教訓を残した。その教訓を将来に活かしていくためには、この悲劇を後世まで伝承し続ける努力、今回の教訓・反省を十分反映させた防災計画の見直し、計画に基づいた日頃からの備えが不可欠である。本書がその一助になることを念願する。

市民に届けた私の声「宮古市は必ずや復興いたします」

岩手県宮古市長　山本正徳

■東日本大震災の発災

「市民一丸となって、この難局を乗り切りましょう」

平成23年3月15日、私は防災行政無線を使い、自身の声を市民に届けることを始めた。東日本大震災発災から5日目であった。

3月11日は、薄曇りの空から細雪が舞い落ちるとても寒い日だった。14時46分、かつて感じたことがないほどの長く大きな揺れを、私は議場（市役所6階）で経験した。市議会本会議の最終日だった。すぐさま議長は最終議決を終え、議会を閉会。同時に私は一目散に議場を退出し、災害対応の指揮本部となる危機管理課（4階）に向かった。

大きな地震の後には津波が来る。

防災行政無線による市民への避難指示の確認とともに、職員や市民など庁舎に残っている全ての人間の外出を禁止し、全員4階以上に避難するよう指示した。

危機管理課と廊下を隔て隣接する市長室からは、国道106号と、宮古湾につながる閉伊川の河口部を見ることができた。

国道は車や人が行き交っている。ベランダに出て、市役所や高い場所へと避難するよう職員とともに大声で強く呼びかけた。

地震から30分ほどして、閉伊川の水は大きく引き、川底が覗くほどになった途端、河口部から小さな波が遡上してきた。

波は見る間に増幅され、猛々しい黒い津波となり、高さ5・3mの防潮堤を軽々と乗り越え市街地に浸入。岸壁に係留されていた漁船や作業船は、濁流に翻弄されながら上流に流され、閉伊川を渡河する国道45号宮古大橋やJR山田線の鉄橋にぶつかっては波に呑み込まれていった。

防潮堤を乗り越え、市街地に流入した船舶は、不気味な音を立てながら、自動車や建物と衝突。市役所周辺は、そこに道路や建物があったのかさえわからないほど浸水し、市役所も1階は完全に水没していた。

四方で鳴り響く水没した自動車のクラクション。赤々と光るブレーキランプ。指示を失った信号機……。

沿岸部も広範囲に及ぶ宮古市。藤原地区は？　鍬ケ崎地区は？　津軽石地区は？　重茂地区は？　田老地区は？　大丈夫だ

防潮堤を超える黒い津波

ろうか。

市役所に閉じ込められた私たちにとって、目の前に広がる光景は、もどかしさや苦しさといった、複雑な感情が入り混じった苦々しい記憶である。

津波の高さは宮古湾で最大波8・5m以上（波高計が壊れたため、これ以上の高さがあったと思われるものの記録されていない）、最大遡上高は太平洋に面した重茂地区姉吉で39・7mを計測した。

私が生まれ育った田老地区では、万里の長城に例えられた

水没した市役所周辺の様子

壊滅的な被害となった田老地区

高さ10ｍ、延長2・4㎞の長大な防潮堤の一部が、高さ16・3ｍの津波の直撃を受けて崩壊。この100年余の間で、3度目となる壊滅的な被害を被ることとなった。

死者517人、災害関連死55人、負傷者33人。

被災世帯4948世帯、家屋倒壊数9088棟（県内最多）。

これが、宮古市の被害の概要である。

■逆境に立ち向かう

宮古市は平成17年6月6日に、旧宮古市、旧田老町、旧新里村が合併、平成22年1月1日に旧川井村を編入し、人口は約6万人（平成22年1月時）、面積は1259㎢と広大である。

沿岸部に位置する田老地区、内陸部の新里地区、川井地区にそれぞれ地域振興を図る総合事務所を置いている。東日本大震災では、被災により行政機能が一時麻痺した宮古、田老の各地区を、内陸部の新里、川井地区が支えた。住民は率先的に自宅から食料を総合事務所に持ち寄り、夜通しで炊き出しの準備を行った。その数は10万食。被災された方々の頑張りはもちろんだが、積極的に支援にあたってくれた住民の支えが、発災混乱期の宮古市を支えた。

繰り返し襲う津波に一定の落ち着きが見えてきた3月11日の午後4時、第1回災害対策本部会議を開いた。幹部職員、市役所に詰めていた消防、警察など関係者とともに状況と対応を確認した。

・地震、津波の被害状況の確認
・関係機関、各部からの情報収集

・各部の災害対応の指示、確認

本部会議は、午後4時から約1時間ごとに開催し、翌朝12日午前6時30分までに13回を数えた。

限られた伝達手段の中ではあったが、被害情報や避難所の状況、外局に勤務する職員らの応援準備、消防による救助・消火活動、ライフラインの確保に向けた関係機関の体制などが次々に更新されていった。

夜になると、市役所を囲んでいた水は完全に引いていた。

3月12日、夜明けとともも

本部会議	日時	主な指示・確認事項
第1回	3月11日（金）16：00	・被害状況の確認 ・関係機関、各部からの情報収集 ・災害対応の指示、確認
第2回	〃 17：00	〃
第3回	〃 18：00	〃
第4回	〃 19：00	〃
第5回	〃 19：30	・物資配送、重機の待機場所を決定 ・遺体安置所を決定 ・道路状況の概要を共有
第6回	〃 21：00	・炊き出し可能であることを確認 ・外局職員の配置を確認
第7回	〃 21：45	・避難所対応の確認 ・東北地方整備局三陸国道事務所、岩手県と幹線道路の啓開作業開始
第8回	〃 22：30	・国道の交通規制を依頼
第9回	〃 23：00	・岩手県警察の待機状況を確認
第10回	3月12日（土） 0：00	・自衛隊の待機状況を確認
第11回	〃 2：00	・自衛隊ヘリ出動要請 ・岩手県に支援物資を要請 ・基幹病院へのルート確保体制を確認
第12回	〃 6：00	・警察、消防、自衛隊の応援体制を確認
第13回	〃 6：30	・自衛隊、岩手県の連絡要員の市役所配置を確認 ・避難者、被害者の状況が克明に

※以降、8時、11時30分、18時の1日3回を基本とし本部会議を開催。
※宮古市災害対策本部は、平成24年7月17日を最後に、延べ78回の会議を開催した。以降は、復興対策本部の場にて情報を共有するに至る。

図表1　宮古市災害対策本部会議の開催状況

に、市役所周辺の被害の大きさが日に飛び込んで来ると、情報量は一気に増した。

6時30分の本部会議を経て、庁舎にいた職員は、各部の役割に基づき、それぞれが避難者支援、復旧作業などに奔走した。

それぞれの使命を全うするため、一晩中、初動体制を構築し待機していた職員、関係機関への感謝は尽きない。

■市民に直接、声を届ける

田老地区にある私の自宅は、全壊。市長室で寝起きをしながらの陣頭指揮だった。指揮にあたり、通信手段も限られていたことから、その判断は、本部会議や逐一報告が入る幹部職員からの情報が頼りであった。

3月13日、岩手県の防災ヘリに搭乗し、宮古市及び近隣町村の被災状況を上空から把握した。その後、陸路で避難所を訪問し、避難している住民の声を直接聞かせていただいた。

この頃には、国土交通省東北地方整備局、陸上自衛隊の尽力もあり、幹線道路は啓開され、陸路での移動範囲は延伸していた。

翌3月14日、この日も陸路で被災地区や避難所を訪問した。

避難者や復旧作業を行う地域の方々と話をする中で、情報量が圧倒的に不足していることへの気づきがあった。

復旧作業の進捗や被災者への支援情報は、対策本部から担当課へ、担当課から現場の管理者へ、そして管理者から住民に伝わる。伝言ゲームではなく、情報をいかにして、早く伝えるか。休む間もなく災害対応にあたっている職員に、負荷をかけすぎてはならない。だったら、私自身が、自分の声で、市民に宮古市の状況や私の想いを届けよう。そう決心した。私は決心すると、行動は早いほうだ。

3月15日（火）9時。防災行政無線（生放送）

「おはようございます。市長の山本正徳です。

この度の地震・津波で被災された皆様に心からお見舞いを申し上げます。とても困難な状況となっておりますが、市民一丸となって、この難局を乗り切ってまいりましょう。皆さん、頑張りましょう。」

市民への励まし、復旧への決意を、直接自分の声で伝えることが大切だと考えた。

3月16日（水）9時。防災行政無線（生放送）

「おはようございます。市長の山本正徳です。

今日は被災から6日目となりました。

被災者の皆様は生活が困難を極めていると思いますが、今日も一日元気に頑張りましょう。」

3月17日（木）9時。防災行政無線（生放送）

「おはようございます。市長の山本正徳です。

3月13日（日）

時　間	内　容	場　所
8：00	災害対策本部会議	
9：00	陸上自衛隊ヘリにて現地視察	宮古市南部、山田町方面
10：00	避難所訪問	宮古小、山口小
11：00	体育センター視察	
11：30	陸上自衛隊ヘリにて現地視察	宮古市北部、岩泉町、田野畑村方面
13：15	副知事対応	
15：00	災害対策本部会議	
15：30	現地視察	田老地区
18：00	災害対策本部会議	

3月14日（月）

時　間	内　容	場　所
8：00	災害対策本部会議	
13：00	現地視察	重茂、赤前、津軽石、磯鶏地区
18：00	災害対策本部会議	

3月15日（火）

時　間	内　容	場　所
8：00	災害対策本部会議	
9：00	市民への放送	
10：00	現地視察	鍬ケ崎地区
15：00	遺体安置所訪問	
15：30	木澤医院、県立宮古病院訪問	
17：00	災害対策本部会議	
18：00	消防本部会議	宮古消防署

3月16日（水）

時　間	内　容	場　所
5：30	消防本部会議	宮古消防署
8：00	災害対策本部会議	
9：00	市民への放送	
10：00	視察者対応	
17：00	災害対策本部会議	
18：00	消防本部会議	宮古消防署

図表２　被災初期の市長スケジュール（手書き記載のあったもの）

今日は被災から7日目となりました。

寒い日が続きますが、体調はいかがですか。

燃料等が不足し、生活が大変だと思いますが、皆さん、今日も一日、元気を出して頑張りましょう。」


3月18日（金）9時。防災行政無線（生放送）

「おはようございます。市長の山本正徳です。

今日は被災から8日目となります。

国道106号、45号は通れるようになりましたが、本日、田老地区への一般車両の通行は規制されています。

106号急行バスは、1日5便運行されています。

電気、水道も徐々に回復してきています。

皆さん、今日も一日、元気を出して頑張りましょう。」


これまで前例がなかった、市長自らが防災行政無線で声を届けることに対し、違和感を覚えるとの意見も市役所内であった。

しかし、秘書のもとには、「先が見えなく途方に暮れていたが、市長の声を聞き、頑張るぞと思えるようになった」「市長の朝の放送が、今日一日の作業開始の朝礼だ」など、市民からの好意的な声が多く寄せられた。

同時に、呼びかけ、励ましだけでなく、「現状を具体的に」「いつから何が可能になるか」など、最新情報を届けてほしいといった声もあり、市民が求めていることに呼応する形で、放送内容を変更していった。

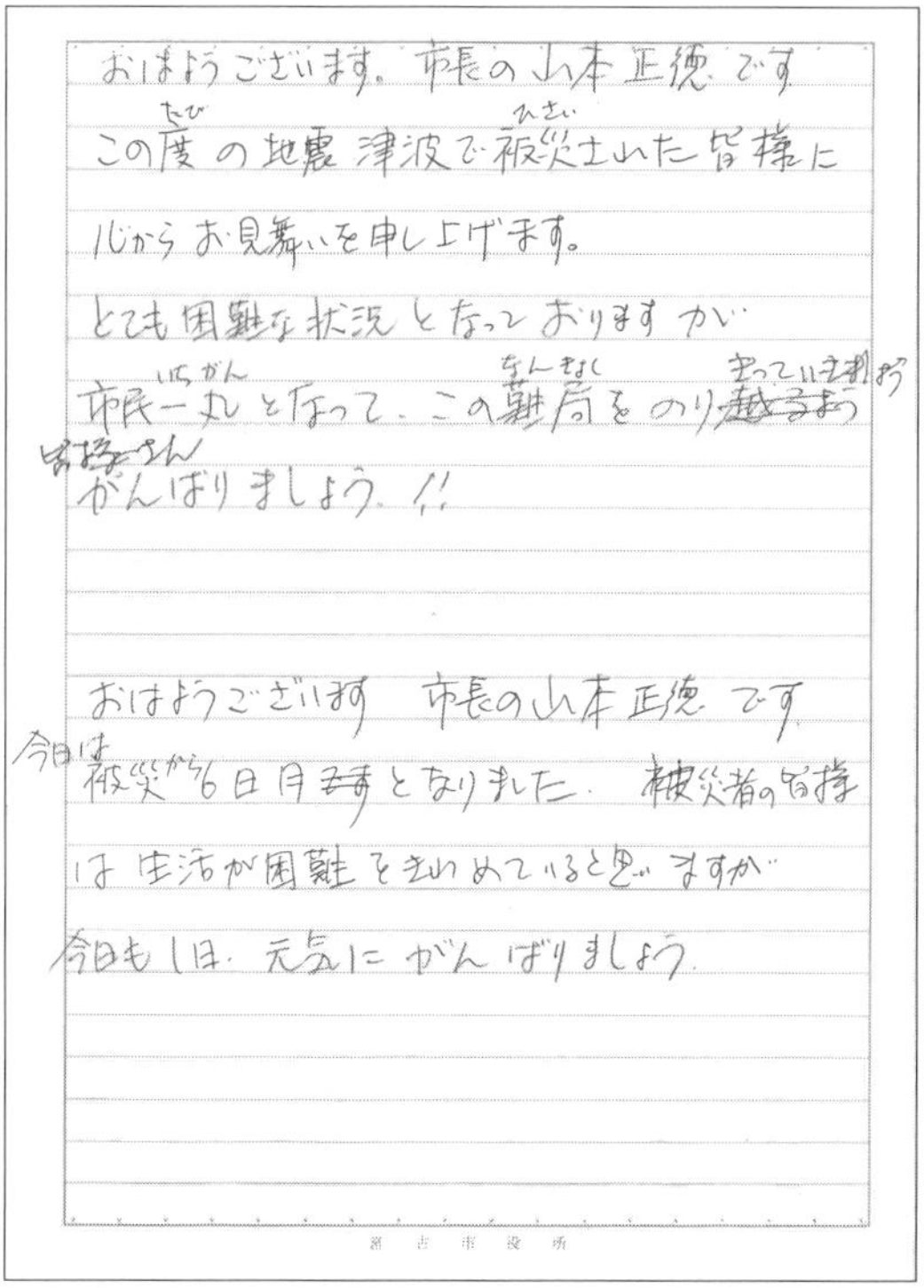

おはようございます。市長の山本正徳です
この度《たび》の地震津波で被災《ひさい》された皆様に
心からお見舞いを申し上げます。
とても困難な状況となっておりますが
市民一丸《いちがん》となって、この難局《なんきょく》をのり越えましょう
がんばりましょう!!

おはようございます　市長の山本正徳です
今日は被災から6日目をむかえとなりました。被災者の皆様
は生活が困難をきわめていると思いますが
今日も1日、元気にがんばりましょう。

宮古市役所

図表３　自ら作成した防災行政無線の原稿
（H.23.3.15・16）

放送を行う様子

3月28日（金）9時。防災行政無線（生放送）

「おはようございます。市長の山本です。

今日から避難所等でも防災行政無線の放送が聞くことができるようになりました。

昨日のＮＨＫ日曜討論で、復旧作業は国が責任を持って行うとの力強い言葉を松本大臣よりいただきました。

今日から、被災者用住宅の入居申し込みを受け付けます。

商店街の街灯も点灯しました。

これから、活気が戻ることと思います。

宮古市は必ずや復興いたします。

皆さん、今日も一日、元気に頑張りましょう。」

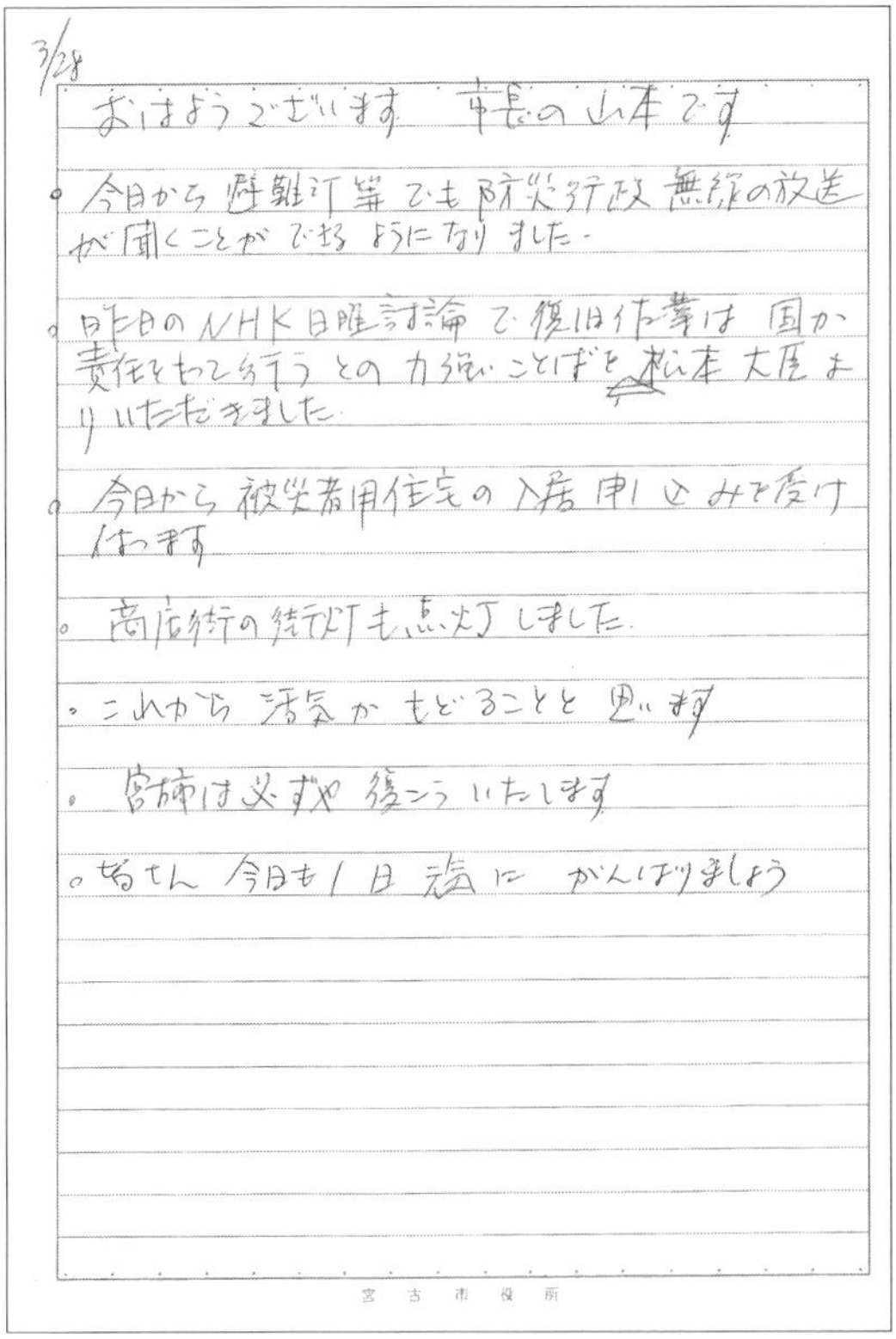
3/28
おはようございます　市長の山本です
。今日から避難所等でも防災行政無線の放送が聞くことができるようになりました。
。昨日のＮＨＫ日曜討論で復旧作業は国が責任をもって行うとの力強いことばを松本大臣よりいただきました
。今日から被災者用住宅の入居申し込みを受け付けます
。商店街の街灯も点灯しました
。これからかっ気がもどることと思います
。宮古市は必ずや復こういたします
。皆さん今日も１日元気にがんばりましょう
宮古市役所

図表４　防災行政無線の原稿（Ｈ23.3.28）

宮古市は必ずや復興いたします

「宮古市は必ずや復興いたします」

この言葉は、私の決意であった。

3月27日放送のＮＨＫ日曜討論において、被災者生活支援特別対策本部長の松本龍防災担当大臣と復旧・復興に向けた意見を交わす機会を頂戴した。

番組に先立ち、松本大臣から直接電話をいただき、携帯電話番号を交換。「兄弟だと思い、いつでも連絡してくれ」と心強い言葉をいただいた。

松本大臣が番組で発言された「国が責任を持つ」こと、大臣とのホットラインをいただいたことが私に希望と勇気を与え、自然と「必ずや復興する」との強い決意を表現するに至ったのである。

余談ではあるが、松本大臣は、私に接してくれたのと同様に、他の三県の被災市町村長とホットラインを作り、復旧に尽力してくれた。

生前、最後まで、被災地の復興を気にかけていただいた。強い信念、そして優しさが魅力的な方だった。

視察する松本龍防災担当大臣

平成23年4月11日。

震災から1か月目を迎えた日、私自らが行う毎朝の防災行政無線放送は、一区切りとし、終わりにすることを放送で伝えた。

これに対し、市民から、「ぜひ放送を続けてほしい」とのありがたい声が寄せられた。

多くの市民から頂戴した声を受け、毎朝ではなくとも、新たな出来事があったり、注意喚起したい出来事があったりした場合、自らの声で放送を続けた。

未曾有の被害の中、私も職員も住民も、手探りの中で復旧、復興に向け、ことを前に進めた。

これは、市民の我慢と努力はもちろんであるが、日本中、世界中から寄せられた多くの支援のもとに成り立っている。何か一つでも欠けていれば、計画どおりの復興への進捗は図られなかったと感じている。

大人たちから自然と「負けねえぞ」「頑張って復興すっぺす」と、声をかけていただいた。

面白いことに、私の放送を真似した子どもたちが大勢いた。

「市長の山本です。宮古市は必ずや復興いたします」。このフレーズが、多くの子どもたちの耳にも残り、私に笑顔で話してくれることが、とても嬉しかった。

前代未聞の市長自らが放送した防災行政無線。

自身に言い聞かせていた「復興」の言葉が、市民の想いとなり、市民の決意として、独り歩きしてくれていたと思う。

誰かの役に立っていたものと願いたい。

「宮古市は必ずや復興いたします。今日も一日、健康に気をつけて、一歩一歩、前に進んでいきましょう。」

9/28

おはようございます。市長の山本です。

現在、市内１２地区において復興まちづくりの会を開催しております。

今後のまちの将来像、土地利用、復興パターンなど、住民の皆さんと話し合いを行います。
忌憚のないご意見をお聞かせください。

宮古市は、必ずや復興いたします。
今日も一日、健康に気をつけて、
一歩一歩、前に進んでいきましょう。

図表5　防災行政無線の原稿（H23.9.28）

大災害発生時、大切なこと

宮城県気仙沼市長　菅原　茂

■百折不撓《ひゃくせつふとう》

東日本大震災において本市では1246名の方が亡くなられ、そのうち212名の方が今もなお行方不明である。加えて111名の方が災害関連死と認定されている。犠牲になられた方々に改めて衷心より哀悼の誠を捧げたい。

大震災から6か月目の平成23年9月11日に市総合体育館で最初の追悼式を行い、参列したご遺族、関係者全員に献花をしていただいた。献花を済ませ帰路に就くお一人お一人に目を合わせ頭を下げ見送った。人々の表情は暗く悲しみに満ちており、全員が会場をあとにした後、自分の体がこわばり、とても重く感じられたことを覚えている。それまでの半年間で様々な重みに遭遇していたが、これが人命に関わる首長の仕事の重みなのだと、改めて事の大きさと課せられた使命を噛みしめたものである。

平成23年3月11日午後2時46分、私にとっては市長就任後10か月余にして初めての新年度予算を審議していただく市議会予算委員会の真っ最中だった。

市民の誰もが経験したことのない激しく長い揺れ、想定されていた宮城県沖地震津波の襲来を確信させるには十分な衝撃だった。結果は想定を遥かに超える大津波。地球は生きものであり、その活動エネルギーの大きさをまざまざと見せつけられた。津波は勢いと体積を持って何度も押し寄せ本市沿岸部は壊滅的な被害を受けた。漁港の先端部にあった二十数基の漁業用燃油タンクは全て転倒・倒壊し、流れ出した軽油・重油に引火、気仙沼湾は一晩中火の海となった。海が燃える画像がTVニュースに何度も映し出され、本市を知る日本中の人々は気仙沼全滅を想起したといわれている。

大津波襲来（三陸新報社編『巨震激流（3.11東日本大震災）』より転載）

大規模火災発生（三陸新報社編『巨震激流（3.11東日本大震災）』より転載）

一方、夜が明るかったのはこの晩だけ、市内の全ての変電所がダメージを受け、数多の電柱がドミノのように倒れ、長い長い全市停電が始まった。

翌12日からは明かりの全く無い夜が続き、天空には数えきれないほど多くの星が存在することを改めて知った。地球や大宇宙というものは、私たちのちっぽけな営みの変化とは関係なく粛々と時を刻んでいる。真っ暗闇と静寂は、この災害と我々の苦闘もやがて忘れ去られる悠久の中のほんの一瞬に過ぎないことを想起させた。

全市停電、全市断水、下水道機能不全の中、105施設で2万人の避難生活が始まり、応援の給水車の配備とともに東北電力による復旧作業が開始された。医療施設など、命を守るために緊急性の高い施設を優先し、その後、各避難所へと通電作業が進んでいった。希望を無くし不安いっぱいの日々を過ごしていた避難所の被災者たち、避難所に明かりがつくと歓声が湧いたという。一つ一つ避難所の停電が解消されて、まだまだ不十分ではあるものの避難生活にも一定の落ち着きが感じられ始めた矢先の4月7日、最大の余震が発生。またも全市停電に逆戻り、市民は再度絶望の底に落とされた。

私にとっての心配はその絶望が諦めに変わることと、市民が希望を完全に失うことだった。幸い、同日中に停電は解消され、心の底からホッとした。その時、思ったことは、このようなことはこれから二度も三度も起こるだろう、その度に落ち込むことな

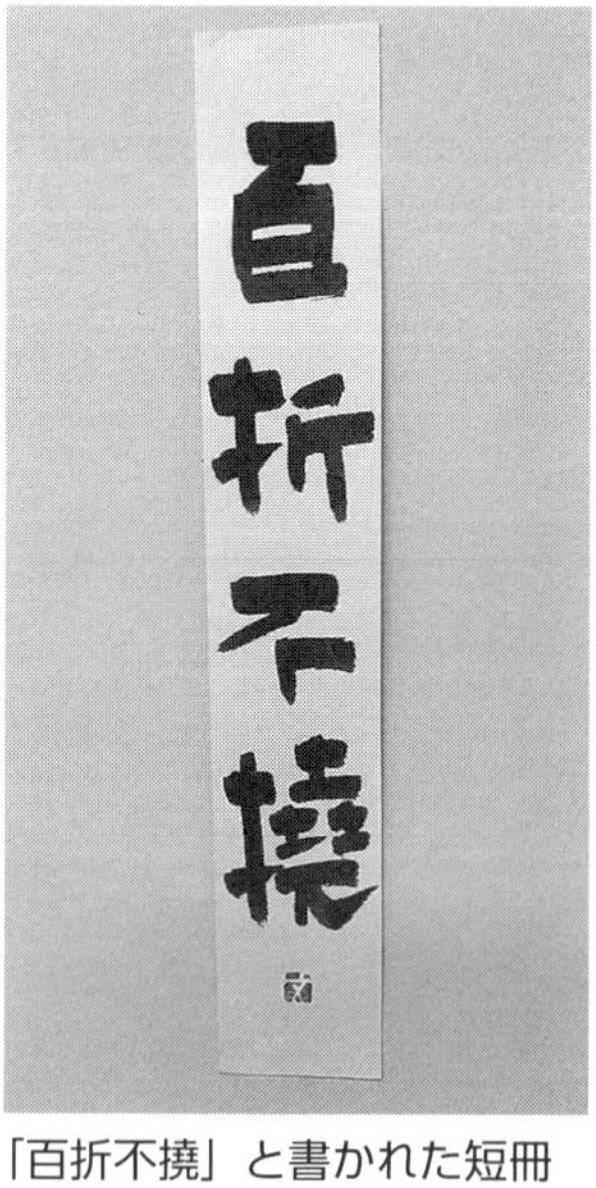

「百折不撓」と書かれた短冊

く、たとえ市民の誰もが復興を諦めても自分だけは決して諦めてはいけないということ。二度目の覚悟を決めた日だった。

その頃、いただいたのが「百折不撓」と書かれた短冊。三歩進んでは二歩下がる、それが復興だと思い定め、市長室に貼ったその言葉をその後何度も眺めて今日に至っている。

■発　信

大災害発生時、孤立した人々の最大の心配は、自分を救うために世の中、とりわけ行政が動いてくれているのか？　また、避難者の関心は、これから何がどうなって行くのか？など、誰もが早く正確な情報を知りたいとの思いを強くする。

東日本大震災発生時、本市は全市停電となり、防災行政無線も個人の携帯電話もアンテナなどのバックアップ電池が切れるまで、概ね翌日の早い時間までしか使えない見通しとなった。翌3月12日朝、防災行政無線がダウンする前にと思い、市民へ市長直接の呼びかけを行った。「大災害に遭ったが、いま皆さんを助けるため各機関が全力を尽くしている。市民皆で一緒にこの難局を乗り切ろう」。そんな趣旨の話をしたように思う。自動車や船など動いて音を出すものは何もなく、静まり返り、色も失ってしまった気仙沼のまち全体に私の言葉だけがこだましたように感じた。市民にとって十分なことが言えたかには自信がないが、少なからず力になったと聞いたときは本当にやってよかったと思った。

本市の内陸側の隣町登米市にはコミュニティFMがあり、その運営者は気仙沼出身の旧知の方だった。同氏の実家は被災し、家族が行方不明になったため、毎日登米から気仙沼に通い捜索活動をしていたが、その帰り道、災害対策本部に寄ってくれ、災害FMの仕組みを説明し立ち上げを勧めてくれた。気仙沼は日本有数の漁船漁業の基地港、早速、船舶向け無線業を営む友人に来てもらい、ハードの手配と東北総合無線通信局との打ち合わせを担ってもらうこととした。

この頼りになる二人によって「けせんぬま さいがいFM」を被災から12日目の3月23日に開局することができた。災害FMの名の通り、手続きは簡略化されており最後は市長から同通信局あて電話での正式申請で完了、緊急時向けらしい仕組みになっていた。大規模かつ復旧復興に長期間が予想される際には、ぜひ立ち上げをお勧めしたい。ラジオは災害に極めて強いツールであると実感している。

アンテナの関係から仮スタジオは消防本部の訓練棟（塔）内に設置した。開局から数日間は12日の例に倣って短時間であっても市長として捜索や復旧の見通しについて直接、市民に発信させてもらった。程なく「けせんぬま さいがいFM77・5MHz」というシールもできて、普及に一役買った。私のヘルメットには今もそのシールが貼られたままだ。

現在、77・5MHzはコミュニティFM「ぎょっとFM」として引き継がれ、復興事業で整備された新しい市施設に入居し活動している。1日に70分は行政情報を流しており、もしもの時は再び災害FMとしての機能を遺憾なく発揮してくれるだろう。

被災後、市民に伝えるべき情報は日に日に増えてくる。一方で電力や通信の回復スピードは遅く、市では全避難所、市施設に掲示する紙媒体の「おしらせ」を3月16日から毎日発行することとし、平成24年3月まで毎日内容を更新して続けた。また、その内容は毎日のFM放送の中でも朗読され、自宅避難者にとっても大切な情報源となった。

余談だが、気仙沼小学校の避難所では小学生たちが手作りで壁新聞を作り始めた。その名も「ファイト新聞」。後にマスコミでもずいぶん取り上げられたが、被災しても健気に明るく自分たちができることを見つける子どもたちの姿にいかに大人が勇気づけられたことか。若者人口が少ない本市において避難所運営で役割を持ち、活躍した中高生も含め、あの時の子どもたちの活動ぶりは本市の誇りである。

大震災発生と同時に市災害対策本部を設置、朝夕の本部会議後、会見を行い報道陣に対応した。1日2回の会見を3月末まで続け、その後、5月14日まで1日1回、毎日会見を行った。会見は報道陣はもとより市民への情報発信として大きな意味を持つ。電力が回復して日常的にTVを見ることができるようになると、市民は、自分たちのまちの復旧・復興の様子がニュースで取り上げられると少し安心し、他のまちの話題ばかりだと我がまちはどうしたんだと心配が募りストレスになる。会見は首長にとってつらいことも多いが積極的に露出することは、被災地に全国の目を向け続けていただくためにも重要であり、必要なことである。ちなみに本市では、今でも定例会見を小自治体としては珍しく週2回設定し、特段発表事項がない場合でも週1回を必須としている。

■目　標

気仙沼港は国から特定第三種漁港に指定され、遠洋・沖合・近海漁業の基地として整備を重ねてきた。特に、気仙沼市魚市場は市の経済の中心として機能し、現在では水揚げ金額において東北・北海道トップの実績を誇っている。本市魚市場の特徴は黒潮と親潮がぶつかる世界三大漁場の三陸沖を擁し、全国の漁船が集まること。水揚げ金額の約7割が県外船によるものであり、全国の漁船に頼りにされる港である。

特に宮崎・高知・三重県籍を主体とするカツオ一本釣り漁船団が第二の母港として利用しており、生鮮カツオの水揚げ数量連続日本一の記録を毎年更新してきた。

東日本大震災による津波は本市魚市場を容赦なく襲った。723mに及ぶ魚市場のうち、200m部分は岸壁・プラットフォーム・上屋全てが倒壊し流出した。残り523m部分も地震と同時に発生した約70cmの地盤沈下により、満潮時には海水に浸るありさまとなり、完全に水揚げ不可能な状態となった。

大震災発生から10日目の3月20日、魚市場を運営する気仙沼漁協の呼びかけで、周辺には倒壊した建物と瓦礫が散乱したまま、明かりもつかない魚市場の会議室に水産関係者が集まった。その数、約200人、各々の事務所も被災し一斉連絡ができない中、口伝えで集まった人々は皆、髭が伸び、頬がこけ、灰色の顔をしており、誰だかすぐにはわからない人もいた。

その場で気仙沼水産業災害対策本部が設立され、漁協組合長が本部長に就いた。決まったことはただ一つ、「カツオ船がやってくる6月までに魚市場を再開すること」。このシンプルかつ挑戦的な決定に出席者は全員賛同し、集合時とは打って変わって皆の顔は生気を取り戻した。各事業所の存立も不安な中で、この目標により全ての水産関係者は希望を見つけ復興に前向きになれたと思う。

3月28日には具体的な手順を話し合う気仙沼漁港機能再建対策委員会が立ち上がり、役割が決まった。県管轄の岸壁は国の直轄で嵩上げ、プラットフォームは市、出荷に欠かせない氷の製造に必須の電力は東北電力、漁船向け燃油は市内の販売会社がタンクの代わりに小型タンカーを調達といった具合に魚市場再開に向け港全体が走り出した。そして6月23日、総力の結集が奇跡を起こし、魚市場は仮復旧を果たした。カツオ漁船が初入港した6月28日、迎える水産関係者の目には涙があった。「これで気仙沼は生き残れる！」。そんな思いだったように思う。本市水産関係者の強い意志に応え、カツオ漁船団は同年もなるたけ気仙沼港を選んで入港してくれた。感謝に堪えない。結果、生鮮カツオ水揚げ数量日本一は大震災の年も途絶えることなく、今に至っており、おかげさまで令和6年28年連続を達成した。

災害からの復興には「いつまでに」という目標が付きまとい、できるだけ早い完了が求められる。水道・電気・ガスの復旧、仮設住宅建設開始・完了、公営住宅建設開始・完了などなど。残念ながら大規模災害時には行政の人員、財源の確約、工事業者の確保、利用したい土地の地権者同意など、様々な不足と不確定要素が復興の前に立ちはだかる。それでも完了時期は示さなければならない。

被災者はもとより上位官庁はそれを求め、中央の政治も時期にはことさら敏感だ。そのような状況のもと、現場からは全てうまくいった場合の希望と理想に近い完成日程が示されることが通例だ。この発表に際し、もしもを考え、遅れた場合の批判を恐れ、余裕を持った安全な完成日程を示したり、曖昧な表現を使いたくなるものだが、そのような配慮は原則必要なく、しない方が良いと思う。

多少無理があっても、明確な日程は工事に関わる全ての人々の目標となるし、完成を待つ被災者の希望となる。もちろん、残念ながら予定通りに行くことの方が稀である。完成の遅延により被災者は落胆し、行政への非難の声も高まり、マスコミも報道する。また、意図していないのに被災者を欺き域外流出を抑制した形になるかもしれない。それであっても行政は脚色なく完成予定を示し、それに向かって全力を尽くすべきである。結果に対する非難は首長が一身に受け止め我慢しなければならない。何より、被災者が聞きたいのは、我慢できる範囲内での今を脱却できる目標日時であり、当座の心のよりどころなのである。

復興計画策定

政府は大震災からおよそ1か月後の4月14日、故五百旗頭眞神戸大学名誉教授（西宮市生まれ）を議長とする「東日本大震災復興構想会議」を総勢16名の委員で立ち上げ、復興の基本方針について調査審議することとした。加えて飯尾潤政策研究大学院大学教授（神戸市生まれ）を部会長とする「検討部会」を総勢19名の委員で立ち上げ、より分野別の復興のあり方について検討を行う体制を構築した。

これを受け、本市では5月に入り、市議会に復興計画策定について説明し、予算を確保後、6月19日に学識経験者7名、市民の代表6名、市長・副市長の計15名で「気仙沼市震災復興会議」を発足させ、復興計画策定に取りかかった。学識経験者には前記政府の会議の委員に名を連ねる先生を3名、他は地域経済の専門家や本市出身の大学教授にお願いした。各先生方には復興計画の策定に留まらず、その後も本市の復興まちづくりにご指導をいただき、その関係性は現在の本市にとって貴重な財産となっている。6人の市民代表は前年に作成した市総合計画の審議会委員の中からお願いした。本市の特徴は、併せて市長から直接個人に依頼した11名からなる「気仙沼市震災復興市民委員会」を別途設置し、より自由な発想での意見を求めたことである。11名には市在住者だけでなく中央などで活躍中の出身者にも入ってもらい、未来志向の議論をお願いした。

この市民委員会には女性がかろうじて2名入っているものの、復興会議は全員が男性であった。14年近く経ち、ジェンダーに関する議論も進む中で考えれば、もっと多くの女性に参加していただくべきだったと反省している。現在、本市では各種審議会・市関係委員会などの委員構成は女性50％を目標としており、達成までもう一歩となっている。

さて、復興会議についても、市民委員会についても本市では所管は企画部だ。一方で、企画部には復旧・復興に関しておびただしい数の政府や県からの通知などが届き、読み込んだ上で適切に庁内各部署に周知する必要があり、併せて数多くの提出物の担当もしなければならない。他自治体からの応援職員も技術や民生部門の経験者を中心に派遣依頼することになり、おのずと企画部門は限られたプロパー職員が中心にならざるを得ない。

本市では大変ありがたいことにシンクタンクとして経験豊富で名高い三菱ＵＦＪリサーチ＆コンサルティング（ＭＵＲＣ）から支援の申し出を受けることができ、二つの会議の運営、復興計画の取りまとめについて大きな協力をいただいた。その後の復興に関わる各種事業でも必要なリソースを紹介いただいたり、復興全般について支援を受けている中央の各企業に東京で状況の報告を行う場の提供もお願いした。現在では本市から支援を求めるだけなく、コンサル業務として同社に発注するケースも増えており、担当同士の交流も深まり、本市職員も磨かれ、企画力アップにつながっている。

復興計画について一つ記しておきたいことがある。経済評論家の故内橋克人氏との出会いである。災害対策本部にある日、ＮＨＫクローズアップ現代の国谷裕子氏と同番組のディレクターが来訪された。復興計画の策定に向けては、かつて読んだ「共生の大地」の著者内橋氏の意見を聞いてみたいと思っていた。同氏はクローズアップ現代への出演回数が最多の評論家であり、紹介を依頼したところ、その後の東京出張の折、３時間余りお話を聞くことができた。かねて持っていた問題意識は単なる経済発展だけなら地方は都会に勝ることはできない、未来の地方の人々の暮らし・豊かさはどうあるべきかというもので、それを復興計画にどう生かせるかというものであった。

先生は市場原理主義・新自由主義の弊害に特に危機感を持っており、「FEC自給圏」の形成が必要と唱えられた。稀代の評論家の行きついた結論ではあったがF＝FOOD、E＝ENERGY、C＝CAREの三つの自給は一つの理想社会ではあるものの、そのまま復興計画に盛り込むことは、いまだ多くの被災者がその行く末に悩みもがいている当時の状況では無理があった。近年、地方創生の文脈の中でFOOD、ENERGYの自給について耳にすることが増えている。初めて会った者にも真剣かつ切々と説き、日本の将来を心底憂える氏の慧眼に触れたことは得難い経験となった。

■結びに――海と生きる

先に触れた市民委員会から復興計画に副題を付けたいとの意見をいただいた。公募した結果、大震災後の取り込みの中でも100を超える案が集まった。その中から委員が選んだのが「海と生きる」。いまだ行方不明者の捜索が続き、多くの遺族が悲しみの真っ只中にいる中で、この決定には勇気が必要だった。しかし、この言葉こそが今の我々に必要だとも思った。「大津波に遭ったが、先人と同様に海の恵みを信じてこの地で生きていく」、復興に最も必要な市民全体で

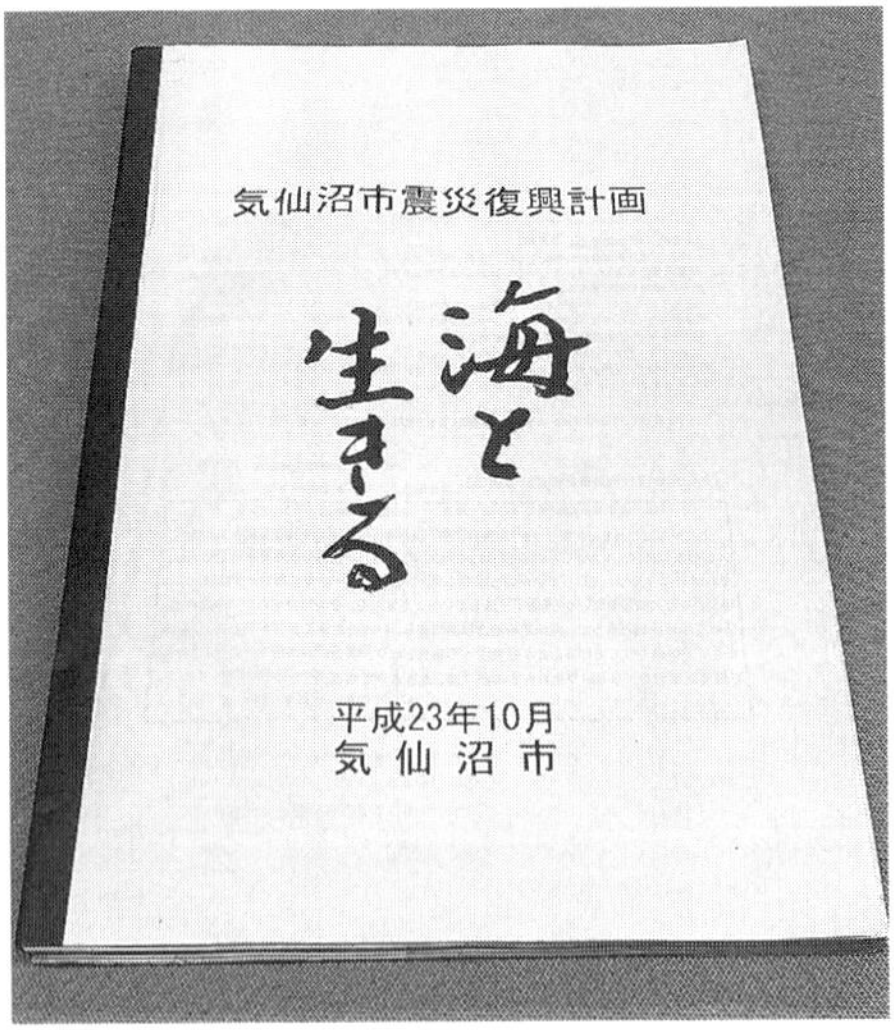

気仙沼市震災復興計画「海と生きる」
(平成23年10月)

共有すべき気仙沼人のアイデンティティを明確にすることができた。

大震災で私たちは尊い命も含め、あまりにも多くのものを失ったが、一方で復興過程では数多くの新しい「縁」もいただいた。今はその「縁」が本市の「宝」となり、市民一人一人の人生を豊かにしてくれている。「海と生きる」に共鳴する縁者は今も増えており、その方たちを巻き込んで、私たちはこれからも前向きに「復興のその先へ」と進んでいく。

気仙沼市復興祈念公園の像（伝承彫刻）「海へ」

壊滅した町から立ち上がる

宮城県南三陸町長　佐藤　仁

■災害直後の混乱と苦闘

平成23年3月11日は3月定例議会の最終日だった。午後2時40分、提案した全議案が可決承認され、立ち上がって閉会の挨拶を始めた。2日前の9日に発生した三陸沖を震源とするマグニチュード7・2の地震で、南三陸町では震度4を観測し、津波注意報も発表されたことに触れながら、「これからも、安全・安心な……」と話したところで、一瞬グラッと揺れた。直後、東日本大震災の本震が襲ってきた。木造2階建ての役場庁舎が潰れると思うほどの強烈な揺れで、もちろん立ってもいられず、議場内にいた全員が机の下に身を隠した。経験したことのない長い揺れに、間違いなく津波が来ると誰もが思った。

揺れが収まるのを待って町長室に駆け込むと、倒れたキャビネットなどが散乱していたが、防災服が入っていたロッカーだけがかろうじて倒れずにあったので、防災服に着替え、防災対策庁舎の2階にある危機管理課に向かった。職員から「マグニチュード7・9、津波の高さ6m、津波到達予想時刻は午後3時」との報告を受け、時計を見ると午後2時55分。あと5分で津波が到達することになる。防災無線で繰り返し避難を呼びかけ、次々と入ってくる防潮水門や陸閘《りっこう》の閉鎖完了情報の対応に追われる間にも、大きな余震が連続して起き、室内は一種のパニック状態だった。役場庁舎前の八幡川に津波が徐々に押し寄せて来るのが見え、防災対策庁舎に詰めていた全員で屋上に避難した。

屋上から海岸線を見ていると、5・5mの防潮堤を津波が超え、家屋を次々となぎ倒していく。その光景を目の当たりにしたとき、言葉では言い表せない衝撃と、絶望感に襲われた。気象庁が当初発表した津波の高さは6m、屋上の高さは12m。屋上に避難した誰もが「ここまでは来ない」と信じ切っていた。しかし、押し寄せた津波の高さは16m。圧倒的な波の破壊力に我々はなす術もなかった。

2日後、気象庁はこの大津波を引き起こした巨大地震の規模をマグニチュード9・0に訂正した。

防災対策庁舎では、町職員、町民、消防署員、警察署員など43人が犠牲、行方不明になり、助かったのは私を含め10人と、屋上から流されたものの流れ着いた別の場所で一命を取り留めた1人だった。津波は翌朝まで繰り返し襲ってきた。

津波とともに降り始めた雪と強風が吹きつける中、庁舎の3階で全身ずぶ濡れのまま朝まで耐え忍んだ。

夜が明けるのが怖かった。

昨日見た光景が悪夢であればいいと願ったが、その思いは夜明

瓦礫や漁具などが無数に絡まった防災対策庁舎

けとともに打ち砕かれた。

幼い頃から慣れ親しんできた故郷の景色は一変し、原型を留めていないどころか、瓦礫の山と化してしまった街並みに、現実を突きつけられた。

「この町は復興できるのだろうか?」。正直、そう思った。

一瞬頭をよぎったその思いを振り払うように、まずはここから降りて災害対策本部を立ち上げなければならないとの思いに駆られた。夜が明けて、救助に来た消防団員と町職員の手を借り、高台にある総合体育館に辿り着いたのは正午頃だった。

大混乱する避難所の対応に追われていたのはたった3人の町職員で、私はそのうちの1人に記者会見の準備をするよう指示をした後、災害対策本部の1回目の会議を開いた。メンバーは私と消防署員2名のみ。その過酷な状況下で私が出した指示は、津波被害のない地区に行って、おにぎりを作ってもらうことと被災状況の情報を集めてもらうことだけだった。会議を終えて向かった臨時の会見場所には、驚くほどの報道陣が集まっていた。まずは、発災から今に至る自身の実体験をお伝えした。そしてもう一つ。「これから毎日定例の記者会見を開きます。報道の皆さんには、今の現地の状況を報道してほしい。また、被災対応で混乱する今、町職員個々への取材は控え、私の会見で情報収集してください」とお願いした。

私は東日本大震災の半年前、宮城県町村会主催の講演会で中越地震を経験した首長の「マスコミ対応を誤るな」という発言が強く印象に残っていた。また、北に気仙沼市、南に石巻市、西は登米市に囲まれたこの小さな南三陸町が、震災という大混乱の中で埋没してしまわないかという危機感が、記者会見を始めた理由だ。

記者会見は毎日行った。町の規模に反して、多くの支援物資や延べ15万人を超える災害ボランティアの数に、マスコミの力の大きさを痛感した。正直、毎日カメラの前に立ち続けるのは容易ではなかったが、今振り返れば、あの判断、行動が南三陸町の支えになったのであれば、本当にやって良かったと思っている。

町内の避難所には、着のみ着のままで避難した町民約９０００人がいた。備蓄倉庫もことごとく被災し、食料、衣類、日用品など皆無だった。何とかこの急場をしのがなければと思い作成したのが、手書きの身分証明書だった。

何の効力も持たないであろうことは百も承知だったが、何とかこの急場をしのがなければならないという思いで、この証明書を町職員に託した。現金の持ち合わせがないため掛け売りをお願いしなければならず、しかも証明書を持参した者が本当に職員であるかどうかも店側からすればわからない。その任に当たった町職員には相当の苦労をかけたと思う一方、南三陸町の実態を知った店主たちが「必要なだけ持って行ってください」と協力してくれた恩は、生涯忘れることはない。

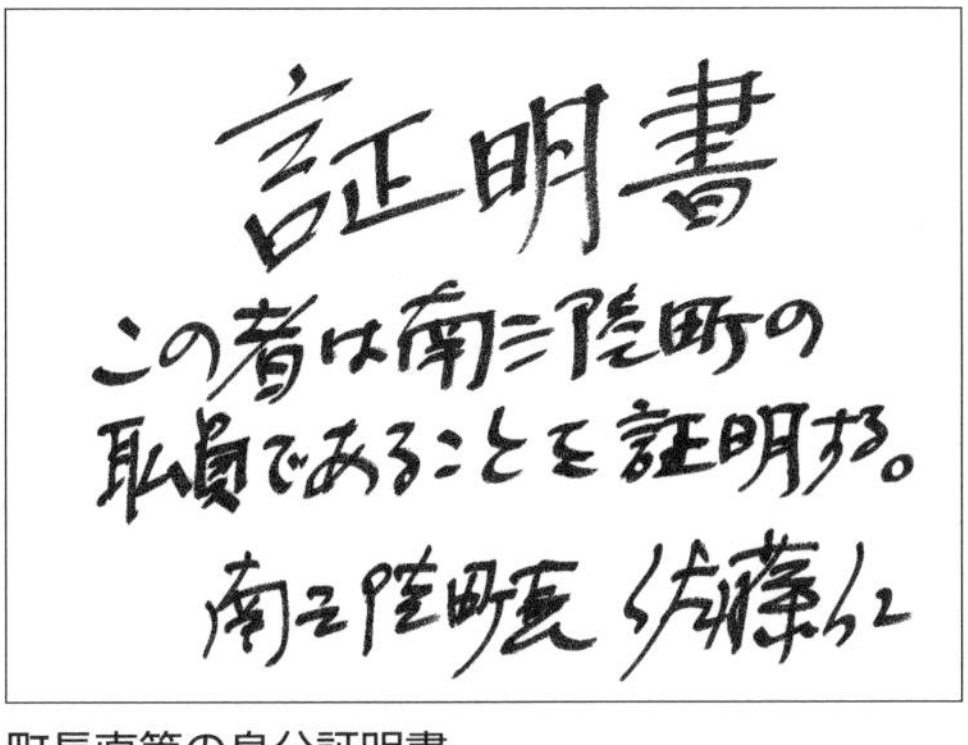
証明書
この者は南三陸町の
職員であることを証明する。
南三陸町長　佐藤仁

町長直筆の身分証明書

避難所は、電気、水道、情報、プライバシーに至るまで、本当にないもの尽くしだった。沿岸部には早急に仮設住宅が整備できるような平地も少なく、相当の時間を要することが想定された。その間、この劣悪な環境で避難生活を長引かせることはできないと考え、私は二次避難を決断した。この決断には、昭和

35年のチリ地震津波での私自身の疎開（二次避難）経験が活かされた。

3月末から各避難所で二次避難の説明会を開催したが非難轟々だった。「我々を町から追い出すのか！」「まだ行方のわからない人たちがいるのに！」など、多くの批判をいただいた。私も経験上、その気持ちは痛いほど理解できた。しかし、この災害を生き延びた町民の方々に、仮設住宅が整備されるまでの少しの間でも安らげる環境で過ごしてほしいという思いの方が強かった。「決して、強制はしません。希望する方だけでも二次避難してください」とお願いした。

南三陸町が二次避難実施の方針という報道が流れると、ありがたいことに県内外から避難施設と受け入れ可能人数などのリストが続々と寄せられ、町内外に約2300人が二次避難した。

東日本大震災は、南三陸町では620人の尊い命が失われ、今なお211人の方々が行方不明という、未曾有の大災害となった。

震災直後の記者会見で、「南三陸町で安否不明者が1万人に上ると宮城県が発表した。町長はどう受け止めているか？」と問われた。1万7600人の人口で1万人が安否不明。驚きのあまり、呆然として言葉がなかった。後日、この情報は誤報と判明したが、思い返せば、当時「取りあえず棺を1000個送る」という連絡が入り、「取りあえず」という言葉に背筋が凍るような思いをしたことが記憶に残っている。

6月に入り復興計画の策定会議を立ち上げた。都市計画や土木工学、まちづくりなどの外部の専門家を招集した。復興計画の一丁目一番地には「津波で二度と命を失わない町」を掲げ、高台移転を計画の柱にすることに決めた。

南三陸町は、過去120年の中で4度も大きな津波被害を受け、その度に多くの命が失われてきた歴史がある。また、本部を設置した総合体育館内のご遺体安置所には、毎日のようにご遺体が運び込まれ、涙ながらに捜すご遺族の姿を目の当たりにし、「この地獄を二度と繰り返してはならない」と、強く自分に言い聞かせた。だから、高台移転は絶対に譲れなかった。

復興計画の策定会議から少し遅れて、町民主体によるまちづくり会議を立ち上げた。壊滅した故郷を未来に向けて持続可能な町に再生していくためには、そこに住み続ける町民の思いが反映されなければならないと思ったからだ。一方で、行政側は、この復興計画とともに事業費を想定しなければならなかった。東日本大震災は、間違いなく激甚災害に指定されると思った。ただし、当時の制度では、指定されても復興事業に係る事業費の1割程度は地元自治体の負担が生じる。私は町職員に復興事業費の試算を指示し、おおよそ3000億円の見込みとの報告を受けた。震災前の町の一般会計の予算は約80億円で、そのうち政策的に使える予算は2～3億円に過ぎない。仮に300億円という財政負担が生じれば、100年規模で返済し続けることになる。それでは、復興を果たしても、町そのものが破綻してしまう。率直にそう思った。

私は地元選出の小野寺五典衆議院議員に実情を説明し、全額国費での復興事業が行えるよう、制度改正を繰り返し要望した。

10月のある日「衆議院予算委員会でこの問題を取り上げる」との連絡が、小野寺議員から届いた。食い入るようにテレビを見つめた。小野寺議員には南三陸町の実態をパネルにまとめ、地元の声を強く訴えていただいた。野田佳彦総理と幾度となく厳しいやり取りが続いたが、最後には「わかりました。全額国費でやりましょう！」という野田総理の言葉を聞くことができ、ようやく復興への道が拓けたと思った。この瞬間が、復興へのターニングポイントになったことは言うまでもない。まだまだ先は長いのに、肩の荷が一つ降りたような気がした。

翌年の2月には復興庁が設置され、いよいよ本格的な復興への道筋がスタートすることになった。

■南三陸病院再建までの紆余曲折

公立南三陸病院は海岸線から約300mの市街地にあり、病床126床を有する総合病院として、南三陸町民の拠り所だった。

病院は4階建て（一部5階建て）で、町の津波指定避難所に指定されていたが、東日本大震災では津波が4階にまで達し、入院患者や職員74人が犠牲になった。

医療が必要な町民の緊急的な受け入れ先として、災害対策本部が設置された総合体育館のトレーニングルームに臨時診療所を設置した。病院の医療スタッフは各避難所の医療対応に追われ診療所の人手は手薄だったが、ありがたいことに全国から多くの医療支援チームが駆け付けてくれた。平成23年3月末には、イスラエルの医療チーム74人が医療機器とともに到着した。総合体育館の駐車場内にプレハブ8棟を設置し、内科、小児科、産婦人科、整形外科など、日本人医師の指示のもと診療にあたってもらった。イスラエルの医療チームが約2週間の活動を終えて撤収した後、残されたプレハブを診療所としてそのまま活用することになり、臨時ながら外来診療の目途は立ったものの、入院施設をどうするかという難問があった。

南三陸病院鈴木隆院長と検討を進める中、隣の登米市にある米山病院が、入院病棟を閉鎖し外来診療のみに切り替えたとの情報が寄せられた。早速、鈴木院長から先方の病院長に打診し、内諾を得ることができた。これを受け、布施孝尚登米市長の了解を得るために訪問すると、二つ返事でご快諾をいただくことができた。南三陸町から米山病院までは片道30㎞余り、患者さんやそのご家族、病院スタッフには、4年もの間、通院や通勤で大変なご苦労をかけたが、30床の入院施設を確保し、本設の病院が完成するまでの医療体制を整えることができた。

本設病院の再建には本当に多くの紆余曲折があった。前出の臨時診療所では多くの患者さんが受付、診察、薬局、会計、それぞれのプレハブに出たり入ったりを繰り返す光景を目にした。そもそも診療所に来るのは体調が悪い方、高齢の方々が多く、雨の日や暑い日は特に気の毒であった。この現状を改善するためには、一つ屋根の下で完結できる施設の整備が必要であるため、視察に来た国会議員の方々に繰り返し要望を行ったが、いただけた情報は上限3100万円の補助制度のみだった。当時、プレハブは被災各地でひっ迫しており、1棟2000万円から3000万円で、1棟分にしかならない。この制度は阪神・淡路大震災の際に診療所の再建を想定して創設されたもので、そもそも病院そのものが流失するということは想定されていなかった。

悶々と過ごしていたある日、辻元清美総理補佐官が来町した。これまでと同様に病院の実情を説明し、制度の改善を求めた。その日はそのまま東京に戻られたが、翌日になり総理官邸に来てもらえないかとの連絡が入った。

総理官邸では仙谷由人官房副長官に案内された。あらかじめ辻元補佐官から要望内容の説明を受けていたこともあって話は早く、「新たに制度を作るのには時間がかかり過ぎる。私から日本赤十字社に支援要請をしてみる」という力強いお言葉をいただいた。

後日、日本赤十字社から仮設診療所建設費として3億円、医療機器購入費として3億円の支援が決まり、ようやく希望の光が差した思いだった。

本設と見間違うような立派な2階建ての仮設診療所「南三陸診療所」が完成したのは、震災から1年後の平成24年3月末だった。

東日本大震災の被災各地に対し、台湾からも物心両面にわたる手厚い支援が届けられた。中でも、多額の義援金は、全てを失った被災者にとって心強いものだった。

平成23年8月上旬、日本赤十字社から「中華民國紅十字會が未配分約47億円の義援金を被災地支援に充てていただきたいため、復興に必要なものを1自治体当たり1億円前後で検討し提案してください」と、被災3県の市町村に連絡が来た。

早急に庁内で検討を重ねた結果、病院再建を最優先にし、無謀なことは百も承知で、再建資金として30億円の支援を要望することに決めた。9月上旬、中華民國紅十字會の関係者が来日し、被災3県の各市町村の要望の聞き取りをして回った。南三陸町では私が直接プレゼンテーションを行ったが、正直、反応は芳しくなかった。

ところが年末になって、日本赤十字社から「全額は無理だと思いますが、感触が良いようです」と連絡が入った。年が明けて2月に入り、中華民國紅十字會の会長をはじめ理事の方々が大勢のメディアを引き連れて、被災状況や工事中の南三陸診療所を視察するため来日した。後日台湾から届いたニュース映像で、工事中の様子や南三陸の被災状況などが詳しく報道されており、期待は一気に高まった。

翌月、病院再建に16億円、保健・福祉のケアセンターに6億2000万円の支援が正式に決定したという朗報が届いた。私たちの復興にかける思いと台湾の方々の支援の心が通じ合った瞬間だった。その後、南三陸町の公共施設の再建第1号として南三陸病院がオープンしたのは、平成27年12月のことだった。

■感謝の思いを伝えたい

平成23年年3月11日午後2時46分、私たちは一瞬にして奈落の底に突き落とされた。そんな絶望の中から私たちを奮い立たせてくれたのは、全国、世界中から差し伸べていただいた言葉にできぬほどの心温まるご支援だった。

震災から8年を迎え、復興事業も大筋で目処が立って来た頃、ふと脳裏をよぎったのは「この感謝の思いを、形にして残さなくていいのか？」ということだった。

町の管理職を集め、改めて多くの方々のご支援によって復興の目途が立ったことに触れ、感謝状の贈呈を検討するため支援団体などの候補を挙げてほしい旨を伝えた。数週間後、3000件に上るリストが各課から届き、これを訪問可能な200件ほどに絞り込むまでには3か月の時間を要した。

北海道から沖縄、海外もある中、限られた時間を縫って「感謝状」を届け続けた。最終的に226の個人、団体、企業、自治体の方々へお渡しをさせていただくことができた。もちろん、感謝状という形では叶わ

海の見える高台に再建された公立南三陸病院

なかったが、南三陸町に関わっていただいた全ての方々に心からの感謝を伝えたい。

東日本大震災で経験したいのちの尊さ、そして感謝の思い。

震災から13年余りが経過した今、南三陸町でも震災を知らない世代が育っている。あの被害を二度と繰り返さないためにも、私たちには、この事実を次の世代にしっかりとつないでいかなくてはならない責任がある。

その想いを後世に残すためオープンしたのが「南三陸３１１メモリアル」である。壊滅した被災地が、いつか誰かの「いのちを想う」場所として語り継がれていくことを願うばかりだ。

大震災初期対応と原発事故

福島県相馬市長　立谷　秀清

■大規模地震と津波

経験のない大地震の直後に設置した災害対策本部で、もしやの大津波に備えて、海岸部の消防団に高台避難誘導を指示した。その不安が、想像を超えた現実になっていると知ったときの胸騒ぎは、生涯忘れられない。頭の中で思い描く被害状況とその対策を、次から次へと塗り替えざるを得ない被害報告の凄まじさに、心の平衡を保つのがやっとだったあの数時間の感覚が、今でも私の中に甦ってくることがある。何人が犠牲者になったのだろうという底知れぬ不安と闘いながら、「うろたえてはいけない」と自分に言い聞かせていた。あの時は、災害対策本部長としての私の動揺を決して表に出さないことが、凡夫の私にできる最初の災害対策だった。指揮官の私が不安な気持ちをわずかでも出せば、ついてくる職員たちも市民も冷静な判断ができなくなるに違いない。私は毅然としていなければならないのだ。心の中で強く自分に言い聞かせた。

災害対策の基本は次の死者を出さないためにあらゆる手段を尽くすことである。津波に襲われた現場にはこの寒さの中で救助を待っている被災者がいる。かろうじて助かった命も、避難所という過酷な状況に耐えられない病弱な人もいるだろう。被害の大きさに怯んでいる余裕はない。間断なく報告される悲惨な事態に逐一手を打ちつつ全体を俯瞰し、さらに次に来るであろう困難を予測しながら対策本部の指揮を執らなければならない。そこで私は、被災者と市民を守るための「いま直ちにすべき対応」と「地域・被災地の再建に向けた対応」に分けて対策目標を立てることにした。

深夜に行動方針を1枚のシートにまとめ、今やるべきことをテーマごとに分類し、それぞれの項目に担当を振り付け、全員が目標と情報を共有した。新たにもたらされる重大情報に対しては、その都度、行動方針を修正することにより対策本部全員の意思を統一することにした。

振り返ればその時に、「目的意識を全員が共有し、被害の大きさに臆することなく、本部長を扇の要として全体で災害対策と復興に進んでいく」、という基本戦略のもとに一丸となることができたと思っている。

目標1　直後の対応として

① 孤立者の救出
② 被災情報の収集と生存者の確認
③ 命を取り留めた被災者の方々から、次の死者を出さないための、避難所への水・食料・暖房・医療・ガバナンスの確立
④ 津波被災地以外地区への水の配給として給水車の確保
⑤ ほかの被災地に遅れを取って必要物資を確保できないようでは、私は指揮官として失格だ

目標2　中長期的対応として

①　被災者のためにアパートや遊休住居を確保すること、そのためには被災者のデータベース作成と連絡先の確認

市内全部の不動産業者に協力を仰ぎ空きアパートを全て抑えること、また企業の空き宿舎や老朽化したため使用を控えている雇用促進住宅などを使用する交渉を始めること

②　被災地の道路啓開には市役所と市内業者だけでは足りないので、防災協定を結んでいる友好都市に速やかに協力を要請し、ルート確保のためのがれき撤去を可能な限り速やかに始めること

③　仮設住宅の建材は争奪戦になるだろうから、今日中に県に申し込むこと、申込みにあたっては、建設用地の確保が前提になるので、市内の可能な遊休地を今から洗い出し住宅の図面を引くように。企業の遊休地もお借りできれば、今から交渉を始めるように。市内の土地を持つ企業は会社に集まっているはずだ

④　被災者は着の身着のままで避難所に逃げてきた、歯ブラシを買うお金も無いはずだ、一人3万円支給すること

ただし、本人確認と連絡先を聞きながら支給すること

住民基本台帳との突合を兼ねて、データベースの資料となるように

⑤　ライフラインの復旧は津波被害の問題とは別に、上下水道、電気、ガスの復旧を計画立てて、全体を見渡しながらやるように

私が以上の考えを箇条書きにして副市長に渡したのが深夜1時。私の指示をエクセルシートの縦軸の項目にして、具体的な作業事項は横軸に展開。さらに担当部署の割り付けをして、私のところに持参してきたのが午前2時だった。このフォーマットは、1枚のシート（図表1）で本部長からの指示が伝わり、対策本部のメンバーたちの自分の役割と責任を明確にし、また、全体の行動目標を示す戦略・計画書に仕上がっていた。これで被害の大きさに押されっぱなしだった対策本部も明確な戦略を持って、この災害と戦うことができる。そう考えて4度目となる対策会議を招集した。

午前2時45分に始まった対策会議では、人命救助、市民の健康維持を第一とした短期的対応と、地域再建のための長期的対応を行動目標として方針決定した。これを対策本部全体で共有し、さらに市役所職員や関係者が同じ目的意識を共有することで、相馬市チームができ上がった。この会議の協議中にも本部員からの報告や具体的な提言が寄せられて都度、対応策を追加していったが、私からも「棺桶も競争になるから取りあえず５００棺ほど明日発注するように」と、つけ加えた。

私自身の、これは競争であり他の地域との資材の争奪戦に負けるわけにはいかないという気持ちが、災害に負けてたまるかという気持ちに変わっていった。

原発事故発生から2週間

(1) 原発事故の報道

震災発生から20時間過ぎたあたりから、福島第一原子力発電所が津波で被災しているという報道が繰り返されるようになった。

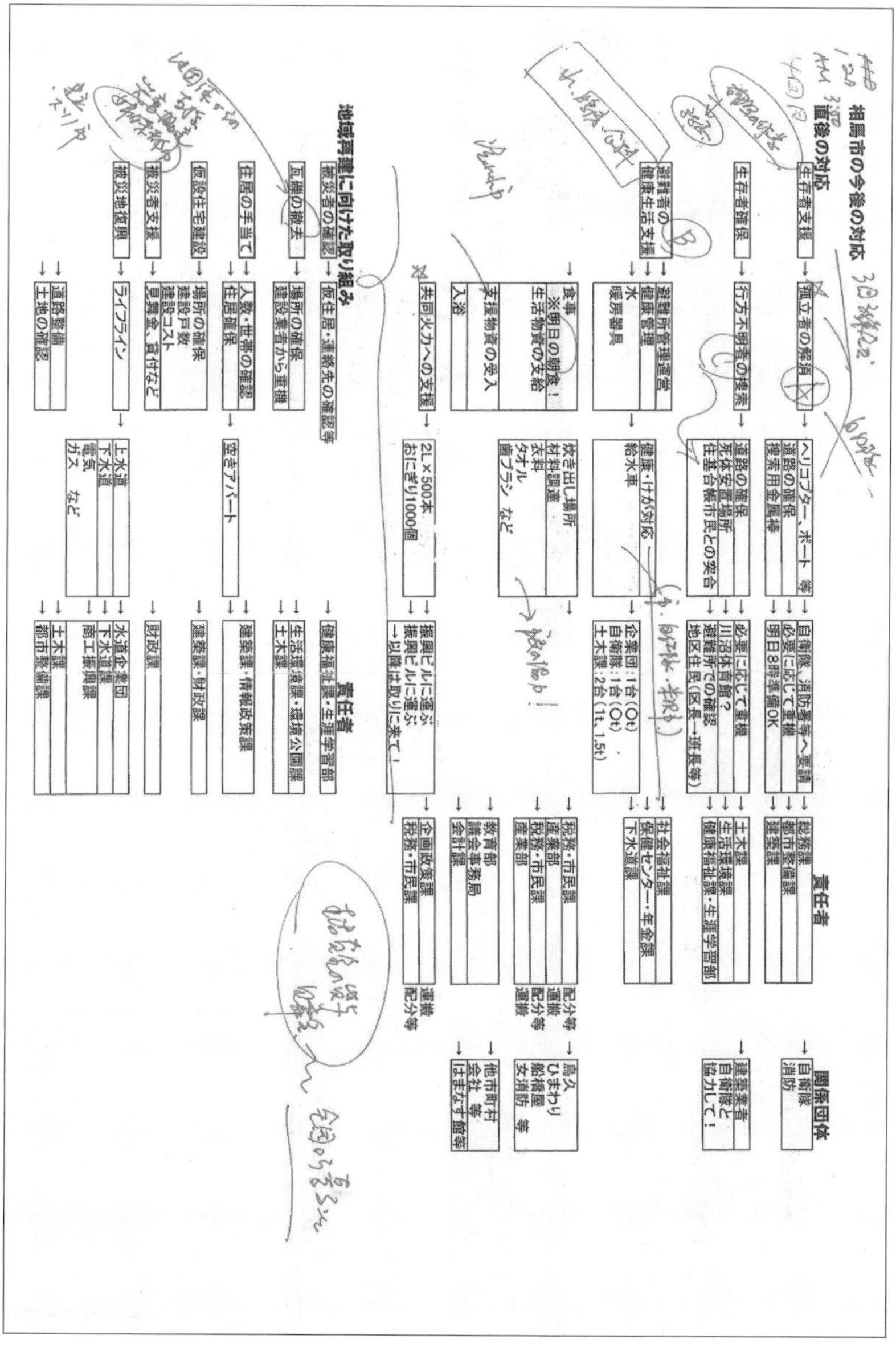

図表1　ワンシートで情報を共有

45㎞離れた相馬市にとって、はじめの頃は双葉郡の原発被災は他所事と考えていた。「遠く離れた双葉郡の原発事故に気を取られるわけにはいかない。避難者をまず第一に考えなくてはならないのだ」と必死だったのと、4000人を超す避難者に食料や医療を提供し、取りあえずの生活の場を与え、彼らの生命や健康を守ることに一所懸命だったのだ。

しかし、「福島第一原発の電気系統不良により核燃料の冷却ができなくなった」、続いて「水素爆発が起きた」との報道を受けて、私の脳裏にも緊張が走った。相馬市民にも放射能被ばくへの不安が広がり出した3月12日夕刻、南相馬市小高区の方々が相馬市の避難所に押し寄せて来た。もはや相馬市の基本行動方針を新たに書き換えるべき重大な事態となったのである。

(2) 相馬市としての対応

私は内科の医師として胸ポケットに線量計を挟みながら働いてきた。医療関係者の許容線量は年間50ミリシーベルトである。当時の政府がこれを年間20ミリシーベルトとしたことに大きな疑念を持たざるを得なかった。

政治的思惑とイデオロギーに振り回されて、壊滅的な被害を受けた被災地の復旧や、保護をすることに全力を傾注しなければならない被災者への支援・対策を、後回しにはできないと考えた。相馬市としては政府の方針に従って放射能対策を進めるしかないが、ここは冷静に、科学的根拠に基づいた判断をしなければならない。

ところが、朝から晩まで原発報道一色の当時のマスコミによって、市民も不安に駆り立てられていく。

幸い公立相馬総合病院にレントゲン漏れ等に備えるための線量計があったので、水素爆発の翌日、つまり3月13日から市内十数か所での線量測定を開始した。

概ね毎時3・25マイクロシーベルト。年間被ばく線量（つまり365日同じ条件で放射能汚染が続いた場合の人体への被ばくの年間総量）に換算すれば14・2ミリシーベルトである。冷静に判断すべきことは、この線量の状態で相馬市に1か月止まったとして、その間の被ばく線量は1・2ミリシーベルトに過ぎないということである。したがってこの段階で慌てて避難行動をとることはむしろ危険な選択である。しかしながら福島第一原発からの放射性物質拡散が飛躍的に増えないという保証はどこにもない。ここは継続的に放射線量の測定をしながら、安全を確認できるうちは復旧と被災者支援にわき目も振らずに突き進むことにした。

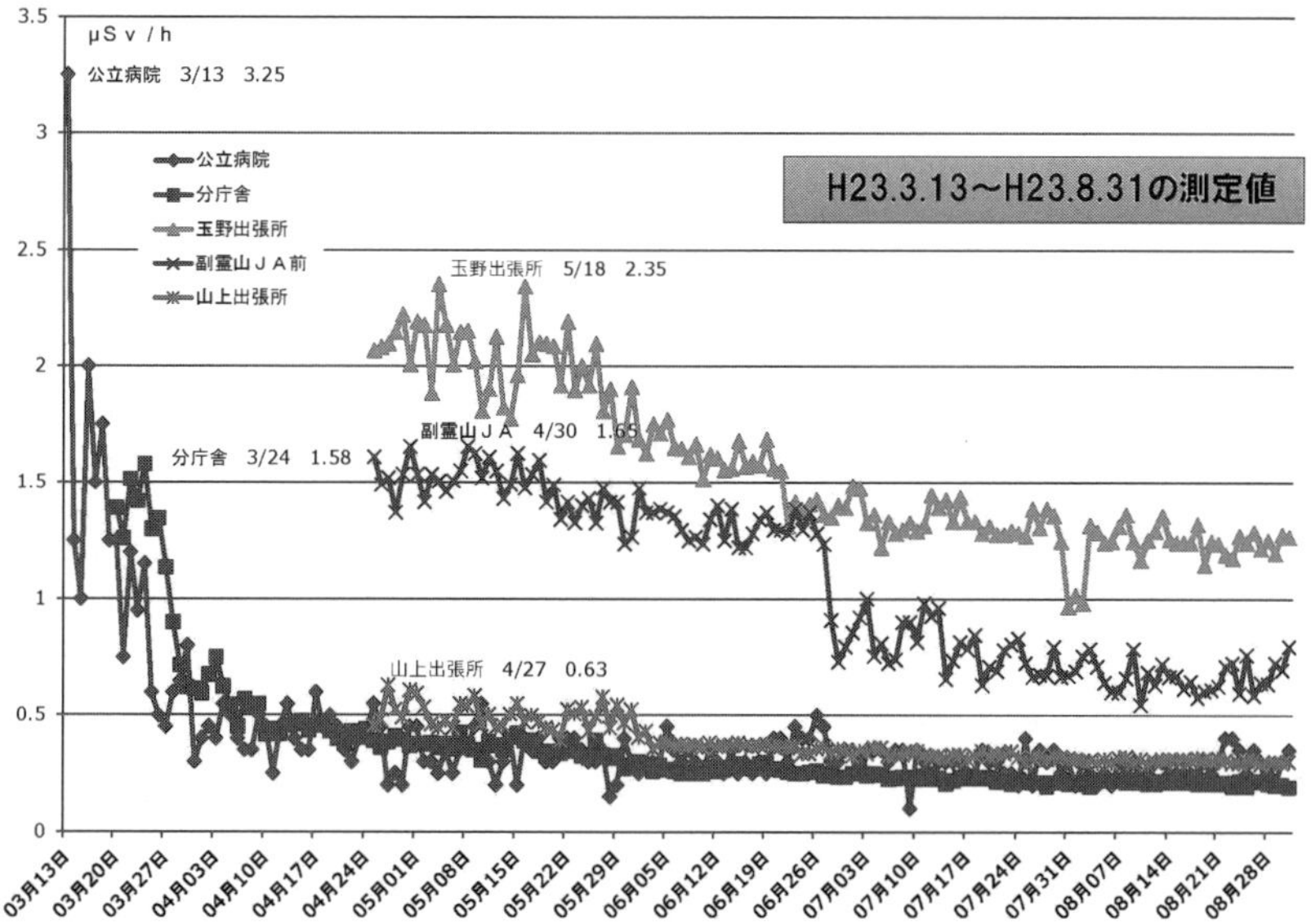

図表２　市内放射線量測定値

3月14日の空間線量は1・25マイクロシーベルト、3月15日は2マイクロシーベルト。結果的にはその後も2マイクロシーベルトを超えることはなかった。しかし私には、原発事故によって燃料棒がどのようになっているかとか格納容器の状態などはわかるはずもなく、不測の事態に備えなければならないという焦燥感に苦しんだ。

(3) 不測の事態への対応

もしも燃料棒へ水による冷却が遮断され、急激な放射性物質の拡散により市内での計測値が毎時4マイクロシーベルトを超えた場合は、国が避難基準と定める年間20ミリシーベルトに達するので、我々相馬市は系統的な避難行動を実施しなければならない。線量の実測値の上からも、国の避難指示がない点からも、落ち着いて経過を見守りながら被災者対策を続けなければならなかったのだが、事態の急激な悪化に備えて準備をしておく必要があった。災害対策も原発からの避難も、災害弱者をベースに考えなければならない。また避難の際には市民に明確に指示を出して統一行動を取らなければならない。

私は茨城県の橋本知事と連絡を取らせてもらい、避難せざるを得ない時には行政区等の地区ごとに茨城県の市町村に分散避難するので支援を願いたいと申し入れた。お人柄により了解をいただいた私は、次に在宅の寝たきり療養中の方々を避難させる体制を消防団長とともに考えた。当時の在宅の寝たきり療養者は46人。この方々のために46本の担架を用意してベッドサイドに置き（中には寝室が狭く消防団の屯所に置いた例もあった）、自衛隊の搬送車まで担架で運ぶ消防団員を決めた。ただ、このような準備のことは市民には伏せた。私の心配性の性格が不安を煽ることを恐れたからである。

あくまでも最悪の事態に備えての準備だったが、連日の過剰とも言えるほどのマスコミの論調に加え、国の「現段階ではただちに健康に害を及ぼす状況ではない」というコメントが相馬市民の不安に火をつけた。放射能に対する不安で相馬を離れる市民を止めることはできないし、そもそも一般市民には放射能の知識があるはずがないのだ。津波から命からがら逃げのびた避難所の人々には、二次避難は辛いのみならず健康不安も懸念される。そう考えた私は3か所の大規模避難所で説得して回った。「逃げる必要はない。線量が上がって国から避難指示が出た時には私が責任をもってみんなを連れていく」。その時の写真が残っている。私も、聞く被災者も必死だった。

市民を説得する筆者（写真中央）

(4) 市民への呼びかけ

私のメールマガジンに乗せたエッセイを「市長の考えを全市民に伝えたほうが良い」という対策本部での意見に従い広報そうまの号外として3月25日、市内全戸に配布した。

全戸配布

広報そうま

平成23年3月25日

号外 No.5

平成23年3月24日発行　No. 248　相馬市長メールマガジンの内容を転記します。
相馬市長のメールマガジンとは、立谷市長の考えやあいさつを毎週金曜日にインターネットのメールを通じて、公表しているものです。
今回はメールマガジンの内容を広報紙でお知らせします。

ろう城

　まず今回の地震津波で亡くなられた多くの方々のご冥福を祈りたい。

　相馬市の場合、地震の揺れが終わった直後に災害対策本部を招集し、津波からの避難呼びかけと誘導を指示した。海岸部の5、027人の家屋が流出して瓦礫となったが、亡くなった方は約一割。多くの方を避難させた消防団の方々に、心から感謝と敬意とお詫びを申し上げなければならない。避難指示、あるいは誘導の業務により逃げ遅れ、殉職された団員が7人。この方々の尊い命と引き換えに守られた、多くの市民の生活と郷土の再建に死力を尽くすことが、私のせめてもの償いと思っている。

　さて震災直後は情報収集と生存者の救出に全力をかけた。地震の倒壊による死者はわずかにひとり。その50分後に信じられない報告が対策本部に入ってくる。津波が6号バイパスを越えようとしているというのだ。私には想像もつかないことだったが、現実は原釜、磯部の集落が壊滅、尾浜、松川も高台以外は波にのみ込まれ、原形をとどめる家屋は無くなっていた。体中に心配と不安が走るなか、災害対策本部の次の仕事は生存者の保護と救出者の健康管理である。夕方の、沿岸部のすべてを飲みつくした海水の中で、孤立している被災者をひとりでも多く避難所に退避させ、暖を与え水と食事を摂ってもらうことに専念した一夜だった。

　時間がたつにつれて、行方不明になっている親族や知人の報告が入ってきたが、対策本部の中では誰ひとり感情を表に出す者はいなかった。この非常事態に、市をあげて取り組まなくてはならないことを全員が分かっていた。被災の10時間後、4回目の対策会議で我われは、復興にむかって一歩ずつ進んでゆくことを誓い合いながら、今後の行動指針を短期的対応、中長期的対応に分けて策定した。明日になれば、災害の全容がわかるだろう、犠牲者の情報ももっと詳しくわかるだろう、しかしどのような事態であっても臆することなく、着実に計画を実行していくことを肝に銘じた。

　二日目以降の避難所は、被災者とライフライン不通による一般避難民とで過密状態となったが、女性消防隊や自衛隊の応援による炊き出しや、早くも届いた支援物資で何とか最小限のことは出来たと思う。

　家を無くされた方々の避難所生活から、アパートや仮設住宅での自立した生活に移行してもらうこと、災害現地をできるだけ整理すること、またそれまでの長期にわたる不自由な生活のなかでの健康管理や精神的なケアなど、中長期の計画に添ってチーム一丸となって歩み始めた。

　ところが。

広報そうま号外H23.3.25

　同時に国内の物流業者が敏感に反応し、相馬地方やいわき市に入ることを避けるようになった。ガソリンのタンクローリーなどは郡山で止まってしまい、運転手をこちらから向けないと燃料も手に入らない。震災後わずかに開いていたコンビニやスーパーも商品が入って来ないため閉店である。ガソリンと物資が入らない日常生活の不便に加え、原発の放射能拡散の恐怖が相馬地方を襲ったのだ。

　市民は終日テレビにかじりつき、解説者は得意げに危険性を説明する。たしかチェ

したら今こそが逃げるべきタイミングなのではないか?現に米国は80キロまで避難させたではないか?

　事実、屋内退避とされている南相馬市では大量脱出が始まった。ガソリンも食糧も医薬品も届かない陸の孤島にいたのでは、ヒロシマのように爆発してからでは遅いのだという恐怖が、まず南相馬市民を相馬市に向かわせた。相馬市の避難所に押し掛けてきたので、こちらでは新たに廃校となっていた相馬女子高を南相馬市民のための避難所とした。容量は1、000人分。もちろん食糧の提供もこちら

るが、我われより
のだと思って引き
にした。災害対策
一瞬顔をこわばら
いたが異論は出な
南相馬市民の不安
を肌で感じた相馬
機感と焦りが生じ
く逃げないと、放
障害をまともに受
ないかという不安

が蔓延するようになってきたのだ。対策本部としては、国から避難命令が出る前に、自分たちで自主避難を決めることはあり得ない。この当たり前の立場を対策会議で確認して、三か所の避難所で演説してまわった。

　我われはその後の対策会議で、復興に向けて着実に進む方針を、短期対応、中期対応、長期計画と分けて市内の実情に合わせて着実に進んでいくことを決めてきた。その過程で、もしも国から一時避難を指示されるなら、市民の健康や生命を案じて計画的な集団避難を実行しなければならないが、漠然とした不安にかられて復興計画を遅らせるとしたら、亡くなった人たちに済まない。だいいち、高齢者などの災害弱者にとって、相馬を離れた避難所生活が辛くないはずがない。だから、国から避難指示のない現段階で、市民とともにこの相馬市を離れるつもりは毛頭ない。

　ところが、原発の放射能もれに対する国中の不安が、相馬への物流を決定的に止めてしまった。影響が特に厳しかったのが医薬品である。この点は供給会社のトップと話して、相馬がどうしても撤退できない理由を理解してもらった。彼らの理解を得て医薬品の供給は確保されたので、相馬の医療機関は留まることができる。しかし、問題はスーパーやコンビニで、生活用品や食料を調達できないことである。

　市民にはご不自由をかけているが、ここで生活の不便さや原発の恐怖心に負けてしまったら、相馬地方は将来ともに復興が出来ないに違いない。昨日、行政組織の区長さんたちを集めて、相馬市はろう城生活に入ることの了解を得た。いつまでも続くはずもない原発騒ぎや物流の風評被害に負けたら、津波から被災集落住民の命を守って殉職した分団長や団員に申し訳がない。

　最低、米と味噌と梅干しがあれば、生きてはいける。天明の飢饉はもっとひどかったはずだ。よってろう城をしながらここで頑張る。さいわい全国の市長たちが支援してくれるから、兵糧の心配はない。

広報そうま号外H23.3.25

図表3　平成23年3月25日に全戸配布された『広報そうま　号外』

タイトル「ろう城」

まず今回の地震津波で亡くなられた多くの方々のご冥福を祈りたい。

相馬市の場合、地震の揺れが終わった直後に災害対策本部を招集し、津波からの避難呼びかけと誘導を指示した。

海岸部の5027人の家屋が流出して瓦礫となったが、亡くなった方は約一割。多くの方を避難させた消防団の方々に、心から感謝と敬意とお詫びを申し上げなければならない。避難指示、あるいは誘導の業務により逃げ遅れ、殉職された団員が7人。この方々の尊い命と引き換えに守られた、多くの市民の生活と郷土の再建に死力を尽くすことが、私のせめてもの償いと思っている。

さて震災直後は情報収集と生存者の救出に全力をかけた。地震の倒壊による死者はわずかにひとり。その50分後に信じられない報告が対策本部に入ってくる。津波が6号バイパスを越えようとしているというのだ。私には想像もつかないことだったが、現実は原釜、磯部の集落が壊滅、尾浜、松川も高台以外は波にのみ込まれ、原形をとどめる家屋は無くなっていた。体中に不安が走るなか、災害対策本部の次の仕事は生存者の保護と救出者の健康管理である。夕方の、沿岸部のすべてを飲みつくした海水の中で、孤立している被災者をひとりでも多く避難所に退避させ、暖を与え水と食事を摂ってもらうことに専念した一夜だった。

時間がたつにつれて、行方不明になっている親族や知人の報告が入ってきたが、対策本部の中では誰ひとり感情を表に出す者はいなかった。この非常事態に、市をあげて取り組まなくてはならないことを全員が分かっていた。被災の10時間後、4回目の対策会議で我われは、復興にむかって一歩ずつ進んでゆくことを誓い合いながら、今後の行動指針を短期的対応、中長期的対応に分けて策定した。明日になれば、災害の全容がわかるだろう、犠牲者の情報ももっと詳しくわかるだろう、しかしどのような事態であっても臆することなく、着実に計画を実行していくことを肝に銘じた。

二日目以降の避難所は、被災者とライフライン不通による一般避難民とで過密状態となったが、女性消防隊や自衛隊の応援による炊き出しや、早くも届いた支援物資で何とか最小限のことは出来たと思う。

家を無くされた方々の避難所生活から、アパートや仮設住宅での自立した生活に移行してもらうこと、災害現地をできるだけ整理すること、またそれまでの長期にわたる不自由な生活のなかでの健康管理や精神的なケアなど、中長期の計画に添ってチーム一丸となって歩み始めた。

ところが。

45キロ離れた遠くの双葉郡から、二度目の悪魔が襲ってくる。放射能の恐怖という不安心理である。広がる一方の原発事故は一日中の過敏報道とともに、周辺地域はもとより日本中を恐怖心に駆り立ててゆく。半径20キロの範囲が避難指示地域になったころから、相馬市にも遠くに逃げ出そうという気分が広がっていった。

同時に国内の物流業者が敏感に反応し、相馬地方やいわき市に入ることを避けるようになった。ガソリンのタンクローリーなどは郡山で止まってしまい、運転手をこちらから向けないと燃料も手に入らない。震災後わずかに開いていたコンビニやスーパーも商品が入って来ないため閉店である。ガソリンと物資が入らない日常生活の不便に加え、原発の放射能拡散の恐怖が相馬地方を襲ったのだ。

市民は終日テレビにかじりつき、解説者は得意げに危険性を説明する。たしかチェルノブイリでも30キロのはずだったが、45キロ離れて避難命令も出ていないはずの相馬市民の顔色がみるみる不安にあふれていく。

もしも放射能の数値が上がったら、その時避難したのでは遅いのではないか？国は、本当は健康被害が出るくらいの危機的状態なのに、国民を騒がせないために隠しているのではないか？ひょっとしたら今こそが逃げるべきタイミングなのではないか？現に米国は80キロまで避難させたではないか？

事実、屋内退避とされている南相馬市では大量脱出が始まった。ガソリンも食糧も医薬品も届かない陸の孤島にいたのでは、ヒロシマのように爆発してからでは遅いのだという恐怖が、まず南相馬市民を相馬市に向かわせた。相馬市の避難所に押し掛けてきたので、こちらでは新たに廃校となっていた相馬女子高を南相馬市民のための避難所とした。容量は１０００人分。もちろん食糧の提供もこちらの義務となるが、我われより困っているのだと思ってひき受けることにした。災害対策本部には、一瞬顔をこわばらせるものがいたが異論は出なかった。

しかし、南相馬市民の不安や脱出願望を肌で感じた相馬市民にも危機感と焦りが生じてきた。早く逃げないと、放射能による障害をまともに受けるのではないかという不安が蔓延するようになってきたのだ。対策本部としては、国から避難命令が出る前に、自分たちで自主避難を決めることはあり得ない。この当たり前の立場を対策会議で確認して、三カ所の避難所で演説してまわった。

我われはその後の対策会議で、復興に向けて着実に進む方針を、短期対応、中期対応、長期計画と分けて市内の実情に合わせて着実に進んでいくことを決めてきた。その過程で、もしも国から一時避難を指示されるなら、市民の健康や生命を案じて計画的な集団避難を実行しなければならないが、漠然とした不安にかられて復興計画を遅らせるとしたら、亡くなった人たちに済まない。だいいち、高齢者などの災害弱者にとって、相馬を離れた避難所生活が辛くないはずがない。だから、国から避難指示のない現段階で、市民とともにこの相馬市を離れるつもりは毛頭ない。

ところが、原発の放射能もれに対する国中の不安が、相馬への物流を決定的に止めてしまった。影響が特に厳しかったのが医薬品である。この点は供給会社のトップと話して、相馬がどうしても撤退できない理由を理解してもらった。彼らの理解を得て医薬品の供給は確保されたので、相馬の医療機関は留まることができる。しかし、問題はスーパーやコンビニで、生活用品や食料を調達できないことである。

市民にはご不自由をかけているが、ここで生活の不便さや原発の恐怖心に負けてしまったら、相馬地方は将来ともに復興が出来ないに違いない。昨日、行政組織の区長さんたちを集めて、相馬市はろう城生活に入ることの了解を得た。いつまでも続くはずもない原発騒ぎや物流の風評被害に負けたら、津波から被災集落住民の命を守って殉職した分団長や団員に申し訳がない。

最低、米と味噌と梅干しがあれば、生きてはいける。天明の飢饉はもっとひどかったはずだ。よってろう城をしながらここで頑張る。さいわい全国の市長たちが支援してくれるから、兵糧の心配はない。

■その後

原発事故への対応は、それ自体、誠に重要な課題ではあったが、あくまで災害対策の一部だった。この10年あまり、相馬市民は非才の私に従ってよく困難を乗り切ってくれたと思う。多くの市民の苦しみと、私の心の葛藤は語り尽くせるものではないが、災害対策はリーダーと対策チームの気概がとても肝心であると思う。拙稿で紹介できたのは相馬市の戦いのごく一部でしかないが、この最初の2週間がその後の成り行きを決めた。

〈インタビュー〉山本　育男・福島県富岡町長に聞く
原発災害の混乱と苦闘

■はじめに

世界の歴史においても他に類例を見ないであろう複合災害に襲われた福島県。とりわけ福島県富岡町は、いまだに帰還困難区域をかかえ、居住者は震災前の約15％のおよそ2500人に過ぎない（令和6年）。

そうした中、富岡町は、町外への避難者に帰還を促す施策を最優先に掲げる中で、「新生とみおか」を志向し、子育て世代の転入補助などの施策により、新規の移住者が増加しており、町内居住者のうち、半数強が移住者であり、若い世代の居住者に占める割合が県内でも上位に位置している。

震災前と全く同じというよりは新しい地域社会を目指したいと考える山本育男町長（当時町議会議員・富岡町商工会会長）に、当時を経験した町役場職員も交えてインタビューした。

富岡町にも他の市町村にも帰還困難区域が残り、これらへの対応を進める中で、新たな災害への備えを万全なものとするとともに、他に類を見ない災害へ対応した経験を、全国の行政や住民の皆さんに伝えたいと山本町長は語っている。

聞き手は、（一社）ＮＥＸＴの岡田久典、日高正人、原雅彦。各項目の冒頭の太字部分は富岡町提供資料中の公式記録によるものである。

■東日本大震災・原子力災害の始まり

平成23（2011）年3月11日14時50分、富岡町災害対策本部設置、担当課による地震の被害状況調査と、大津波注警報に基づく町民への避難を呼びかけ、避難所への誘導を急ぐ。15時22分ごろ津波第一波が到来。続いて21・1mの大津波が襲い被災地区の救助救急などの対応に追われる。被災・停電した役場の非常用電源が尽きたため、災害対策本部を隣接する文化交流センター「学びの森」に移し、夜は避難所運営と原発事故に関する情報収集を中心に対策活動を続ける。

――震災直後の100日、首長たちの戦いということで、お話を伺いたい。能登半島の地震、続く豪雨災害でも示されているように、国や県だけの動きでは的確な災害対応が難しいのは当然だ。地域を熟知し、地域住民と関係の深い地域のリーダーがどう動いて危機を打開していったか、既に様々な記録があるものの、こういった視点からも是非記録していきたいと考えている。

山本　富岡町震災直後の100日ということになると、全町避難で100日間誰も町内にいないという想定外の事態だった。川内村への全町避難、そして避難地域拡大に伴う、ビッグパレットふくしま、埼玉県杉戸町、そしていわき市や県内外での避難生活。情報を得る社会基盤が著しく失われた中での町民全員の安否確認であり、避難生活だった。

――世界的に類例を見ない大地震・大津波・原子力発電所事故という複合的な災害を経験されたが――。

山本　富岡町は原子力発電所の立地地域であり、地震や大津波が発生する可能性も言われていたことから、綿密な計画と準備は行政の責務として行っていたし、国や県との連携も進めていた。また、商工会などの民間組織も意識して訓練や備蓄などを行ってきた。

ただし、実際起こってしまうと、様々なシミュレーションを超える想定外の事態が発生することを痛感した。大津波だけでも想定外のことが多かったが、役場の非常用電源が尽きるなど、災害対策本部の設置だけでも想定外の連続であった。

原子力発電所で事故が発生したのではないか等の情報が錯綜し意思決定は困難を極めていた。普段の備えが重要であることは言うまでもないが、想定外の事態の発生も常に念頭に置いて対処することがどうしても求められることになる。

■半径10㎞圏内避難指示

3月12日6時00分、テレビ報道で避難指示の半径10㎞圏内への拡大を確認。災害対策本部は原子力災害への対応に主眼を転換、川内村への避難を決定する。6時50分、川内村に受入を要請、受諾。防災無線などで町民に避難を呼びかける。8時00分、町のマイクロバスや自家用車により避難を開始する。同日16時、川内村に同村との合同災害対策本部を設置。数少ない職員で、村内避難所の対応と村外に分散した町民の安否確認などに当たる。

――震災発生の翌日、テレビなどの報道で政府の避難指示拡大を確認し、原子力災害対応を優先して川内村への避難を決定せざるを得なかった。全町住民が至急の避難を余儀なくされる事態は、まさに「想定外」のこと。地震及び大津波の被害状況も十分明らかでない中で、全ての町民に「避難」を指示して、秩序だって川内村へ移るだけでも大変なことだ。道路も被災している、防災無線なども十分伝わっているか定かではない、こうした中での避難誘導は極めて困難であったのではなかったか。

山本　公的機関はもちろんのこと、消防団をはじめ各種組織が協力し、輸送手段の確保に尽力したが、交通網が寸断されている中での全町避難は困難を極めた。避難先は川内村以外にも候補地はあったが、最終的に川内村へ避難ということになり、ルートは県道小野富岡線一本だけ。大きな渋滞が発生したが、福島県警などの誘導により、かなり分散した上での移動となった。最終的には何とか避難先に向かって進むことができたが、多くの関係者が強く疲弊したことは間違いない。

川内村も、もちろん被災地なわけで、川内村の皆様方も相当な被害を受けているのだが、川内村の遠藤雄幸村長をはじめ関係者の皆様には快く受け入れていただいた。そして、統合した災害対策本部を作って対処に努めた次第だ。

しかし、この時は数日を置いてまた移動することになるとは、多くの関係者が予想もできなかった。川内村での滞在は、16日及び17日ぐらいまでの数日であったが、震災の影響で、携帯電話がつながらず、外部と連絡が取れないという本当に陸の孤島のような状態であった。

まさに文明の利器の携帯電話ではあるが、こうした通信インフラが大きな被害を受けた場合は、様々な情報が入らず、テレビやラジオ頼りになってしまう。我々だけではなく、東日本の相当部分が被災したわけで、重要な情報や地域ごとの情報を得るには難しいことが多かった。

――その後の再度の避難も含めて、これまでの我が国が経験したことのない状況だった。

山本　まさにその通り、多くの町民、そして町役場を含め多くの公的機関、各団体の職員の疲弊が、目に見えるようになってきた。先が見通せないということは本当につらい。普段だと対応できることもなかなか難しくなってくる。特に避難者に高齢者が多く、精神的なものだけでなく体力的な限界も見えるようになってきた。

■避難指示区域拡大

避難の原因となった原発事故の情報はテレビ頼みだったが、最悪の局面を迎えていることが関係機関や町民の動きから伝わって、災害対策本部は騒然となる。情報が錯綜する中、富岡町・川内村合同対策本部は川内村からの避難を決め、避難先の確保を県に要請する。しかし町民らの実情に即した回答が得られなかったため、独自に郡山市の「ビッグパレットふくしま」に避難受け入れを請い、承諾を得る。

3月16日、町民の移送に必要なバスの配車に応じてくれる業者がなく、前年（平成22（2010）年）11月に友好都市の提携を結んだばかりだった埼玉県杉戸町に支援を請い7台の配車を受ける。

――郡山市のビッグパレットへの避難が大きなポイントとなったが、どのような経緯で実現したのか。

山本　川内村とともに川内村からの苦渋の決断ともいえる避難を決めた。そして避難先の確保が問題となったが、北関東への移動などなかなか難しい選択肢が多く、並行して独自に避難受け入れ先を探すこととなった。

郡山市ビッグパレットへの移動を調整したのは、当時の遠藤勝也町長。遠藤町長は高齢で、十分な体調ではなかったのは関係者みな承知していたが、力を振り絞ってリーダーとして先方に掛け合っていただいた。当時のビッグパレット館長と遠藤町長が懇意であったことも大きかったが、受け入れ側も相当無理を重ねて最終的には承諾いただいた。本当にありがたかった。

当然の話だがビッグパレットも被災していて、最初は受け入れ困難ということであったが、同じ福島県民として関係者が結束し受け入れが実現した。当時の富岡町からの避難者は3000人ほどで、川内村からの避難者も含めると4000人ほどだった。

それから当時の富岡町副町長の三瓶博文さんが、元県職員でビッグパレット館長とつながりがあったというのも大きかった。その後、三瓶副町長は避難中に体調不良で、田中司郎さんに交替されたが、様々なコネクションを活かして活躍された。

そして、ビッグパレットへの避難となったわけだが、県内、東日本大混乱の中で、バスの手配が難航していた。友好都市であった埼玉県杉戸町の当時の町長である古谷松雄さんのご尽力、関係者の協力もあって杉戸町から7台のバス配車を受けることができた。杉戸町にはその後の避難者受け入れにおいても多大な尽力をいただいた。

当時町議会議員で商工会長であった私（山本）も、杉戸町をはじめとして様々なお付き合いの中でお役に立つことができたと思っている。まさに暗闇の中にさす一条の光を見たというのは富岡町・川内村関係者の共通した心情であった。

■ビッグパレットふくしま避難所

ビッグパレット避難所に入って明けた3月17日の朝、館内は避難者であふれ、身動きもとれない状態だった。杉戸町に、帰還するバスに乗れるだけの避難者受け入れを打診し、快諾を得る。希望者を募り200人を送り出す。

避難所運営の組織づくり、町民及び職員の状況把握を改めて開始。堰を切ったように押し寄せる報道取材にも積極的に応じ、町民からの連絡・情報提供を期した。県内外から支援物資が届けられ、駆けつけたボランティアスタッフの支援が人手不足だった避難所運営の大きな助けとなった。

ビッグパレットふくしまでも地震により天井の一部が崩落し、ダクトが外れたり、パイプが落下するなど被害を受け、建物は危険度B判定で本来は立ち入りが制限される状況だった。エレベーターやエスカレーターの停止している建物の2階や3階に要介護者が入り、通路にも人が横にならざるを得ず通行もままならない状況だったため、4月には福島県庁から避難所運営支援チームが派遣された。

施設は福島県内最大の収容避難所となり、一時は2500人もの避難者が入所していた。その後、県内各地に仮設住宅が整備されたことから、平成23（2011）年8月31日に閉所した。

――ビッグパレットも被災していたこともあり、様々な困難があったし、数千人を収容する大施設ならではの収容者の把握、支援物資の分配、何よりも感染症や持病を持つ方の保健衛生、そして若い方であっても、長期の避難施設への滞在は極めて厳しいものがあったと思われる。また、多くの支援スタッフの来援は心強いものであったとはいえ、やはり軸になるのは町職員であって、職員の疲弊も尋常なものではなかったのではないか。

山本 もちろん様々な問題があった。そして、罹災証明をはじめ多くの事務を町役場はこなしていかなければならない。その意味では、いわゆる対口支援、国の制度に基づく全国の自治体職員の支援が本当にありがたかった。

役場の仕事で避難所であるビッグパレットに寝泊まりし、家に帰れない日が多いし、避難した方々の間での様々な問題など気を使わなければいけないケースも多かった。

こういう時はリーダーや職員の体調維持というのは本当に難しいものだと思う。

当時、私は富岡町商工会長で町議会議員という立場であり、商工会の機能は一時的にいわき市の商工会施設に移転していた。個人的なことになるが、妻は東京電力の第二原子力発電所勤務で、3月中はもちろんのこと4月初めまで、そこを離れることができなかった。かろうじてつながった電話で「日用品」を送るように言われたが、どの宅配便会社も第二原発への配送は受け入れていないという。結局、東京の東京電力本社に送り、そこから配送してもらった。こんなエピソードはそれこそ、各人、山ほどあるのではないだろうか。

――類例を見ない災害に見舞われ、我が国では戦後経験をしたことのない、自治体全体での長期の避難生活であった。お話を聞いていると、ポイントポイントで、リーダーや関係者の普段からのつきあいが功を奏したことの連続であり、まさに100日のための1万日という言葉がふさわしいと感じた。最後に富岡町の今後についてお話しいただきたい。

山本　本当に多くの方々のご尽力でこの未曾有の難局を乗り越えることができた。富岡町の基本ともいえる農業、とりわけ米作も当初は不可能ではないかと言われていたが、力強く復活し、ブドウなどをはじめとする農業の体系の基盤づくりも進んでいる。

そして、従来の町民の帰還を粘り強く進めるとともに、移住者も含めた富岡町の新しい社会を作り上げるための人づくり、教育の発展を進めてまいりたい。さらに、我が町で働く方のためにも、工業団地などの商工業サービス業、先進的な産業の誘致と確実な雇用の創出に力を入れてまいりたい。

言うまでもないが、震災の経験をより一層多くの方々と共有するためにも、様々なプロジェクトに協力を惜しまないつもりだ。

（聞き手：（一社）ＮＥＸＴ　岡田久典／日高正人／原雅彦）

民間企業による行政への支援

アイボックス株式会社代表取締役　原　雅彦

■災害を受けやすい日本国土

我が国は、台風、豪雨、豪雪、洪水、土砂災害、地震、津波、火山噴火などによる災害が発生しやすい国土である。世界全体で占める日本の災害発生割合は、マグニチュード6以上の地震回数20・8％、活火山数7・0％、世界の0・25％の国土面積に比して、非常に高くなっている。（出典：内閣府防災情報ページ）

近年頻発する災害に対応できる力、その様々な力は経験の伝承から生まれる適応能力だと考えている。どうやってその瞬間を生き延びたのか、その時どうやって問題を解決したのか。民間企業による行政への支援は、経験という能力を業務実践で伝承することではないか。

災害時に防災行政上重要な役割を有するものとして、災害対策基本法に基づき公共的機関及び公益的事業法人を内閣総理大臣が指定する指定公共機関がある。また、緊急時、地方公共団体への緊急支援が開始されるまでの一定期間（通常3日間）、地域内に所在する企業が地域への応急支援を担う目的のため地域防災協定もあらかじめ平時に締結している。

地方公共団体では、それぞれ地域特性の最適な災害対応マニュアルが策定されている。令和6年1月に起こった能登半島地震の初動対応、復旧対応はどうだったのか。能登半島では平成19年に起きた地震でも被害を受けており、近年2度の被災地域である。平時の備えが生かされていたのか。

報道で伝えられた中に、民間企業や団体による経験の伝承支援があった。それはボランティアでまとめられた表現で伝えられていた。この中には、被災した町民が地方公共団体へ期待する公助を行政に代わり支援した報道もあった。

■震災において具体的に行った地方公共団体への支援

私は、平成23年3月11日に起こった東日本大震災において、岩手県釜石市で釜石市災害廃棄物処理業務が完了した平成26年3月までの約3年間、現地で支援を行った。また、平成25年10月15日、16日にかけて、台風26号の豪雨による東京都伊豆大島町の土砂災害において、大島町災害廃棄物処理業務が完了した平成26年12月までの約1年間、現地で支援を実施した。その後、釜石市では約1年半、伊豆大島町では3か月、災害廃棄物処理業務が完了した仮置き場の返還業務などの支援に携わった。

国は、東日本大震災での経験を活かす目的で、地方環境事務所（環境省）の災害廃棄物処理計画作成モデル事業を行った。

私は、関東地方環境事務所が実施した平成27年度で3自治体（東京都八王子市、千葉県九十九里町、神奈川県藤沢市）、平成28年度では4自治体（千葉県柏市、埼玉県所沢市、神奈川県小田原市、山梨県甲府市）の事業に業務参加することができた。この事業は、参加した地方公共団体が地域防災計画の中で、災害廃棄物処理計画を東日本大震災の経験を踏まえた見直しを行う支援事業であった。

この事業を通じ、実践を踏まえた災害廃棄物の発生量推計及び処理可能量について、地方公共団体の職員の方々と一緒に考えることができたことは大変有意義であった。

事業を通じて感じたことは、参加した職員には、実際の災害被災経験者がいなかったことから、想定による災害廃棄物発生量の推計の数量を実感できず、所属する部局に関わる災害対策の課題には活発な意見は出るが、部局間を連携する課題についての意見が出にくい印象であった。東日本大震災では、地方公共団体の公助による応援要請で現地に行った人も多かったと思うのだが。

■沈黙したまちと気丈な人々との業務経験

私は、東日本大震災被災地の岩手県釜石市では、主たる支援業務として災害廃棄物（がれき）発生量の推計及び品目別処理実績管理の支援を行った。

現地に入れたのは、発災から約2か月後の5月になってからであった。この日より怒涛の日々が始まるが、釜石市の被災状況を目にして、後戻りできない、とにかく進むだけだと覚悟した。

釜石市までどうやって行けばよいのかと、まずは考えた。東日本大震災前であれば、東京方面からは、新幹線で花巻駅まで行き、釜石線に乗り継ぎ釜石駅に向かう交通手段が一般的なルートであった。

震災発災2か月後の時点では、東北新幹線は既に運行再開していたが、釜石線は不通、復旧の目処が立っていなかった。東北新幹線で北上駅まで行き、北上駅からレンタカーで釜石市に行くことにした。

北上駅から釜石市までの車移動で、おおよそ中間の地点に遠野市の遠野町という柳田國男の遠野物語で知られる「民話のふるさと」として有名な地域がある。遠野町は東日本大震災での地震による大きな被害が見受けられず、日本の原風景が目の前に広がる柔らかく薄いオレンジ色といった印象であった。

遠野町を通り過ぎ、トンネルを何度か抜けると釜石市が目の前に広がってくる。釜石市に入った辺りは津波の被害はない。地震被害も見受けられなかった。車が進み釜石市街に近づくと目の前の風景は一変した。

釜石港から津波が押し寄せ、建物や車が流され、破壊されていく衝撃的な映像を報道で何度も目にしていたのだが、実際に目の前に広がった、津波による被害は想像をはるかに超えた破壊力であった。

この時、体全てが反応し感じたことは、既に災害廃棄物処理が進み、がれきが山積みになっているこの場所には、暮らしていた多くの住民の形跡がはっきりとそれぞれの空間として残っているという

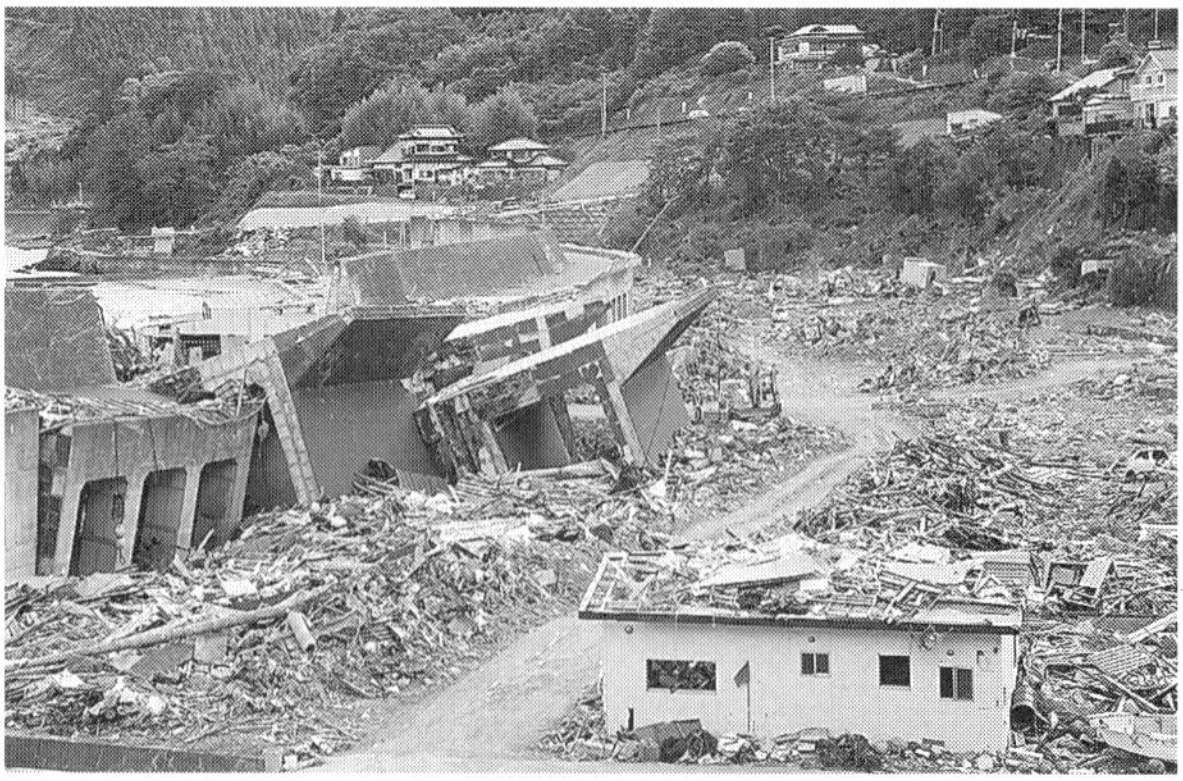

釜石市被災の状況（平成23年6月撮影）

ことだった。この沈黙してしまった空間の隙間からは、吐き出されてくるがれき処理の重機の音しかなかった。つい先ほど遠野町で目にした印象とは全く異なった灰色に染まったままちであった。

自衛隊による緊急救命活動、道を開けるためのがれき撤去作業や国土交通省のライフラインを確保する緊急対応〝くしの歯作戦〟など、国が行った敏速な初動対応、地元の建設事業者の休みのない災害廃棄物（がれき）処理により、釜石市に入れたのは間違いない。

発災1日後には、東北自動車道、4号線の縦軸ラインの確保、4日後には、東北自動車道、4号線からの久慈市、宮古市、釜石市、大船渡市、陸前高田市、気仙沼市、南三陸町、石巻市への横軸15ルートが啓開、7日後には太平洋岸のルートも一部を除き啓開された。

国は一人でも多くの国民の命を最優先に初動対応し、地方公共団体職員は、市民に向き合った業務を遂行した。職員の方々も被災者であり、家族の安否を心配する中で、毎日被災現場で市民と直接向き合った日々を継続して来た。これからも終わりの見えない戦いが続くのだと思った。そんな気丈な人々への支援が始まった。しかし、行政への支援といっても実際には人との関わりである。災害時では共助の方がふさわしい言葉かもしれない。

釜石市には震災後「釜石の奇跡」と伝承される共助の話がある。大槌湾に

（左側）釜石東中学校、（右側）鵜住居小学校（平成23年7月撮影）

面した鵜住居地区に隣接した鵜住居小学校と釜石東中学校の児童・生徒全員が無事に避難できた話である。

記事を読むと、地震発生後の中学副校長の指示は「点呼はいいから、走れ」、小学校に駆けつけた地元消防団員の指示は、3階へ避難中の児童に「早く高台へ避難しろ」であった。

その後地元消防団員は、水門の閉鎖を確認後、再び小学校に戻り、靴を探し逃げ遅れていた児童に「はだしで大丈夫だから走れ」と指示したとあった。中学生徒が小学生児童を支え高台に避難をしたという「釜石の奇跡」には、もう一つ隠れた、瞬時の判断能力による共助があったのだと思った。被災の経験の能力が風化することなく伝承されなければならない。被災の経験の伝承は、命をつなげる能力だけでなく、前を向いて進む力にもなる。

■東日本大震災における岩手県釜石市への具体的な支援

先にも述べた通り、東日本大震災における岩手県釜石市での主たる業務は、災害廃棄物発生量の推計及び品種別処理実績管理支援であった。東日本大震災では、釜石市で想定をはるかに超えた被害による災害廃棄物が発生した。災害廃棄物処理計画の具体的な見直しが必要になり、早急な災害廃棄物発生量の推計見直しが必要になった。

釜石市は災害廃棄物処理計画の見直しを次の手順で行うことにした。

※以下に示す数値は、東日本大震災当時、釜石市でこの手順を作成した時の数値情報である。当時の国の指針などの背景を踏まえた上で参考にしていただきたい。

(1) 現地調査実施

釜石市津波の遡上範囲の被災建物状況を把握する現地調査実施、目視結果とした建物の被災状況の管理図面を作成する。管理図面では、現地調査した建物の被災状況の属性管理、この管理図面は随時情報の追加・修正により管理する。

・津波遡上範囲の建物流出または現存状況

(2) 建物の被災当初の状況と罹災証明情報の属性管理

・市税務課の調査結果により作成された住宅地図を基に管理図面に属性を追加

被災建物状況は以下の内容とする。

① 全壊（流出） 赤
② 全　壊 紫
③ 大規模半壊 橙
④ 半　壊 黄
⑤ 一部損壊 緑

・罹災証明発行情報管理

管理図面に罹災証明の発行有無の属性を追加

(3) **建築構造、延床面積等詳細情報の管理**

・岩手県統計の平均延床面積（図表1）

・固定資産台帳情報を基に、管理図面の対象建物ごとに建築構造及び課税面積（延床面積）属性を追加、被災建物情報の精度向上を行う。

・固定資産台帳の課税面積を基に平均延床面積を算出（図表2）

・釜石市（平田地区、唐丹地区、鵜住居地区、箱崎地区を除く）の市街地区は、固定資産台帳作成時の旧地番住所であるため、新住所への変換を行う。変換は地積集積図を使い建物毎に行う。

・所有者死亡、空き屋、固定資産登録が釜石市以外等により特定が困難な建物が出た場合は、市と協議後管理方法等の決定を行う。

(4) **解体建物管理**

・行政解体対象の解体対応する被災建物、非対応建物の管理

罹災証明半壊以上の残存家屋は、現地調査を行い、行政対応となる解体家屋として図面管理

・住民窓口相談情報の管理

住民窓口相談による旗意志表示区分

① 赤旗：全撤去希望

	木造（㎡）	S造（㎡）	RC造（㎡）
住　宅	170.6	159.6	678.5
非住宅	127.9	249.0	521.3

図表1

	木造（㎡）	S造（㎡）	RC造（㎡）
住　宅	85.9	148.6	153.6
非住宅	108.5	222.1	188.8

図表2

② 黄旗：がれきの撤去希望（屋内及び敷地内）
③ 緑旗：所有者で処理を行う
④ 保留：（住民意志保留、死亡等で住民問い合わせができない等）
※窓口相談の④を保留として情報追加

(5) 解体建物（行政対応家屋）の住民同意書管理

・建物解体の住民同意書の受領・非受領の管理

(6) 同意書を受領した建物解体管理

・同意書受領建物の解体予定・実施の管理
・解体事業社の解体工程・処理実績数量管理

前記手順による釜石市災害廃棄物処理管理には、効率的・敏速な作業を継続的に行う目的で、ＧＩＳのデータベース化による建物管理図面による運用を行う。ベースマップには、ＧＩＳデータベース化が可能であり、市税務課が使用する住宅図面と現状の差が少ない住宅地図を使用し、関係者間の情報共有化を図る。

(7) 災害廃棄物発生量の推計

災害廃棄物発生量の推計は、市税務課が作成した地区別建物被災状況を基に前記属性情報を追加したデータで推計を行う。今後行う推計見直しではＧＩＳ管理図面のデータベースの精度向上を継続し、必要に応じ災害廃棄物発生量の推計の見直しを行う。

災害廃棄物発生量の推計は、建物の延床面積×構造別災害廃棄物発生量の原単位を設定し推計を行う（図表3・4）。

ＧＩＳ管理図面を用いた情報管理は、後に災害廃棄物処理実績管理だけではなく、罹災証明の発行有無、住民の家屋解体意思（上屋・基礎同意書有無）、被災家屋の持ち主の現住所（一時避難連絡先）など、釜石市が市民サービスを行う上での有効なツールへ成長した。

被災市民は、被災後から続く不安の日々を過ごしていたことは言うまでもない。釜石市からの積極的なアプローチは、災害廃棄物（がれき）処理を敏速に進める上でも必要であったが、それ以上に市の復旧復興への対応

当初使用した災害廃棄物発生量推計は兵庫震災時の原単位（環境省指針）

	木造（t/㎡）	S造（t/㎡）	RC造（t/㎡）
可燃がれき	0.155	0.124	0.121
不燃がれき	0.352	1.072	1.392
粗大ごみ	0.075	0.075	0.075
計	0.582	1.271	1.588

図表3

発生量推計見直しでは以下の発生原単位を使用。

	木造（t/㎡）	S造（t/㎡）	RC造（t/㎡）
可燃物	0.179	0.14	0.14
不燃物（含む金属）	0.392	1.13	1.33
計	0.571	1.27	1.47

※20110628災害廃棄物の発生原単位について（第1報）取りまとめ：国立環境研究所

図表4

を市民に示すことができ、市民の不安を少しでも和らげることになったと考えている。

私もこの管理図面の情報は、地区の情報把握ができ、現地立ち会い対応時に、市民との会話で役立った。解体確認だけでなく、市民目線の情報が入手できた。市民からの意向や苦情には、見落としてしまった隠れた情報が多くあった。

この手順に基づき、釜石市災害廃棄物の発生量の推計を行い、東日本大震災により釜石市で発生した災害廃棄物推計量を約78万t（平成24年7月推計量）とした。この推計量を基に釜石市の災害廃棄物処理計画が策定され、災害廃棄物処理が処理数量管理体制のもと始まった。

最終的に、釜石市で発生した災害廃棄物は、約94万6000tであった。この量は、当市の年間の総ごみ量の約60年分に相当する膨大な処理量となったが、発災から3年後の平成26年3月で処理完了した。

釜石市は、一定期間での災害廃棄物処理完了や環境省から災害廃棄物処理でのリサイクル率向上を図る課題を解決するため、本事業に入る前に試行事業を実施した。

この試行事業では、本事業に向け、①リサイクル率の向上、②工程の短縮、③安全作業の遂行、④周囲環境の保全などを実施方針とした。

被災現場のがれき分別処理、建物解体の分別解体、現場一時分別仮置き保管、

混合廃棄物処理プラント

運搬などについて、混合廃棄物を減らしリサイクル向上と効率性を高める処理を試行した。

この試行事業での実績と中間処理事業者の効率的な処理、処理廃棄物の搬出を全体管理により災害廃棄物処理を行うことで一定期間での完了ができた。

緊急対応から継続的に実施してきた建物（上屋）の撤去は、建物所有者の都合による同意書受領が遅れるなどの理由から、エリアでまとまった処理工程を進めることができず非効率な処理となり、誤解体の危険性も高まった。

この経験を踏まえ、平成24年6月以降に実施した基礎解体では、基礎撤去ルールを作成し、基礎撤去の流れ、手順を広報かまいしで市民に周知した。

釜石市で実施した基礎撤去は、基礎撤去の申し出に基づき、建物（基礎）所有者と土地所有者の両者から同意書を受領した後、関係者の現地立会いのもとで、基礎撤去範囲、敷地境界などに関する確認を行い、要望も踏まえ、撤去を実施することにした。

基礎撤去対象の中には、釜石市の地区全体あるいは一部で、国土調査が未実施の地区があった。この調査未実施の地区は、個別対応地区とし基本的には当面基礎撤去を保留にした。

しかし、個別対応地区では例外も認めた。個別対応地区内で境界がわかる建物（基礎）、あるいは建物・

家屋解体現場

土地所有者が基礎からの距離で敷地境界が把握できる場合などについては、建物・土地所有者の意向を確認し、仮杭を打つなどの対処をし、後に明確にわかるよう対応を行い基礎撤去を実施することにした。市民には、釜石市の意向をはっきりと示すことで協力してもらうことができ、基礎撤去作業を効率よく進めることができた。

災害廃棄物実績管理では、処理実績が進むにつれ推計量と実績処理量には違いが出てくる。処理実績数量から発生量原単位を定期的に見直し精度を上げる作業を継続した。災害廃棄物発生量の推計量の更新と処理実績数量は、定期的に釜石市の災害廃棄物処理関係者全体で共有し、必要に応じた作業工程の見直しを図った。

災害廃棄物発生量の推計については、東日本大震災後に、国から地方公共団体へ向けた対策指針の技術資料が示された。国の対策指針では、災害廃棄物処理計画の策定等の検討を行うための基礎的な資料になるとされ、あらかじめ地域防災計画で想定する災害規模に応じた発生量及び自区域内の処理可能量を推計把握しておくこととされている。

災害廃棄物の発生量を災害廃棄物処理事業の中で処理する災害廃棄物の量、これを要処理量と定義し、平時より発生量の推計を行うことで、処理すべき災害廃棄物の規模を把握し一定の目標期間での処理を完了するため、品目別の処理・処分方法を具体的に検討するための技術資料になっていた。

また、災害廃棄物発生量の推計は、処理に必要とされる仮置き場面積の算定に基礎的な情報として活用されることから、平時における災害廃棄物の発生量推計が重要な位置づけとなる。

この平時に行う発生量の推計は、想定災害における推計値であり、①災害時に実際に発生する災害廃棄物の量と一致しないこと、②どのような災害・被害を想定（前提条件）による推計量であるかを理解することの2点の留意点が挙げられており、適切な解釈で運用することとされている。

釜石市は、東日本大震災で想定以上の甚大な被害を経験した。この経験を反映した釜石市災害廃棄物処理マニュアルを平成31年3月に策定。庁内の共有フォルダ内で全職員が常時確認できるよう保管措置され、必要に応じ更新を行う体制となった。

現在どの地方公共団体も具体的な地域防災計画を策定しているが、想定外の大規模災害の発生になった場合、やはりその時の職員の資質により処理対応に大きな違いが出てくるのではないかと危惧する。

先日、福島県富岡町で東日本大震災時の話を聞く機会があった。富岡町は震災被害と、原発被害の二重被害に立ち向かった地方公共団体であった。町長によれば、震災後10年以上が過ぎ、その当時の職員が多く退職し、新たな職員構成による世代交代が始まっており、人材登用は町内外からとなっているということだった。東日本大震災では、コミュニティによる共助により、多くの命をつないだ事例が多くあった。今後起こる災害に対応するため、早急な対策の復興まちづくりを進めていくと発言された。

民間企業による災害時の行政への支援では、情報は生きているうちに使うこと、必要とする人に的確に提供することが重要であった。さらに情報を業務実践で伝承することも大切であった。

災害廃棄物発生量の推計では、その時々に算出した推計量が正解数量であり、次の日には新たに追加された情報による精度の上がった正確数量となる。クオリティを重視した情報の作成に専念しすぎると、情報の提供が遅れてしまう。日々正解を作り提供することが最大の支援となった。この経験は業務実践で伝承しなければならないことであった。

第4章

平成28年
熊本地震

Data

平成28年（2016年）熊本県熊本地方を震源とする地震

1　平成28年4月14日21時26分に発生した地震
　⑴　発生日時：平成28年4月14日21:26
　⑵　震源及び地震の規模
　　熊本県熊本地方（北緯32度44.5分、東経130度48.5分）
　　震源の深さ：11km　マグニチュード：6.5
　⑶　最大震度：震度7　熊本県益城町宮園
2　平成28年4月16日1時25分に発生した地震
　⑴　発生日時：平成28年4月16日1:25
　⑵　震源及び地震の規模
　　熊本県熊本地方（北緯32度45.2分、東経130度45.7分）
　　震源の深さ：12km　マグニチュード：7.3
　⑶　最大震度：震度7　熊本県益城町宮園、西原村小森
被害（両地震の合計）
　⑴　人的被害（人）死者：273
　⑵　住宅被害（棟）全壊：8,667　半壊：34,719　一部破損：163,500
※内閣府防災情報のページより（平成31年4月12日18:00現在）

「平成28年熊本地震」への対応
――2度の大地震に怯まぬ決意

熊本市長　大西一史

■はじめに

平成28（2016）年熊本地震からの復興は、全国の皆様のご支援に支えられながら、幾多の苦難を乗り越え一歩ずつ着実に進んできた。発災から9年が経過した今では多くの方にお越しいただくほど、以前と変わらぬ熊本の街並みを取り戻した。熊本のシンボルである熊本城は、27年後の令和34（2052）年度まで復旧に時間を要するほどの甚大な被害を受けた。それでも熊本地震から5年目には天守閣内部への入場が可能となり、令和4（2022）年度には地震後初めて入園者数が年間100万人を突破し、翌年度には135万人を記録した。改めて74万市民を代表し、全国の皆様からのご支援に対し、厚く御礼を申し上げる。

熊本地震は、熊本市長に就任し1年4か月を迎えようという時に発生した。市長就任以前も、内閣官房副長官の秘書時代に阪神・淡路大震災を経験し、熊本県議会議員時代に東日本大震災等の災害対応を経験しており、災害マネジメントを学ぶ機会も多かった。また、市長就任直後から74万市民の生命財産を守るため、危機管理についても徹底してやってきたつもりだった。しかし、熊本地震では、想定外の事態が次から次へと発生し対応も後手後手に回るなど、思うようなマネジメントができなかった。そのような経験や教訓、反省を踏まえ、災害等に怯まぬ首長としての決意について述べる。

冷静沈着な判断と行動に向けて

突然の出来事。そして次々に起こる想定を超える事態。早急な判断と対応が迫られる中、焦りや不安が募り、時には冷静さを欠くような状況もあった。市役所の災害対策本部をはじめ物資集積拠点等においては大きな混乱に見舞われることもあった。緊急時において冷静沈着かつ迅速に適切な対応を行うには、あらゆる事態を想定し準備しておくことが必要である。

(1) 狼狽した想定外の2度の大地震

「熊本が震源地」に驚愕

熊本地震では震度7の大地震が2度発生した。4月14日の前震では熊本市中央区で震度5強、益城町で震度7を記録した。下からドンと突き上げるような大きな揺れが発生した際、私は歓送迎会で繁華街の地下にいたが、直ちに歓送迎会を中止し地下から地上に出ると、熊本のシンボルである熊本城から赤い土煙が舞い上がっているのが目に飛び込んできた。不安や恐怖が一気に心を支配した。

市役所に到着してから真っ先にテレビをつけると、熊本の位置に「震度7」という文字が表示され、熊本が震源地である事実に驚愕した。同時に災害対策本部長としてのスイッチが入り、すぐさま地域防災計画を取り出し、備蓄物資の保管場所が記載されている部分を切り取り、早急に備蓄物資を避難者へ配るよう指示を出した。この時から緊迫した災害対応の日々が始まった。

前震に続く本震の衝撃

内閣官房副長官の秘書時代に阪神・淡路大震災を経験したが、その際は官邸に被災地の情報がなかなか入らず指示が後手に回った経験から、下からの情報を待っていてはダメだと直感的に思った。そこで、地震発生後は私が最前線に立って積極的に災害情報を収集し対応の指示を出し続けた。幸い前震では物資の供給も何とか対応でき、翌日には全世帯への水道の給水の目処も立った。前震の対応も落ち着いてきたことから24時間以上寝ずに対応した職員を休ませる必要があると考え、前震翌日の4月15日の夜に開催された第5回災害対策本部会議が終了した時点で、危機管理担当の職員以外は一旦帰宅させることにした。当初、私は市役所に泊まるつもりだったが、職員から一度帰るよう促され夜半に帰宅した。

自宅の部屋で荷物を整理し、そのまま寝落ちしたところ、4月16日の午前1時25分に前回の地震を上回る巨大な地震が発生し、前震とは比べものにならない突然の激しい揺れが数十秒続いた。静寂の中に建物が揺れる轟音と物が割れる音が響きわたり、あまりの恐怖で何をしたら良いのかわからなかった。叫びながら立ち上がった瞬間、部屋に散乱したガラス片を踏んでしまい大出血し右足に10針縫う大怪我を負った。

通常、地震の訓練では「発災後机の下に隠れる」「足の怪我予防のためスリッパを置いておく」などと言われるが、突如大きな揺れが発生したら気が動転することで身体も硬直し何もできないと実感した。

当時は、最初の大きな地震よりもさらに大きな地震が来るなど全く思ってもいなかったので、「このまま地球が割れるのではないか」というほどの激しい揺れと、一度ではなく次々と襲う大きな揺れに「もう熊本は終わってしまう」と精神的におかしくなるのではないかと思うほどであった。

前震・本震という言葉は熊本地震から使われていると思うが、地震が発生した場合はそれ以上の大きな地震が必ず起こると思って対処しなければならないと改めて肝に銘じた。

(2) 混乱を最小限に抑える備え

熊本地震において、熊本市内では88人が犠牲となり、そのうち直接死が6人、関連死が82人、さらに重傷者は772人であった（令和6年3月31日現在）。また、最大で11万7500人の市民が避難した。

当時の地域防災計画では、最大約5万8000人の避難を想定し数百ページにわたる様々な対策が詳細に記載されていたが、熊本地震は、その想定を大きく超え、想定外の事態に災害現場は、試行錯誤の対応に迫られ大きく混乱した。

水のない避難生活

前震後、市内約8万5000戸で断水が発生したものの、翌日の15日には応急復旧作業により水道水の供給ができる見通しであった。ところが、本震が発生したことで市内全域が断水状態となり、上下水道局には1日最大3万件を超える問い合わせや漏水情報が寄せられ、給水活動や応急復旧作業に従事する職員も電話対応にあたらなければならないなど、初動時、上下水道局内で混乱が生じた。

また、給水所では、翌日の給水活動の有無や開設時間等が職員に伝わっておらず、給水に来た被災者等からの給水期間等の問い合わせに対して回答できないなど、情報発信・共有のあり方に課題もあった。

さらに、指定避難所のトイレ等において、断水による衛生環境の悪化に伴い高齢者を中心にトイレを控えるなど、避難者の健康問題が危惧される状況にあった。このような経験を踏まえ、避難所となる小中学校には、貯水機能付き給水管やマンホールトイレの整備を進めることとなった。

水や食料等の物資の受け入れ

本震後、水や食料等の物資の受け入れにも問題が生じた。当時の備蓄計画では、約3万6000人の避難者を想定して備蓄を行っていた。また、震災時の食料や生活物資については、協定企業からの支援もあったため、前震後は、避難者へ物資が行き渡る見通しとなっていた。ところが、本震では、想定の避難者数を大きく上回る約11万人の避難者が出たことに加え、手配先の企業等も被災したため食料が供給できなくなった。農林水産省からおにぎりが送られてくる予定だったが、全県規模で食料が不足する中、熊本市に分配される数量にも限りがあり、水同様、食料調達においても苦慮する状況にあった。

また、物資の受け入れに関する情報が混乱し、計画的な受入体制が整わないまま、受入拠点に届く物資を受け入れる状況が続いた。国のプッシュ型支援の流れは、県の集積拠点施設までを国が担い、その後は県が被災市町村の集積拠点へ支援物資を配送する計画であった。ところが、県の集積拠点施設が被災したため、急遽、熊本市から80㎞ほど離れた鳥栖市等にある物流会社の倉庫を拠点にして、そこから県内の市町村の集積場所に直接物資が運び込まれる事態となった。この想定外の動きに熊本市の受入準備も追いつかず、事前に運び込まれる品名、数量、日時等の情報が伝わらない中で物資が送られてくるため、受け入れに必要な人員や保管場所の調整が難しく苦慮した。特に、夜間の受け入れでは、作業にあたる人手が不足し、到着したトラックを6時間以上も待たせることもあった。全国からの支援物資には大変助かったのだが、上水道復旧に伴い必要でなくなった飲料水や3、4日目以降需要が減ったアルファ米等の一部の物資については、各自治体から大量に届いたため余剰が生じることになった。

被災地で必要となる物資は1日ごとに変わると言っても過言ではない。しかしメディアで「水が足りない、毛布が足りない」と言われると全国からそれら特定の品目が集中し物資の洪水と需要のミスマッチが起こる。こうした状況は過去の震災からほとんど改善されていない。

このような熊本地震での経験や教訓を踏まえ、物資の受取、管理、配送に必要な人員投入量やスペースの確保などを定めた『熊本市大規模災害時における物資供給計画対応マニュアル』を策定し、毎年、震災対処訓練で計画に基づく物資供給訓練を実施することとした。

物資供給計画対応マニュアルを策定していない自治体は早急に整備すべきである。そうでなければ発災直後の災害対応は物資の受け入れだけで混乱を極めるのである。

参集困難職員と業務継続

地域防災計画では、災害の規模に応じて配備態勢を定めており、震度6弱の地震が発生した場合、全職員が参集することとなっていた。ところが、熊本地震では、前震時から全職員が参集対象であったにもかかわらず、職員自身やその家族が被災したり、参集途上の道路や建物が危険な状況等であったことなどから、発災直後の参集率は4割程度と低かった。

また、熊本地震の前は、緊急連絡網を利用し電話で安否確認を行うようにしていたが、発災直後は、電話が殺到し通話できない状況が続き、職員の安否確認もままならない状況にあった。

このように発災直後は連絡が取りにくく、限られた人員で災害対応にあたらなければならないことを想定しておく必要がある。この教訓から、ＬＩＮＥをはじめとする様々な伝達手段を活用した職員の安否確認と参集訓練を実施することとした。

改めて首長が覚悟しなければならないことは、災害発生直後は行政のマンパワーは通常時の半分以下で対応せざるを得ない状況に陥るということである。

■災害時の情報の重要性

想定外の中での情報の収集・発信の難しさ、デマや不確かな情報による混乱があった。他都市の震災記録が大変役に立ったが、記憶の風化により明治熊本地震（※）の教訓を対応に生かせなかった。災害時においてもっとも重要なのは情報である。情報の収集・発信、そして記憶の継承等に向け、しっかりと体制を構築しておくべきだ。

⑴　情報の収集と発信

避難所対応の課題解決に向けたデジタル化

熊本地震では、頻発する余震のため車中泊避難者も多かったが、車中泊避難者の中には避難所での受付をせずに、入浴や買い物等のため頻繁に移動する方もおられ、人数を完全に把握するのは困難であった。最大11万人が避難したとしているが、実際にはそれ以上の方が避難したと考えられる。

この状況下において、物資・食料の配給時、避難所

熊本地震では多くの被災者が車中泊をしていた

で受付されていない車中泊避難者の分は準備されておらず、混乱が起きる避難所もあった。このことを踏まえ、令和6（2024）年度からマイナンバーカードと連携した「くまもとアプリ」を導入し、災害時、避難所へ来られた避難者にQRコードを読み込んで必要な情報を入力してもらい、避難所以外でも車中泊避難者を避難者として把握するようにした。また、車中泊避難者の避難実態の把握やエコノミークラス症候群等への対応に関する調査研究を大学や企業と共同で行うなど、熊本地震の課題解決に向けたデジタル化や産学官の取り組みを今後も進めていく予定である。

情報発信の迅速性・正確性の確保、確実な伝達に向けた環境整備

災害時は、迅速で正確な情報発信が求められる。動植物園においては、「動植物園からライオンが放たれた」などの悪質なデマがSNSで拡散したため、職員が災害対応を懸命に行っている中、問い合わせの電話が殺到する状況にあった。デマ情報を打ち消すため、私自身が災害対策本部で指揮を執りながら片手には常にスマートフォンを持ち、自分のSNSアカウントから注意喚起の情報を発信していた。

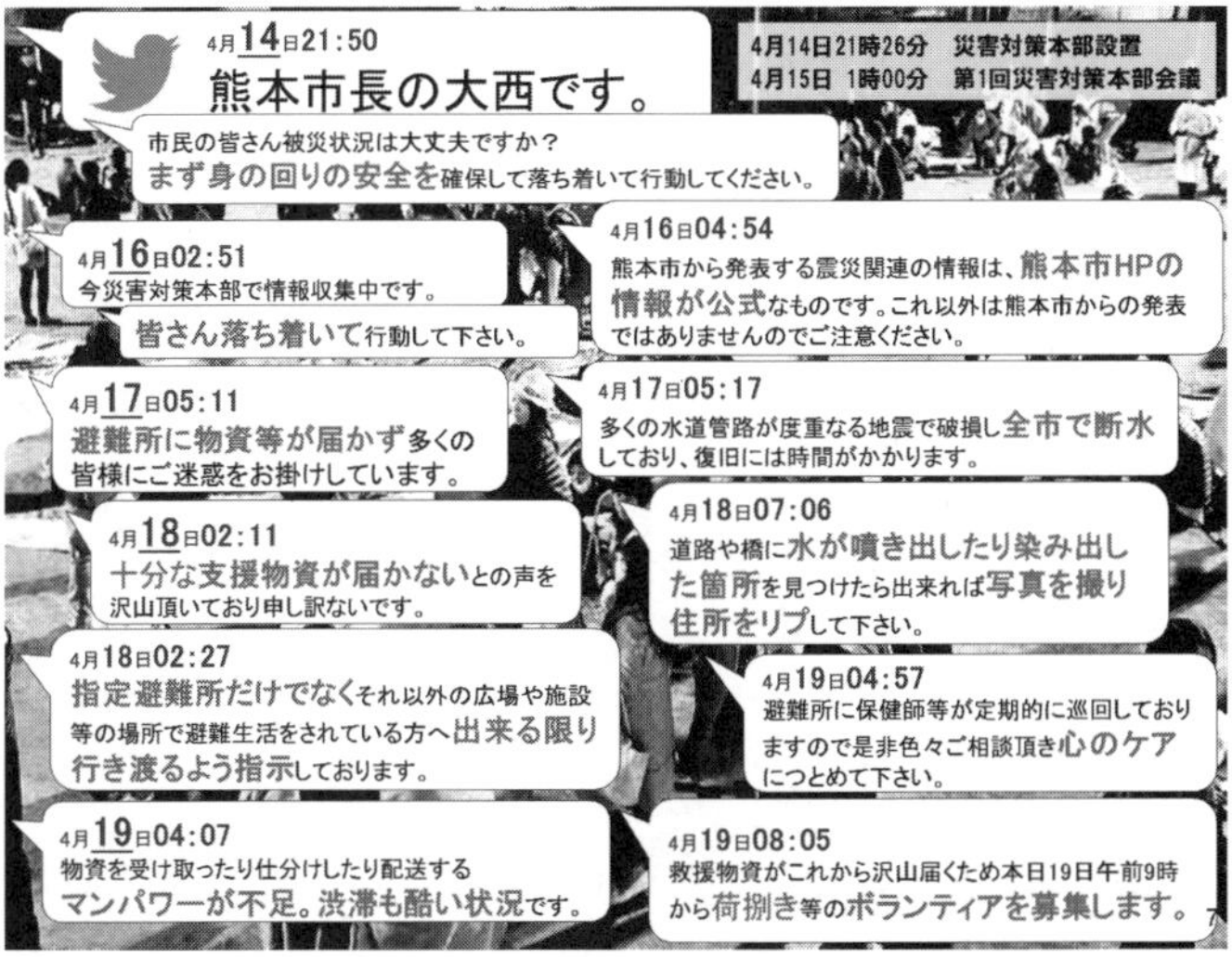

自らX（旧ツイッター）で市民へ積極的な情報発信を行った

この経験や教訓を踏まえ、都市建設局や動植物園等の各部署において公式Xアカウントを作り、平時はイベント情報等を発信し、災害時はモードをチェンジして公式な情報を発信するという仕組みをつくった。この仕組みの導入を契機として、庁内の情報発信力の強化にも力を入れた。

情報の伝達でSNSなどの発信が苦手だという首長も多いと思うが、日常的に市役所のそれぞれの部署で情報発信手段を持っておくことはできるはずである。平時の情報発信ツールがなければなかなか災害時には市民に情報は伝わらない。

(2) 記憶の継承と共有化

記憶の継承の重要性

明治22(1889)年に熊本で大きな地震があったことを新聞記事から知り、すぐさま国立国会図書館のデータベースを検索して「熊本明治震災日記」に目を通すと、そこには大地震が2度発生したことや余震が多かったこと、被害状況や対応状況、街の様子など克明に記されていた。今回の地震と共通点が多く、その事実に驚いた。このように過去の歴史を紐解くと、江戸時代から何度も大きな揺れに見舞われていることが古文書に記録されており、過去の災害の歴史を知ることは極めて重要である。しかし、各都市でそうしたことができているだろうか? 今一度確認していただきたい。

そして、発災直後からの取り組みや課題など、熊本地震で得た経験や教訓を次世代へ残すことは被災市としての使命である。そのため、「【現代語訳】熊本明治震災日記」や「平成28年熊本地震 熊本市震災記録誌」をはじめ、当時の職員や関係者の活動や思い等を綴った手記集「声」を刊行した。

熊本地震が発生して最初に目を通したのは「地域防災計画」であるが、数百ページのものを発災直後の混乱期にいちいち読んでいくことは無理である。その点、各被災地の経験やそれらのまとめは非常に役に立った。発災直後に、新潟県中越地震を経験された森民夫長岡市長から『中越大震災—自治体の危機管理は機能したか』（発行：（株）ぎょうせい）という書籍を送っていただいた。また、東日本大震災時の震災記録誌を仙台市からいただいたが、ここには被災を経験した自治体のリアルな姿が描かれており、発災後に何から手をつけていいかわからない状況の中で次の手を打つためにとても役に立った。

被災地支援とノウハウの継承

全国各地からの支援を受け、熊本地震からの復興の道が見えてきた。私は、その恩返しをしていかないといけないと思い、現在も全国各地で大きな災害が発生した際には、積極的に熊本市の職員を派遣することとした。職員派遣を通して熊本市が持っているノウハウは惜しみなく伝え、「全国の被災を自分のことと思って対応する」ことを心がけるようにした。そうすることで、自ずと熊本市の危機管理能力が高まり、この状態こそが「市民が安心して暮らせるくまもと」の姿だと思うからだ。

熊本地震から9年が経過し、若い職員を中心に熊本地震を経験していない職員が増えてきた。経験を有する職員から若い職員へ研修等だけで実務ノウハウを引き継ぐのは限界があり、現実的とは言えない。応援・受援を通して震災対応の現場で実際に活動を行う、その経験こそが職員自身の対応能力の向上にもつながり、災害対応の経験を継承する上でも重要である。

そのためカウンターパート方式の支援（対口支援）やそれ以外の支援において、熊本地震を経験したベテラン職員と経験していない若手職員の2名1組を1週間単位で被災自治体に派遣し、若い職員を中心に避難所の運営、り災証明の発行、応援職員の宿泊先の調整など、経験を積んでもらうようにした。

■熊本地震を教訓とした「上質な生活都市」の実現

熊本地震の経験や教訓を踏まえ、事前の想定や記録・記憶等の情報の重要性、地震後の対応等を示してきたが、今後、この経験や教訓を日本全国の自治体にも役立ててもらうことも、地震を経験した市長としての大きな責務であり、熊本市の危機管理能力、危機意識を高めていくためにも必要である。

そして、災害時には、市民や職員の力が不可欠であり、災害に強い自治体を築くために、市民力、地域力、行政力を高めていくことが肝要だ。

首長としての責務と役割

前掲のとおり、危機管理において、まずは最悪を想定し対応することが不可欠である。首長は安心する材料を欲しがってはダメである。今迫り来る危機を予断を持たず常に最悪を想定し大きく構えることが極めて重要であるということを熊本地震で思い知った。

熊本地震では、2度の震度7クラスの地震、断水の長期化、物資受け入れでの混乱、職員参集率の低さ、避難者の想定以上の多さ、車中泊避難者の把握の難しさなどの多くの想定外の事態が発生した。日常業務でも想定外は起こりうるが、特に、地震や水害等の自然災害は、予期した時期や場所に想定した規模で起こるとは限らないため、常に最悪を想定して準備を進め、災害等が発生した際も、そうした意識をもって対応する必要がある。

また、災害時における決断と指示は、市民の生命、身体、財産に直接的な影響を及ぼすため、臆することなく迅速かつ果断に行うべきである。災害現場は迅速性と正確性が求められるため、時にはトップダウンで進めることが不可欠である。さらに、熊本地震の経験や教訓から、ＳＮＳによる情報の拡散力と即時性を再認識した。ＳＮＳを有効に活用し、市民へ安心感を与える情報を市のアカウントから、そして自らも積極的に配信することが重要だ。

熊本地震後、全国市長会や指定都市市長会、九州市長会と連携した被災地支援等の災害対応には、特に力を入れており、発災直後の段階から被災地へ職員を派遣し、現地の情報収集や災害マネジメント支援を行うようにした。令和6年1月の能登半島地震や8月の日向灘の地震の際にも、各市長会や総務省等の関係機関と連携し災害初期の段階から職員を派遣したところであり、今後も全国で災害が発生した際には、各市長会や関係機関と連携して被災地支援に取り組む予定だ。

中長期的な視点での職員マネジメントの重要性

熊本地震での反省点の一つとして挙げるのが、職員のマネジメントのことである。自分の家族よりも先に市民の生活再建のため、休日返上で昼夜を問わず災害対応に尽力してくれた。ただ、全国の自治体から多くの職員を派遣いただく中、過酷な環境で日々疲弊していく職員を休ませることができなかった。私にそのことを気づかせてくれたのは東日本大震災を経験した仙台市の職員の一言であった。「市長、この程度の地震でこんな対応をしていたら職員は持ちませんよ」と。あれだけの巨大地震を経験し乗り切ってきたからこそ言える一言だったのだろうと今でも感謝している。

災害対応は長期戦になるため、職員の休息も踏まえた受援計画に見直すこととし、今後、災害が発生した際は、熊本地震の経験を踏まえた実態に即した受援計画のもと、災害対応にあたる予定だ。

勇気づけられた市民の冷静さと前を向く姿

熊本地震では、地域の有志の方々の力が非常に大きかった。多くの方々の自主的なサポートにより行政の手が届かないところにも細かな支援が行き渡り、大変ありがたかった。災害初動時は行政機能が極度に低下するため、市民、地域の協力がなければ十分な災害対応は不可能である。そのためにも「市民力」「地域力」「行政力」をバランスよく高めることが、強い自治体を築き上げる第一歩である。災害発生時は混乱も多いが、冷静な市民の行動と地域コミュニティに支えられて行政との相互作用が生まれたのだと思う。市民の皆さんに心から感謝している。

最後に

全国では令和2年7月豪雨や令和6年能登半島地震など、毎年のように全国各地で想定を超える自然災害が起こっている。近い将来発生すると予想されている南海トラフ巨大地震では、熊本市は直接的な被害に加えて、物流や人の移動が寸断されることにより、必要な食料や物資が届かなくなることが考えられる。さらに、大規模な被害が想定される被災地への応援も必要となる。このような状況は突然発生し、自らが被災者になるかもしれない。

2度の大地震を経験した首長として、引き続き「上質な生活都市」の実現に向け、「市民」と「地域」「行政」が一体となった真に災害に強いまちの実現に向けて取り組んでいきたい。

※明治22年7月28日、熊本地方を中心として発生した直下型地震であり、地震の規模はマグニチュード6・3と推定されている。また、8月3日にも大きな地震が発生。明治22年12月末までに567回もの地震が発生した。

熊本城復興への道程

熊本市長 大西一史

■熊本城の歴史

熊本市の中心市街地に位置する熊本城は、慶長12（1607）年に加藤清正により築城され、現代まで引き継がれてきた、日本三名城の一つにも数えられる全国でも有数の名城である。

清正の入国以前のお城は、現在の熊本城に隣接する地に「隈本城」として築かれていたが、清正は、さらなる拡大強化のため新たに城郭を築き、城の名も「熊本城」と変えた。

一方で、城下町の形成や河川の改修など、入国と同時に領内で様々な国づくりにも取り組んでおり、私たちは今でもその恩恵にあずかっている。

加藤家の改易後、熊本藩は細川家へと引き継がれ明治維新を迎えることとなるが、新政府の下では、全国のお城は廃城か在城かに区別され、熊本城は、陸軍用地として在城し生き残ることとなった。そんな中、国内最後の内戦である西南戦争では、城内に陸軍の熊本鎮台が置かれていたこともあり、戦いの場となった。開戦直前の明治10（1877）年には、原因不明の出火により天守閣や本丸御殿などが焼失したが、その後も様々な混乱を潜り抜け残った13の建造物は、その後、国指定の重要文化財に指定され、また旧城域の大半は、特別史跡として守られてきた。

その後、城内に師団司令部が設置されるなど陸軍用地として使われ、第二次世界大戦後は、熊本城域の大半が旧軍から大蔵省（現在の財務省）へ移管された。そんな中、熊本城は、史跡公園としての都市計画決定により、公園としての位置づけもされた。昭和26（1951）年には、熊本城の管理者として熊本市が指定され、城内の国有地については無償貸し付けを受け管理することとなり現在に至っている。

城内から軍関係施設が撤退するのと前後し、城郭復元の機運が高まり、昭和35（1960）年に天守閣が鉄骨鉄筋コンクリート造で外観復元されたのをはじめ、数棟の建造物が復元された。さらに平成10（1998）年からは、前年度に策定した「熊本城復元整備計画」に基づき、往時の熊本城に近づけることを目指し本格復元に着手し、本丸御殿をはじめ10棟ほどの建造物

平成28年4月14日　21時26分「前震M6.5」

種　類	被害数量	内　容
重要文化財建造物	10棟	長塀80m崩壊、9棟は瓦・外壁落下など
復元建造物	7棟	天守閣瓦落下、壁ひび、塀崩壊など
石　垣	崩落6箇所	膨らみ・緩み多数

平成28年4月16日　1時25分「本震M7.3」

※前震での被害を含む

種　類	被害数量	内　容
重要文化財建造物	13棟	倒壊2棟、一部倒壊は3棟。他は屋根・壁破損など
復元建造物	20棟	倒壊5棟。他は下部石垣崩壊、屋根・壁破損など
石　垣	崩落・膨らみ・緩み517面（うち崩落50箇所、229面）	約23,600㎡（全体の29.9%）（うち崩落約8,200㎡（全体の10.3%））
地　盤	陥没・地割れ70箇所	約12,345㎡
便益施設・管理施設	26棟	屋根・壁破損など

熊本城全体の石垣：973面、約79,000㎡
特別史跡熊本城跡の土地面積：約512,000㎡

図表　熊本城の地震被害（平成29年3月）

を木造で史実に忠実に復元してきた。

平成28（2016）年に発災した熊本地震では、熊本城も甚大な被害を受けており、城内の約30％の石垣に被害が及んでいるほか、城内13棟の国指定重要文化財建造物（以下「重文建造物」という）をはじめ、天守閣などの20棟の再建・復元建造物の全てが被害を受けた。

熊本地方では、これまでも度々地震に見舞われており、特に明治22（1889）年には今回の地震規模とほぼ同規模の地震が発生し、熊本城内でも石垣が崩落するなどの被害が発生している。明治期の地震被害箇所の多くは、今回の地震でも再び被害が及んでおり、今後再び繰り返すことのないような安全対策が不可欠なものとなっている。

■熊本地震と熊本城の復旧

地震発生直後、熊本市民のシンボルであり誇りでもある熊本城の天守閣から土煙が舞い上がり、熊本城が大きな被害を受けていることは明白であった。その後のテレビ報道では、石垣や櫓類が崩れている様子が伝えられ、地震の激しさと熊本城の被害の深刻さを思い知ることとなった。

熊本城を管理する部署からも地震被害の状況が報告されたが、被害の全容はわからない。幸い夜間の地震であったため入場者はおらず、人的被害がないとの報告に安堵した。熊本城は毎日数千人単位の人々が訪れる観光名所であり、もし日中に地震が発生していたら多くの人たちが被害に遭っていただろうし、その救出は困難を極めたであろう。そう考えれば熊本地震の発生時間は不幸中の幸いだったのかもしれない。

とにかく自分の目でも直接被害状況を確認したいと思ったものの、まずは避難所に殺到する市民の安全確保と物資の手配、市民生活を守ることを最優先にしたため、地震発災の1週間後になりやっと現地に足を踏み入れることができた。現場は映像等で見る以上の被害であり、あまりの被害の大きさに「この城を元に戻すのは無理かもしれない」と思うと同時に、涙が溢れてきた。

一方、地震による住家被害は深刻で、発災直後は熊本城の復旧よりもまずは市民生活の再建が先であるとの方針のもと進めていた。しかし、次第に多くの市民から「我が家の再建も心配だが、熊本城は大丈夫なのか?」との声を多数いただくとともに、傷ついた熊本城を見て涙する市民の姿を目の当たりにした。

傷ついた熊本城と被災して傷ついた自分自身の姿を重ね合わせる市民も多く、「早く熊本城を再建して元の元気な熊本の街を取り戻してほしい」と多くの声をいただいた。それだけ私たち熊本人にとって熊本城は特別な存在であり、熊本のシンボル、精神的支柱なのである。

地震直後の天守閣（平成28年5月）

私は、熊本地震からの「復興のシンボル」として熊本城の再建こそが、市民が熊本地震を乗り越えていく上で極めて重要であると確信した。

そこで、多くの被災した市有建築物の中でも、市民の命を守る拠点の熊本市民病院の再建と、熊本の人々の精神的支柱である熊本城の復旧復元は、地震からの復旧の中で優先すべき重要案件として、地震の1か月半後には専任のプロジェクトチームを設置し重点的に取り組むこととした。

熊本城の復旧復元では、プロジェクトチームに既存の行政組織である熊本城総合事務所と熊本城調査研究センターとが一体となって、復旧へ向けた工事発注の準備や関係者との協議の他、取材や視察などの対応に追われた。特に、地震の被害状況や復旧の進め方等を理解していただくためには、被災地からの情報を発信することが重要であると考え、プロジェクトチームから定期的に報告を受け意見交換を行い、タイムリーな記者発表や報道機関への情報提供を心がけた。

また、様々な分野の関係者にも現地へ足を運んでいただいたが、映像や音声ではなく、自身の目で見て体感することも大切であると考えていたため、可能な限り私自身も現地に足を運び対応するよう心がけた。

熊本城の地震被害は、城内の全ての建造物に及んでいたが、被害の状況は様々で、復旧方法も建造物ごとに異なり、特に石垣については、石垣が設置されている地形が同じではなく、箇所ごとに復旧

地震直後の城内　左から、石垣と共に崩落した東十八間櫓（重文）、飯田丸五階櫓（復元建造物）

方法が異なることが予想された。

復旧を進める上では、複雑な工事を防御性の高い城郭内で効率的・計画的に進める必要があることから、国や県の支援のもと、熊本市が事業主体となって、「熊本城復旧基本計画」を策定することとした。計画では「地震直前の状態」に復旧することを基本とし、以下の七つの基本方針を定め、復旧に取り組むこととした。

1　被災した石垣・建造物等の保全
2　復興のシンボル「天守閣」の早期復旧
3　石垣・建造物等の文化財的価値保全と計画的復旧
4　復旧過程の段階的公開と活用
5　最新技術も活用した安全対策の検討
6　100年先を見据えた復元への礎づくり
7　復旧基本計画の推進

計画は平成30（2018）年3月に公表し、既に天守閣など一部の復旧工事には着手していたが、翌年度から計画的に取り組むこととした。また、復旧の期間を当初計画では20年間としたが、5年後に見直しを行ったところ、文化財価値の保全のための検討などに想定以上の期間を要することが明確となったことなどから、計画期間を15年延ばし35年間に設定し直した。

我が国史上最大の被害を受けた文化財の復旧がこうして始まったのである。

■地震被害と見せる復旧

熊本城は中心市街地の標高50mほどの丘陵地に位置し、その中心地に聳える天守閣は、周辺から日常的に目にすることができる。さらに、天守閣を取り巻く曲輪《くるわ》の石垣周辺は、市民の生活エリアと隣接しているため、熊本城は住民にとって身近なものとなっている。

「熊本地震からの復興のシンボル」となった天守閣は、昭和35（1960）年に鉄骨鉄筋コンクリート造で外観復元されたものであるため基礎杭が設置されており、石垣に本体の荷重はかかっていなかった。そのため、建物本体の復旧工事は、石垣の耐力の検討とは切り離して進めることが可能であり、さらに、基礎杭自体に損傷はなく、躯体コンクリートの劣化もないことが確認できたことから、直ちに復旧工事に取りかかることができた。

一方、城内にある重要文化財建造物などの木造の建物には基礎杭はなく、石垣や礎石の上に載っているだけであるため、石垣が損壊し、建物本体が傾くなどの被害が及び、中には石垣と共に崩落したものもあった。復旧作業は、先ず被災した石垣の石材や建物の部材を解体あるいは回収した上で、部材一つ一つの記録を取り城域内などで保管し、再使用が不可能な部分は新たな部材で補完した上で、再び組上げることとなる。このように、天守閣の早期復旧を進めると同時に、重要文化財建造物の復旧にも取りかかった。

復旧にあたっては、文化財的価値の保全と耐震化などの安全対策を行うこととしたが、文化財の価値を失うことは熊本城を否定することにもなるものの、安全性は必要不可欠であり、この一見すると相反する課題に取り組まなければならないことになる。

私自身非常に悩ましいことも多かったが、安全性には強いこだわりがあった。もし次に大きな地震が起こった時に、決して熊本城内で傷つく人を一人も出してはならないという強い信念のもと、最大限の安全対策を追求するよう指示をした。

また、建造物の復旧工事に際しては、工事中であってもその姿が見えるようにとの要望が多くの皆様から寄せられ、天守閣などの工事に際しては、建物を完全に覆ってしまうのではなく、メッシュ状の養生シートで囲うなど、常にその存在感が感じられるような方策「見せる復旧」を心がけた。

さらに、工事エリアである城内に高さ約６ｍ長さ約３５０ｍの特別見学通路を設置している。来城者はこの通路から被害状況や建造物等を間近で見て、復旧過程を見ることにより、文化財への理解をより深めることも期待できる。また、この通路は高い位置に設置されており、工事車両等の通行には影響がないため、作業の手を緩めることなく、復旧に取り組むことができる。

この「見せる復旧」の手法により、令和34（２０５２）年までの長期にわたる復旧期間にも多くの市民や観光客の皆様に「よみがえる熊本城」の姿を常にご覧いただくことができるのである。

特別見学通路（光の帯部分）

様々な支援と復興城主

熊本城の復旧は、これまで、国・県をはじめ日本財団などの団体や多くの皆様から、様々な財政的な支援をいただいている。

一方、地震発災以前から進めていた熊本城復元整備事業の財源の一部とするため「一口城主」制度を創設し、市民協働での復元整備事業を進めていた。地震によりこれまでに復元してきた建造物も被災しており、まずはこれらの復旧に取り組むため、復元事業自体は中断せざるを得なくなった。

なお、地震による被害額は総額約634億円と試算しており、内訳は次のとおり。

・石　垣　　約425億円
・重要文化財建造物　　約72億円
・再建、復元建造物等　　約137億円

復旧のための予算は、復旧期間が長期にわたり単年度の支出は平準化されるものの、地方自治体にとってはかなりの負担となる。そのため、国・県などからの支援の他に、様々な財源として、民間からも広く寄付を募ることとした。

そこで、地震からの復興を念頭に、一口城主を「復興城主」と名称を変え、復旧・復元に取り組む財源にも充当することとした。一人一人の城主の皆さんが支えて熊本城を復興させるという思いを込めて名付けた。

令和5年度末までに、熊本城災害復旧支援金などを含め、総額58億円を超える額の浄財をいただいている。ちなみにこの「復興城主」のネーミングは平成28（2016）年の「ユーキャン・新語・流行語大賞」で選考委員会特別賞を受賞した。

熊本城は文化財であると同時に都市公園、さらには熊本有数の観光施設でもある。復旧に際しては、国・県はもとより、市民・県民等あらゆる方からの支援のもとに進めたいと考えている。

■地域の文化が復興の力に

熊本の復興のシンボルである熊本城が少しずつよみがえる姿は、多くの傷ついた市民に勇気を与えてくれてきたと思う。私自身も市長室から見える傷つきながらも凛として立ち上がる熊本城の姿を毎日見ながら、「よし今日も頑張るぞ」と力をもらっている。

それぞれの災害を受けた被災地には、その地域で長年大切にしてきた歴史や文化があると思う。そして、災害で傷ついた文化財をよみがえらせることは、その地域の人々に復興に向けた勇気や活力を与える効果があると思う。もちろん文化財だけではなく、地域で長年続けてこられた祭りなどもその効果があると思う。

天守閣復旧完了公開開始（令和３年６月）

どうしても発災直後は、生活再建が最優先であり、文化財などの復旧や地域でのお祭りなど文化的なことは後回しになりがちである。しかし、熊本地震からの復旧過程の中で私が感じたのは、生活再建で物質的なものはある程度元に戻るかもしれないが、それだけでは復興とは言えないということだ。特に災害時に必要なものは被災者の「心の復興」が最も重要で、長年その土地に受け継がれてきた文化は人々の気持ちを前向きにさせる効果があると思う。

私は熊本城の復旧過程のこれまでの経験からも、被災地の首長の皆さんには「地域のシンボルは早く復旧したほうがいい」、そして、「祭りなど長年地域で受け継がれてきたものは可能な限りやったほうがいい」と申し上げている。

地域の文化を取り戻すことは、被災者の心の復興の大きな力になると確信している。

「パワフルおに嫁」の活動

河内パワフルおに嫁ブランド推進協議会会長　大森　とも子

■私たち「パワフルおに嫁」について

まず、私たち「パワフルおに嫁」の活動について紹介したい。みかん生産量全国第4位の熊本県、その中でもみかんの一大産地となっている熊本市の西北に位置する西区河内町で、私たちは活動をしている。生産者の高齢化や後継者不足により町の基幹産業である「河内みかん」の生産規模の縮小が進む中、地域の活力が低下していくことに危機感を感じたみかん農家のお嫁さんが中心となり集い、前身となるグループ活動を経て、平成23年に「パワフルおに嫁」というグループを立ち上げ、町を盛り上げようと活動を始めた。主な活動として、みかんをはじめとする地域の特産品（みかんの他にも有明海苔や芳野（よしの）梨が有名である）を活かした加工商品の製造・販売や都市と農村をつなぐ交流、同じような課題を抱える地域との地域間交流を

河内町での花摘みイベント

通して、河内町の元気づくりや魅力の発信に取り組んでいる。
「おに嫁」と聞くと、夫を尻に敷く恐ろしいかーちゃんを思い浮かべるかもしれないが、決してそうではない。元気で、明るく、がまだしもん（熊本弁で頑張り屋さんの意味）で、家庭そして地域の縁の下の力持ちとなっている私たち河内町のかーちゃんを表す言葉としてグループ名に取り入れた。さらに言えば、私たちはただのおに嫁ではないのだ。「やるからには、楽しく笑顔で！」をモットーに、やると決めたら即行動、かーちゃんならではのおもてなしと少しのお節介、何と言っても、自分たちが誰よりも楽しみながら活動する「パワフル」が付くおに嫁なのだ。

パワフルおに嫁の活動を始めて13年。今では、身体のあちこちに痛いところが出てきたし、本業の農業に加え、家族の介護や孫守りなど私たちを取り巻く環境は10年前とは確実に状況が変わっている。しかし、その時その時に応じた活動内容に変えながら、どうにか辞めずにこの活動を継続することができている。それは、新しい経験をし、多くの人と出会

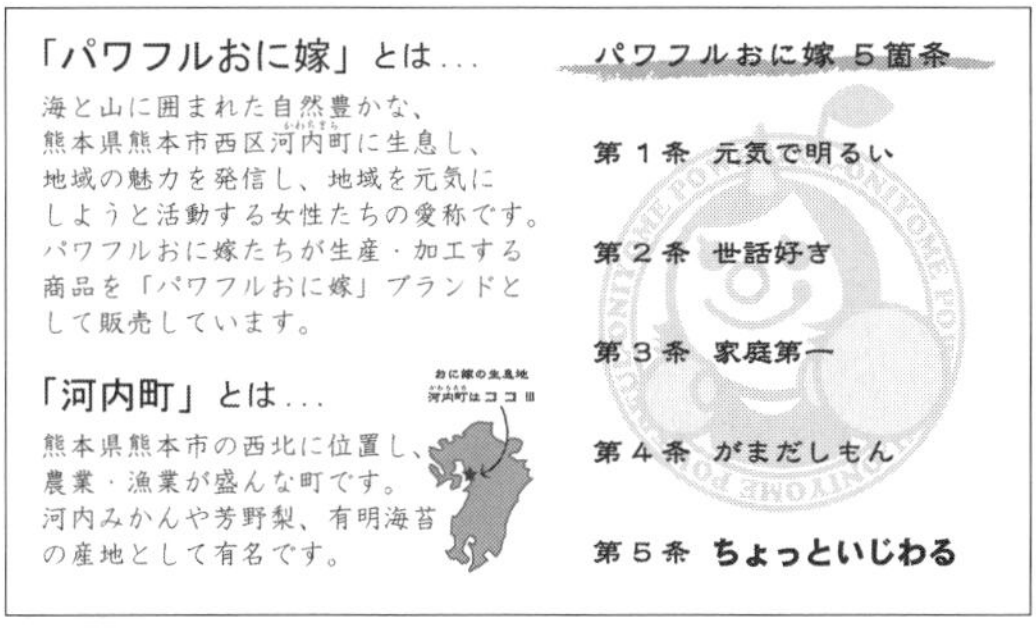

「パワフルおに嫁」とは...
海と山に囲まれた自然豊かな、
熊本県熊本市西区河内町《かわちまち》に生息し、
地域の魅力を発信し、地域を元気に
しようと活動する女性たちの愛称です。
パワフルおに嫁たちが生産・加工する
商品を「パワフルおに嫁」ブランドと
して販売しています。
「河内町」とは...
熊本県熊本市の西北に位置し、
農業・漁業が盛んな町です。
河内みかんや芳野梨、有明海苔
の産地として有名です。
おに嫁の生息地
河内町はココ!!
パワフルおに嫁 5箇条
第1条　元気で明るい
第2条　世話好き
第3条　家庭第一
第4条　がまだしもん
第5条　ちょっといじわる

パワフルおに嫁5箇条

東京での交流イベント

い、地域とつながり、ご縁をいただくことができるこの活動が、平均年齢72歳になった私たちの楽しみ、生きがいになっているからだろうと思っている。

次項より私たちがこの13年の活動で得てきた大切な出会いや経験、学んだことについて書いていきたい。

■人と人、地域と地域の出会いがある「かーちゃんサミット」

パワフルおに嫁の活動をする中で、鹿児島県の離島「奄美大島」で私たちと同じように地域の元気づくりに取り組む女性グループ「魔女っ娘あまみ」と知り合うことができた。「おに嫁」と「魔女」という、何とも取り扱い注意な2グループの出会いであったのだが、私たち2グループの交流は、九州内外で活動する様々な女性グループを巻き込みながら「かーちゃんサミット」の開催につながっていった。

今でこそ、世間的に女性の活躍推進が当たり前のように叫ばれているが、十数年前の特に地方部においては、仕事においても地域の活動においても男性が中心に立つことが多く、女性が表に立ったり、ましてや、家をあけて地域外に出たりすることは、まだまだ難しい状況にあった。

そのような中、私たちのように女性が中心となり地域の元気づくりに取り組んでいる団体、これから女性中心の地域づくりを進めたい自治体等の関係者が一堂に会し、お互いの情報交換や意見交換、交流を通して、新たな地域づくりのきっかけや課題の共有、課題解決につながるヒントの模索、団体・地域同士の切磋琢磨の関係づくりを目的とする「かーちゃんサミット」が開催されたのだ。

平成26年6月に熊本市で開催された第1回かーちゃんサミットを皮切りに、これまで福岡県赤村（平成27年）、鹿児島県大崎町（平成28年）、熊本県山都町（平成29年）、福岡県宗像市（平成30年）、鹿児島県さつま町（令和元年）と続き、令和2年より拡大した新型コロナウイルスの収束を待ち、鹿児島県奄美市（令和5年）、兵庫県丹波市（令和6年）と開催地域を九州から関西にまで拡大し、毎年毎年、新たな仲間を巻き込みながら10年を超えて毎年1回、6月に開催されている。農閑期にあたる毎年6月に開催されるというのも、かーちゃんサミットの一つの特徴であるかもしれない。

かーちゃんサミットの開催当初は、私たちのように子どもたちが成人し、子育てがひと段落した女性グループが集う場であったが、最近では、子育て真っ最中でありながら地域や社会に貢献しようと奮闘している団体や活動者の参加も増えており、参加者の年齢層がグッと広がっている。地域づくり等に関心のある学生が参加することもあり、20代から80代までの世代を超えた交流、

第1回「かーちゃんサミット」（平成26年6月・熊本市）

笑顔あふれる「かーちゃんサミット」の参加者たち

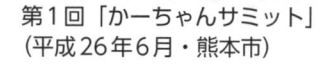

つながりづくりもできている。このような場がないと出会うことがなかった85歳を過ぎた大先輩かーちゃんの「動けるうちは老後ではない！」「老後のために今、頑張っています！」などという名言を聞き、「上には上がいる」「まだまだ、頑張ろうと！頑張れる！」と、年齢関係なく様々な人から刺激を受けることができることも、かーちゃんサミットの魅力だと感じている。

そして、サミットに参加する際、気持ちよく送り出し、新しい発見と出会いのきっかけを後押ししてくれている、夫や家族にもこの場を借りてお礼を言いたい。

■熊本地震の発災、かーちゃんサミットでの出会いが結んだ復興支援

平成28年4月14日そして16日、熊本・大分を2度にわたる最大震度7の地震が襲った。大地震という未曾有の二度と経験したくない災害ではあったが、そのような中でも心温まる、この時の私たちの心を支えてくれた出来事があった。

それは、かーちゃんサミットを通じて交流を持っていた福岡県赤村役場の方から、発災後すぐに被災状況の確認と復旧支援に関するご連絡をいただいたことだ。幸いなことに私たちが住む河内町は大きな被害はなかったため支援をお受けすることはなかったが、地震の知らせを聞いて私たちのことを思い出し、心を寄せてくれたことが何よりも嬉しかったことを強く記憶している。その後、赤村役場の皆さんは、同じくかーちゃんサミットで交流があり、大きな被害を受けていた熊本県山都町役場に連絡を入れ、支援要請を受けてすぐに給水車を動かし災害対応に入られたそうだ。山都町の方々も、私たちと同じように赤村の皆さんの心遣いに感謝するとともに、心を支えられたと話されていたと聞いている。

この時、山都町に災害対応に入った最初のグループが赤村役場であったと聞いている。復旧支援について担当者から相談を受けた当時の赤村村長も、前年に開催された赤村でのサミットで交流のあった私たちへの支援を即決してくださったそうだ。かーちゃんサミットを通した人と人、地域と地域のつながりのありがたさ、大切さを感じた出来事であった。

また、地震があった平成28年は山都町でかーちゃんサミットの開催が予定されており、前年から山都町役場若手職員を中心に準備が進められていた。しかし、被災によりサミットの開催を断念したところ、経緯を聞いた鹿児島県大崎町の町長をはじめとする職員の皆さんが、「こんな時だからこそ、是非、サミットを開催しましょう！」と開催地として名乗り出てくれたそうだ。これが、サミット開催2か月前のことであったことから、サミットが変わらず開催できたことに当時参加した一同が驚き、感謝したことを覚えている。

九州全体が沈んでいる中

被災地支援のための義援金箱

サミットで山都町の被災状況を共有

でのこの年のサミット開催。程度は異なるものの被災した私たち、そして、山都町職員の方々も参加し、被災状況の共有などをさせていただいた。そして、多くの皆さんから励ましの言葉をいただき、温かな交流から復旧・復興に向けた元気・勇気をいただいた。参加者の皆さんが義援金を集め、被災地に寄付してくださったことも非常に嬉しいことであった。

また、かーちゃんサミットでは、平成26年8月の豪雨災害の被災地となった兵庫県丹波市市島地区で、被災をきっかけに地域づくりに取り組む女性グループ「ぽんぽ好（ぽんぽこ）」と出会うことができた。「ぽんぽ好」の活動のきっかけは、豪雨災害の復旧時に住民やボランティアなどへの炊き出し活動を行ったことだそうだ。災害復興期に移行してからは、高齢化が進む市島地区での配食活動や地域の人々が集うことができる場づくりなどの地域活動を展開し、地域の元気づくりにつながっているという。

「ぽんぽ好」は、熊本地震の翌年に開催された山都町でのかーちゃんサミットに参加し、そこで災害復興や地域づくりにおける女性の力の重要性に改めて気づき、以降かーちゃんサミットに毎回参加している。熊本地震からの復興を遂げつつあった私たちグループとの交流は、かーちゃんサミット以外にもみかん収穫の手伝いなどの訪問として続いており、会う度に互いの活動や生活のモチベーション向上につな

ぽんぽ好との交流

がっている。

■平時、非常時に活きる人と人、地域と地域のゆるやかなつながりの大切さ

私たちは、年に1回開催されるかーちゃんサミットでの笑いあり、涙ありの交流を通して、それぞれの活動や互いの地域の現状を共有し、課題解決の方法を模索しながら、互いに学び合い、刺激を受け合っている。毎年、継続して参加する女性グループも多く、顔なじみが増えていく中で、年1回、場所を変えながら開催されるサミットは同窓会のような、大人の修学旅行のような楽しさがある。サミット閉会後には、「また、来年会おうね!」「来年のサミットに参加できるように、また、今日から頑張ろうね!」と参加者みんなが口を揃えて言っていることから、サミットは私たちだけでなく、参加者みんなの生きがいになっており、日々の活動や生活に対するモチベーションを向上させる機会になっていると感じている。

そして、地域や社会の役に立ちたいという同じ志を持ち、サミットに参加している私たちは、心強い仲間であり、切磋琢磨する良きライバルとして、つながりを築くことができている。地域や年齢が異なったとしても、それぞれの活動に行き詰まったり、困ったりすることがあれば、気軽に相談し合い、それぞれの経験に基づく知見

参加者同士での課題解決の検討

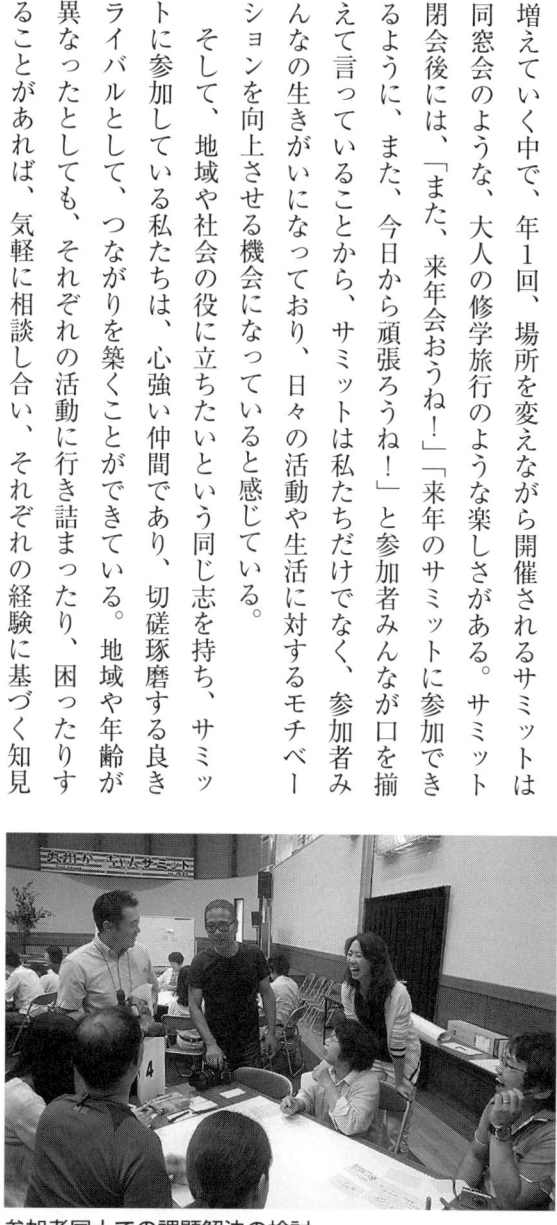

や技術で助け合う関係づくりができている。かーちゃんサミットでの出会いや熊本地震での体験を通して、人と人との出会いやゆるやかなつながりが、私たちの日々の生活や活動に貢献するだけでなく、災害時のような非日常時においても大きな力を発揮することに気づき、実感することができた。

日本全体で少子高齢化が進む中、特に地方に住む私たちは、様々な場面で人材・人手不足の問題と直面する機会が多いのだが、地域内だけでなく地域を超えた人と人、地域と地域とのつながりをつくり、そして、そこから生まれたご縁を大切にしながら、平時においても非常時においても、共に助け合い、「共助」ができる環境や社会が重要であると思う。私たち自身、これからも人と人、地域と地域のつながりを大切にしていきたいと思う。

〈インタビュー〉西村　博則・熊本県益城町長に聞く

熊本地震の経験を踏まえ、〝災害に強いまちづくり〟を進める

平成28年4月の熊本地震で震度7を2度記録し、町内家屋の98％が被災するという未曾有の災害に見舞われた熊本県益城町。困難な決断を迫られながら復旧・復興にあたってきた西村博則町長は、「町民が主役」の理念を芯に据えて災害に強いまちづくりを進めている。

［熊本県益城町］

熊本県の中央北寄りに位置し、西側は熊本市に接する。阿蘇くまもと空港や九州自動車道ＩＣがあるなど、交通利便性に優れ、熊本市のベッドタウンとして発展するとともに、スイカなどの畑作や米作も盛ん。面積は６５６８ha。平成28年４月の熊本地震では、前震、本震ともに震度7を記録し、家屋の98％が被災するなど大きな被害を受けた。震災により人口は大きく減ったが、その後徐々に回復し、令和6年7月末現在、人口３万４０７２人、１万４５３９世帯。令和6年度の当初予算一般会計は約２１１億６９００万円。

■２度の震度7による甚大な被害

――30年以上、益城町役場に勤めた後、町長選に立候補し、当選した。どのような思いで町長になったのか。

益城町はもともと政争が激しい町で、それが町の発展を妨げていると考え、何とか変えたいという思い

があった。町長となり、町政の基本理念としたのが「町民が主役のまちづくり」。合わせて「財政の立て直し」や「行政情報の積極的な公開」などの六つの約束（マニフェスト）を掲げた。一方、職員には、前例踏襲ではなく、常に新しい感覚で仕事に思い切って取り組んでほしいことや、失敗してもその責任は私が持つことを伝えた。

そうして町政を進めて2年が過ぎた平成28年4月に、熊本地震が発生した。益城町は14日の前震と16日の本震で震度7を記録。町内家屋の98％が被災（一部損壊以上）し、３０００棟超が全壊する未曾有の災害となった。人口約３万４５００人の町で約1万６０００人が避難所に押し寄せ、車中泊や軒先避難の人も合わせれば、ほぼ全ての町民が避難者となるような状況だった。役場庁舎をはじめ公共施設や道路、上下水道などのインフラも甚大な被害を受ける中、役場も混乱し、機能不全に陥った。

これまで経験も想定もしてこなかった災害で、何から手をつけていいかもわからない状況だったが、そのとき助けになったのが、手元にファイルしていた水害サミット（大きな水害を体験した全国の市区町村長が集まり、経験や教訓などを語りあい、全国に発信し、防災、減災に役立てることを目的として平成17年度から開催されているサミット）が取りまとめた「災害時にトップがなすべきこと」だった。災害廃棄物の仮置き場の手配や、ボランティアセンターの立ち上げ、定時の記者会見の実施の必要性などが示されていて、非常に参考になった。また、全国の自治体から送られてきた災害の記録誌も役立った。

それでも職員２５０人のうち、１８０人が避難所運営にあたる形になり、対応は困難を極めた。災害対策本部の人員が足りず、設置場所も移転を繰り返し、停電や防災行政無線基地局の被災などで情報の収集・伝達も難しく、被災状況も職員の参集状況の把握もままならなかった。

西村博則町長

そうした中で、町長として厳しい判断を迫られた。中でも一番難しかったのが、町総合体育館の開放だ。指定避難所の総合体育館には、前震後、多くの人が身を寄せてきたが、メインアリーナ・ステージ部分の天井パネルが数枚剥がれかけていたため、現場の職員から危険だとの報告があり、アリーナの使用を踏みとどまっていた。だが、避難者が増え続ける中で、１０００人規模が収容できるアリーナを利用できるかどうかは避難所のあり方そのものにかかわる。避難してきた町民からも「なぜ入れないのか」という批判が高まっていた。そのため翌日、現場の体育館に赴いたが、やはり余震が続く中で、被害が拡大する危険性を考えて、アリーナは使用しないと判断した。町民やメディアからは非難する声もあったが、16日の本震で、アリーナの天井にあった1枚6kgのパネルや照明器具のほとんどが落ちた。もし、避難者を入れていたら、どれだけの被害になっていたのかと考えると、あのとき開放しない判断をして本当によかったと思う。

とはいえ、多くの町民が避難所、車中泊、軒先に避難をしている状況で職員は必死に対応を続けた。全国から応援職員が駆けつけ、物資も届けられたが、受援計画を策定していなかったこともあり、その受け入れも混乱した。例えば、人の面では、災害経験のある応援職員を駐車場やがれき置き場に配置してしまうなど、効果的な体制をとることができなかったし、支援物資についても置く場所がなくなってしまい、途中からお断りせざるを得なかった。

こうした中で職員は、自らも被災しながら、ほとんど休むことなく働いていた。しかも町民の怒りの矛先は職員や町長に向く。2週間ぐらい経ったときには、多くの職員が涙目になっていた。だからこの時、絶対職員を怒らないと決め、1週間に半日でもいいから、休みなさいと指示を出した。職員からは「応援の職員が来てくれているのに休めない」という声もあったが、「応援職員はあなたたちを休ませるために来てくれている。長い闘いになるのだから、少しでも休んでほしい」と話した。東日本大震災を経験した首長からも、鬱になったり、自死した職員もいることを聞き、「職員を守ってほしい」と言われていたので、震災1か月後くらいからは、職員のストレスチェックとカウンセリングなども取り入れるようにした。

復旧・復興を進めていく上で職員は町の宝であり財産だ。2か月くらい経ったときに女性職員がポロポロ泣いていた。「また町民に怒られたのか」と話しかけたら、そうではなく「あなたたちのおかげで自分たちは助かっている」と言われて、嬉しくて泣いていたという。職員たちはみんな車の中で生活したりしながら、役場に出てきて働き、本当にきつかったと思う。だから町の人たちにもぜひほめてやってくださいと話をした。結果として益城では3か月休んだ職員が2人いただけだったのはよかったと思う。

こうした応急対応や復旧に取り組んでいく上で非常に参考になったのが、前述したように被災地の記録誌だ。だから今回の震災で多くの支援・応援をいただいた町として、震災直後の対応や復旧の歩みを公表することが使命であり、恩返しであると考えて、平成29年11月に応急対応の検証報告書を、令和2年4月に発災から約3年間の取り組みをまとめた震災記録誌を発行した。コンセプトは、当時の職員の思いや判断、行動などをありのままに残すということ。うまくいかなかったこと、失敗したことも記さなければ、次の災害に活かすことができない。だから、作成に際して、不都合なことも批判も一切忖度しないで書いてほしいと言った。そのため「行き当たりばったり」「その場しのぎ」などという言葉もたくさん出てくる。ぜひ全国の自治体で活用してほしい。

1600人が参加した復興計画

――復旧・復興は具体的にどのように進めてきたのか。

まず益城町がここまで復旧・復興できたのは、多くの方々の応援や支援があったから。改めて感謝したい。最初はとにかく避難場所と食料の確保、避難所の運営、ライフラインの復旧などに一生懸命だったが、次には仮設住宅の用地の確保、さらに災害公営住宅の建設などフェーズはどんどん変わっていく。当初は役場組織も混乱していたが、プロジェクトチームを設置したり、課を再編したりしながら体制を整えていった。

復興の原点になるのが平成28年12月に策定した復興計画だ。復興計画には、多くの町民の「想い」と「声」を取り入れたいと、町民との意見交換会を21回開催し、1600人に参加してもらった。また、町の未来について若者同士が話し合う「益城町未来トーーク」も実施している。

復興計画は土地利用のゾーニングなども取り入れ、将来を見据えたまちづくりの計画になっている。中でも重要なのが、災害に強いまちづくりだ。震災の教訓を踏まえて、例えば全国の自治体との災害時応援協定の締結や受援計画の策定を進め、被災地への職員派遣なども積極的に行っている。能登半島地震でも

1月4日に派遣希望を募ったが、年度末の忙しい時期にもかかわらず、50人以上が手を挙げてくれた。ただ、国にも要望し続けているが、職員派遣については、短期だけでなく、中長期の派遣制度も必要だ。益城町にもまだ応援に来てもらっているが、毎年派遣元の自治体に個別にお願いしなければならない。もう少し仕組みとして中長期派遣ができるようにするべきだと思う。復興は非常に長いスパンになるし、益城町でも予算規模は数倍になった。それを元の職員数で対応するのは無理だし、継続的な全国や県からの支援は不可欠だ。

一方、熊本地震のような大規模災害では公助だけでは限界があり、災害に強いまちづくりを進めていくには自助・共助の力を高めていくことが重要になる。その一環として、地区ごとに「まちづくり協議会」を設立することを呼びかけて支援した。地域のことを一番わかっている町民の方たちに避難地や避難路について検討してもらい、その提案に基づいて整備を進めている。

また、益城町はもともと水害リスクが高く、令和5年7月にも豪雨災害が起きた。気候変動で、異常気象が当たり前になっており、いつまた同じような大雨が降るかもわからない。行政として大切なのは、早めの避難情報を出すことだ。災害にならなくても〝空振り〟ではなく〝素振り〟と捉え、素振りによって防災力が向上したと考えている。

その意味では防災訓練も素振りだが、震災を経験して身に染みたのは予定調和型の訓練では意味がないということ。より具体的な災害を想定したシビアな訓練をしなければ身につかない。今、益城町ではより実践的な訓練を行っているが、それでも実際に台風などが来た時の対応では課題が出てくる。二つとして同じ災害はないので、それを踏まえて常に備えていかなければならない。町長にも事前に知らされず朝6

時から参集訓練があったりするが、災害時に一番厳しく問われるのは首長の判断能力なのでそのための訓練は必要だ。

一つ事例を紹介すると、令和6年8月に熊本に上陸した台風10号への対応は、改めてトップの危機管理能力を問われる出来事だった。台風10号が日本列島に近づきつつある中、実は台湾政府の要職と面会する重要な公務が予定されていた。1年かけて準備していた大事な公務で、熊本県内の首長27名で台湾に出向く予定だった。

出発前日までの進路予報は熊本には上陸しないルートだったが、出発日の早朝の予報では熊本に上陸する可能性が出てきたため、竹﨑一成熊本県町村会長に、一度協議すべきと提案させていただいた。決行、期間を短縮、延期するか意見が分かれ、協議を続けた結果、最終的には飛行機に搭乗する直前に延期の判断でまとまった。その後、台風の進路は熊本県にとって最悪のルートとなり、益城町でも災害警戒本部を立ち上げ陣頭指揮を執った。幸いにも大きな被害はなく〝素振り〟に終わったが、万が一を想定した対応に間違いはなかったと感じる。

町全体を俯瞰する写真を見ると、市街地、農地、山間部の地域性の違いもわかりやすい。中央の田園地帯には川も流れ、地震だけでなく水害への備えも求められている。

■現場主義に徹する

――今後の展望、地域のミライをどう考えているか。

被災者支援を第一に考え、これまで復旧・復興を進めてきた。元に戻す復旧に続く、よりよいまちにしていく復興は、職員と町民が一緒になって知恵を出し合っていかなければ難しい。そういう中で職員が地域に飛び込んで、前述したまちづくり協議会や未来トーークク、女性みらい塾などの活動にも携わったり、若手職員が民間や大学などと連携し、町の農産物を活かした特産品の開発に成功するなど非常にいい動きも出てきている。また、空港の新ターミナルビルの開業や東海大学阿蘇くまもと臨空キャンパスの開校、県道の拡幅など町を取り巻くプロジェクトが進行するとともに、隣接する菊陽町に世界的な半導体メーカーTSMCが進出するなど、町が発展していく大きなチャンスを迎えている。

こうした中で、震災後に1500人減った人口も増加傾向に転じ、1000人ほど戻ってきた。令和6年1月1日現在の総務省の人口動態調査によると、日本人増加数が全国の町村で1位になるなど、復興が進んだことを評価していただいていると感じている。

令和5年5月、旧庁舎の敷地内に完成した新町役場庁舎の前で。庁舎の前は震災記念公園となっていて、復興まちづくりセンター「にじいろ」も隣接している。

一方で、心の復興はまだ途上だ。特に子どもたちは、地震があると風呂に入りたがらないとか、トイレに行けなくなるなど、ダメージが残っている。様々な視点からケアを続けていかなければいけないと思う。

――これから職員に望むことは。

熊本地震を経て職員はとても成長したように感じている。災害時の経験や、全国から応援に来てくれた人たちから学んだことも多かったのではないか。職員に望むのは現場主義に徹してほしいということ。やはり本当の生の声は現場でしかわからない。震災を経験して計画づくり一つとっても、地域の実情がわからなければ真の計画はできないと実感した。そして、職員には失敗を恐れずにチャレンジしてほしいし、幹部職員にはそれを潰すなと言っている。

全国には新しい事業などで結果を出している自治体がたくさんあるが、その結果ではなく、プロセスを真似てほしい。そこに行きつくまでには問題を乗り越えてきた経緯があるはずだから、そこを見てもらいたい。益城でも震災後、地域の人たちとワイワイガヤガヤ話しながら、まちづくりを進めてきた。そこにいろんなヒントがあるのではないかと思う。地域に飛び込み、チャレンジする職員が増えることを期待している。

――全国の職員にメッセージを。

熊本地震の一番の反省は、災害を本当に自分事として捉えることができていなかったということ。災害はいつ、どこで起こるかわからない。いつ起きても想定外にならないように備えることはもちろん、他の地域の災害を決して「よそ事」ではなく「自分事」として捉えていくことが大事なのではないか。

（取材・構成／三海　厚　写真／池田輝明）

※本インタビューは、月刊『ガバナンス』2024年9月号（発行：(株)ぎょうせい）掲載の記事（取材日：令和6年8月5日）を一部加筆・修正の上、転載した。

第5章

平成26年・平成30年 広島市を襲った豪雨

Data

平成26年8月19日からの広島県の大雨及び平成30年7月豪雨

1　平成26年8月19日からの広島県の大雨

⑴　気象の概要

前線に向かって暖かく湿った空気が流れ込み、中国地方や九州北部地方を中心に大気の状態が非常に不安定となった。8月20日3時30分には、広島県で1時間に約120ミリの猛烈な雨を観測した。

⑵　人的被害（人）広島県　死者：76　行方不明：0

⑶　住家被害（棟）広島県　全壊：179　半壊：217　一部破損：190
床上浸水：1,086　床下浸水：3,097

※内閣府防災情報のページより（平成27年12月18日18:00現在）

2　平成30年7月豪雨

⑴　人的被害（人）広島県　死者：115　行方不明：5

⑵　住家被害（棟）広島県　全壊：1,150　半壊：3,602　一部破損：2,119
床上浸水：3,158　床下浸水：5,799

※内閣府防災情報のページより（平成31年1月9日17:00現在）

豪雨災害対応の心構えと取り組み
――平成26年8月豪雨（平成26年8月19日・20日）

広島市長　松井一實

■はじめに

このたび、広島市の危機管理体制や避難対策等を大きく見直すきっかけとなった平成26年8月豪雨災害を中心に、その後発生した平成30年7月豪雨災害にも触れながら、本稿を通じて災害対応を進める上で必要な首長としての心構えと取り組みを伝えることにより、豪雨災害を経験していない自治体の災害対応の一助を担いたいと考えている。

■平成26年8月豪雨災害の概要

(1)　広島市域の地形・地質的特徴

広島市は、太田川とその支流からなる約46㎢の三角州「デルタ市街地」が市の中心部を成形し、北、東、西の三方を山々に囲まれる構造となっており、その中間地帯には「デルタ市街地」の約6倍の面積を持つ丘陵地帯が広がり、住宅用地を中心にした居住エリアとなっている。

また、丘陵地帯の地質の大部分は水を含むと脆く崩れやすい性質の花こう岩で構成されており、風化が進むと「真砂土」と呼ばれる土となって、大雨に見舞われると土砂災害を起こしやすい特徴を有している。

このように、本市域は居住エリアが崩れやすい地質の丘陵地帯に集中しており、土砂災害に対して脆弱な土地柄である。

(2) 降雨の状況

豪雨災害をもたらした降雨の状況を8月19日19時頃から23時頃までの降雨と8月20日0時以降の降雨に分けて記す。

土砂災害が集中的に発生した安佐南区、安佐北区の被災地では、19日の23時頃までは10～20㎜／h程度のやや強い雨が降ったものの、4時間の総雨量は50～60㎜程度であり、土砂災害を警戒するまでには至らなかった。

19日の23時過ぎには一旦雨は小康状態となったが、翌20日の0時過ぎに安佐南区、安佐北区西側の山間部で積乱雲群が発生、発達したため、安佐南区、安佐北区の上空では20日1時40分頃から再び雨が降り始め、4時頃まで絶えず積乱雲群が発生しながら東に流れ、大規模な線状降水帯を形成した。このため、2時から4時までのわずか2時間で200㎜を超える猛烈な雨が降った。（図表1、図表2参照）

(3) 被害の概要

この猛烈な雨により、8月20日の3時以降に、土石流が安佐南区と安佐北区内の一部地域で集中的に発

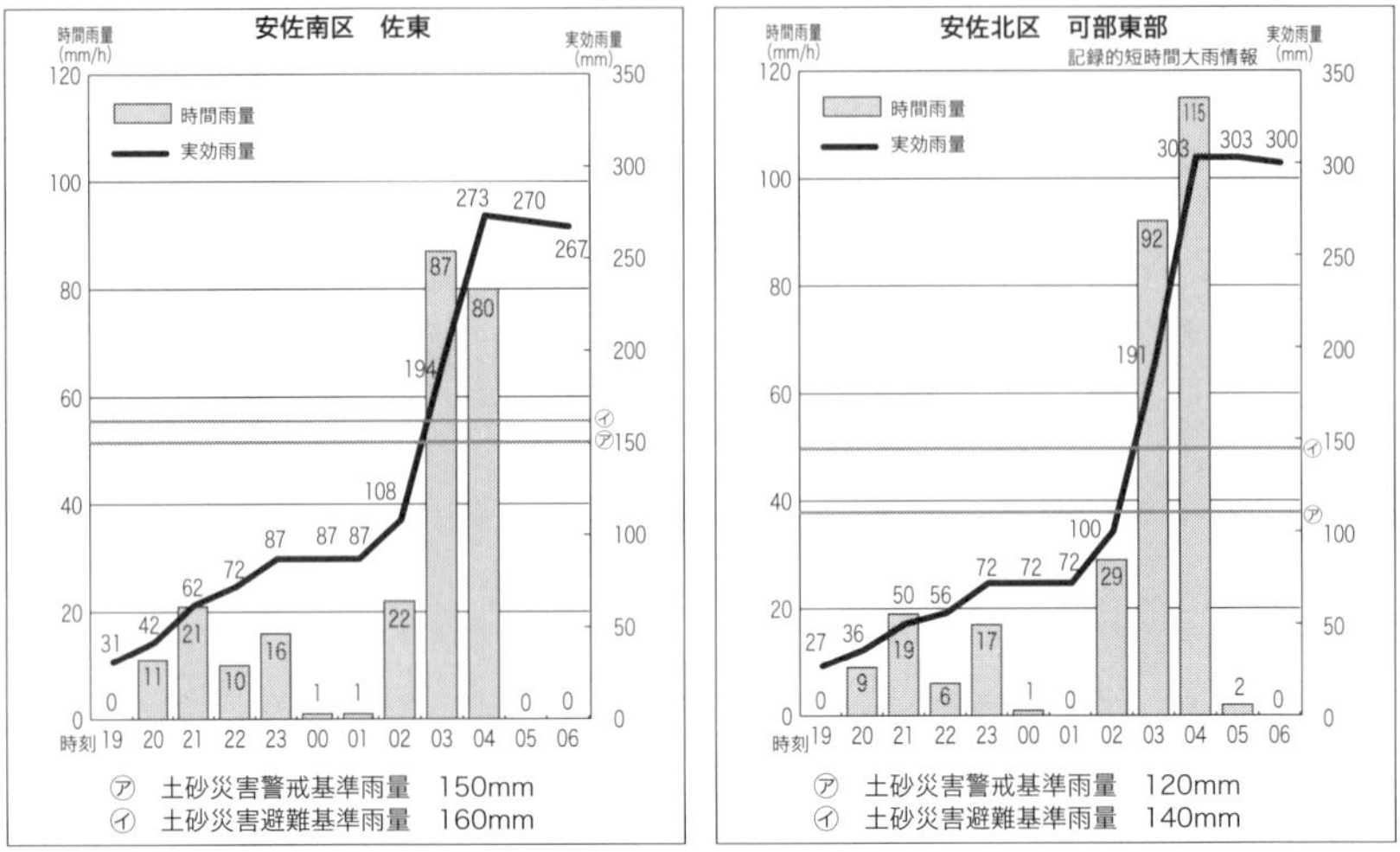

（注）・実効雨量とは、地中にしみ込んだ雨量の減衰を考慮した数値（72時間半減期を使用）
・市域を災害履歴や地質等で、52の区域に分割し、区域ごとに基準雨量を設定

図表1　8月19日～20日の時間雨量及び実効雨量の状況

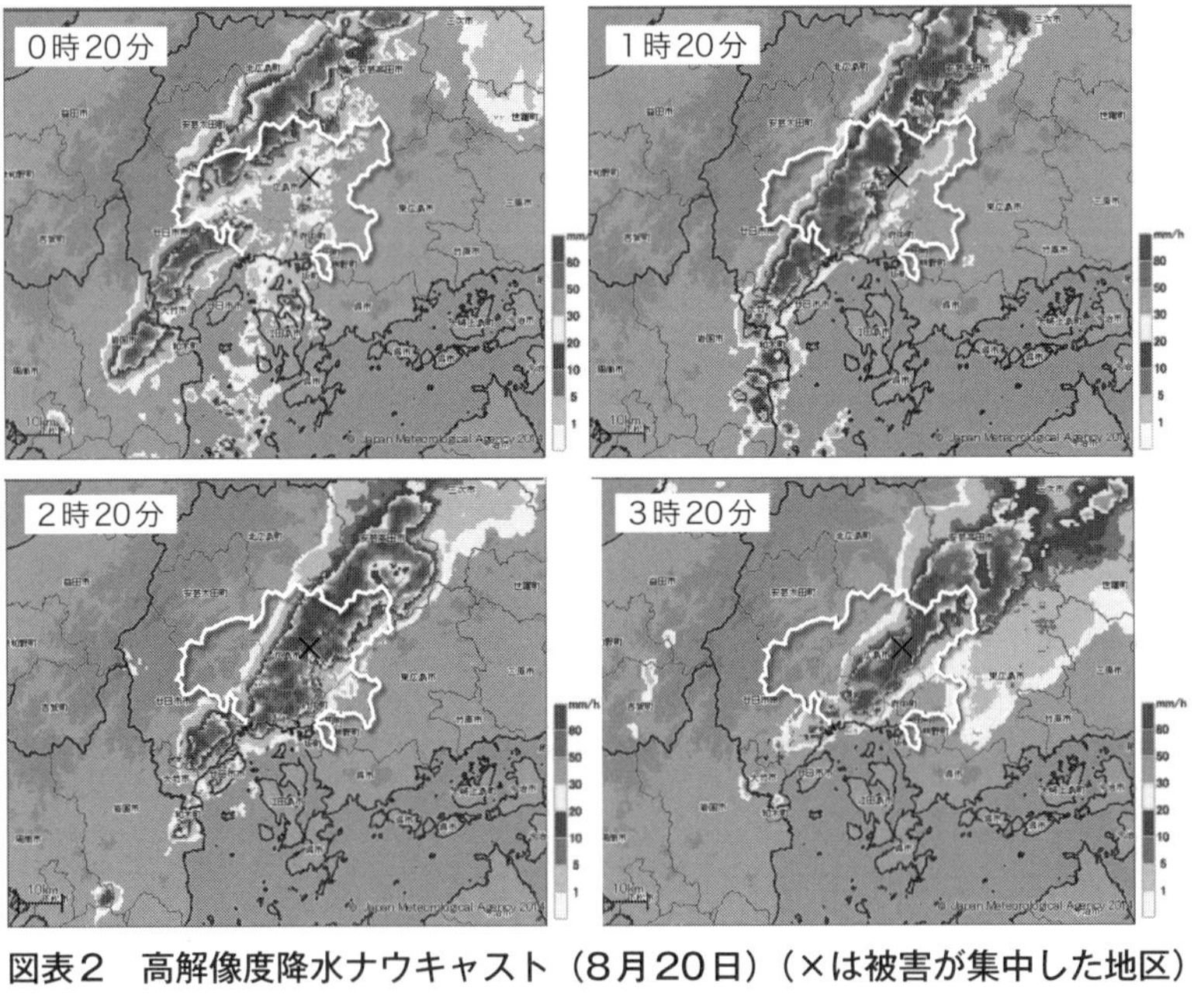

図表2　高解像度降水ナウキャスト（8月20日）（×は被害が集中した地区）

生し、人的被害については死者77人(※)、負傷者68人と甚大な被害が発生した。

また、住家被害については、全壊179棟、半壊217棟など、合わせて4700棟以上にも上った。

※災害関連死3人を含む

図表3　人的被害（死亡）発生箇所

(4) 初動対応の状況と検証部会の提言内容（課題、改善の方向性）

学識経験者、被害が大きかった地区の自主防災組織連合会の会長、広島地方気象台や広島県の関係職員等を構成員とする「避難対策等検証部会」において、当時の本市の初動対応と課題について検証した結果を記す。

ア　気象情報の入手・雨量データの収集

本市では、観測雨量を基に72時間半減期による実効雨量を用いて警戒基準、及び避難基準を定めており、雨量が避難基準を超過した場合に、その後の気象予測等をもとに必要な地域に対し避難勧告を発令することとしていた。

実効雨量は、図表1に示すとおり、8月20日の1時半頃から4時までの間に非常に激しい降雨（10分間雨量で10㎜以上（時間雨量で60㎜以上）、多い時間帯で30㎜以上（時間雨量で180㎜以上））があったことにより急激に上昇し、2時から3時の間に、警戒基準雨量、避難基準雨量に一気に達していた。しかしながら、当時の現場における実効雨量の算定は毎正時に収集した雨量情報をもとに、雨量や水位情報等を手作業で集計し、雨量データを整理していくというものであったため、避難勧告の要否を判断するまでに15分を要し、避難勧告が行えたのは、3時15分頃であった。

急速に進展する気象変動に対応するためには、もっと早く危険性を察知することが求められ、それに対応可能なシステムの構築が必要である。

イ　災害警戒本部・災害対策本部の設置と職員の体制

災害警戒本部及び災害対策本部は、「災害が発生し、又は発生するおそれがある場合」に該当すると判断した時に設置することになっているが、ここで「災害が発生するおそれがある場合」とは、実効雨量が「警戒基準雨量」「避難基準雨量」に達した上で、今後の降水予測等を踏まえ、引き続き降雨が認められる場合であると解釈していた。

また、図表1に示すとおり、警戒基準雨量に達してから避難基準雨量に達するまでが極めて短時間であったため、災害対策本部を設置した直後の4時の職員参集率は、安佐南区で動員基準人数の25%、安佐北区で37%、1時間後の5時においても安佐南区で動員基準人数の48%、安佐北区で60%に留まった。

災害警戒本部、及び災害対策本部の設置に係る判断基準である「災害が発生するおそれがある場合」とは、「引き続き降雨が認められる場合」となっているが、その「認められる場合」の基準は明確に示されてはいない。迅速かつ適切に判断するためには、明確な基準を定める必要がある。

また、大規模災害時には職員の参集に時間を要することを踏まえ、特に初動時には、あらかじめ必要な職員数が迅速に整うような動員計画を作成しておく必要がある。

ウ 避難勧告等の発令

避難勧告の発令については、避難基準雨量を超過した場合に、その後の降水予測等を踏まえて判断することとしていた。そのため、8月20日3時15分には避難勧告発令の必要性を認識していた。しかしながら、夜間の豪雨の中での避難所への移動は被災の危険性が高いと判断し、その時点では発令の決定は行わなかった。その後、状況が一層悪化したことから、3時55分に避難勧告の発令を決定した。しかし、避難勧告の対象地域、開設する避難所の決定、避難所を開設するための施設管理者や自主防災組織の会長等への連絡、派遣する職員の手配などを行う必要があり、実際の発令時刻は安佐北区では4時15分、安佐南区では4時30分となり、結果として災害発生後となった。

避難勧告の発令の必要性を認識しながら、発令の判断基準とはされていなかった避難所への移動の際の危険性を考慮するなどしたことや、自主防災組織の役員や施設管理者による避難所の開設を先行させなければならなかったために、迅速な発令を行うことができなかった。今後は、発令の判断基準を明確化するとともに、避難所の開設を待たず発令できるようにする必要がある。

エ 市民等への情報発信

気象情報、土砂災害警戒情報など防災上重要な情報や避難勧告等の伝達に、防災情報メール、防災行政無線、テレビ・ラジオ等による情報提供が行われていた。

住民への避難勧告発令の伝達の際に、携帯電話事業者が無料提供し、多くの人に一斉送信できる緊急速報メールは「(大地震など)緊急性が高く、市又は行政区の大部分に関わる広域的な災害で、大多数の住民等への影響が避けられないものについて使用する」と解釈し、活用していなかった。

緊急速報メールは一定エリアに存在する携帯電話に強制的に伝達するため、市域外にいる人や希望していない人にも送信されるが、避難勧告等の重要な情報を伝達する際には使用すべきである。

一方で、災害に関する情報についてはメールを使用できない人もいることから、メール以外の情報伝達手段も併用できるように多様化を進める必要がある。

オ　住民の防災意識

災害後に、土砂災害の危険性が高い地域の人を対象にアンケートを実施したところ、「がけ崩れ・土石流」に対して、「危険」「やや危険」と回答した人は48％と5割に満たず、居住地の危険度を認識している人が少ないことがわかった。

避難勧告が発令されても、多くの住民が自らの居住地域を危険と認識しておらず、避難行動を起こさないことは大きな問題である。住民に危険箇所の周知を図るとともに、防災意識を高める継続的な取り組みが必要である。

■平成26年8月豪雨災害の経験を踏まえた本市の災害対応

(1)　災害対応を進める上で必要な首長としての心構え

首長の主な役割として、緊急時の対応等の重要な局面において、リーダーシップを発揮すべきであるといった論調がクローズアップされる傾向にある。しかし、担当の部署で必要な情報収集・分析に基づく、第一義的な判断を行い、災害対応の責任者として、首長はそのことを認知すること、そして、その対応に調整等が必要な場合や実務的な要件だけでは判断できない場合などに指示を行い、対応をコーディネートすることであると考えている。

こうした災害時の対応を円滑に進められるよう、最も注力すべき点は、平常時からいかに災害発生時に機能する体制を構築しておくかということである。

例えば、消防局の場合、平常時は火災での消火活動、交通事故等の救助活動、病人や怪我人への救急活動を行っているが、それらの火災や事故等を起こさないように、建築、道路・交通、医療などの各所管局と連携し、その一部をサポートする役割を担っている。しかし、災害発生時には、救出活動、消火活動といった人命救助活動が最優先業務となって、どの災害活動よりも最初は消防活動が中心的な役割を担うこととなり、現場に到達するための道路・交通網の確保、救出した人への医療提供等、各所管局が消防局をサポートするといった、業務における対応の主従が転換することとなる。

この切り替えをスムーズに行うためのシステムを構築し、日頃よりシステムの実効性を確保するための訓練を実施することにより、全庁的に災害対応に取り組む組織体制づくりができると考えている。

そのため、豪雨災害発生の翌年にあたる平成27年には、行政職員と自衛隊や警察、消防局の職員で構成され、危機管理に関する全庁的な指導・調整機能を担い、担当部署の取り組みに横串をさすことで、全体最適を目指す組織として危機管理室を新設し、役割分担に基づき事前に定めた一連のルールに従って、担当部署が適切かつ円滑に対応できるよう、マニュアル等を整備するなど災害対応のシステム化に努めてきた。その上で、いつ何時発生するかわからない災害に備え、様々な災害を想定した訓練を実施し、日々職員の練度の向上に努めている。

詳細内容については「(2) 取り組み（改善策）」で示しているので、参照いただきたい。

(2) 取り組み（改善策）

ア　ハード面

▼防災・減災のための基盤施設整備の推進（砂防堰堤等）

被災地では、国土交通省中国地方整備局により、過去の大雨によって崩れやすくなった土砂を受け止めるだけではなく、将来の大雨によって新たに崩れると予測された土砂を受け止められるよう設計された砂防堰堤40基の整備が進められ、令和2年8月に全て完成した。

イ　ソフト面

▼危機管理部門の市長事務部局への移管等

平成27年度に消防局にあった危機管理部門を移管し、市長直近下位の組織として危機管理室を設置するとともに、災害発生時等に全庁的な調整を行う機能が発揮できるよう、危機管理担当局長を配置した。

また同室では、いつ発生するかわからない災害に迅速に対応するため、宿日直制を導入し、24時間365日常時2名を配置するとともに、危機事態の際に迅速に指揮体制を確立するため、危機管理室長は市役所近くの官舎に入居することとした。

▼危機管理対応体制の設置基準の明確化

迅速かつ適切な判断を行うため、広島県が提供する土壌雨量指数による土砂災害の危険度を表したメッシュ情報（危険度判定）が3時間後に基準値超過が示された場合は災害警戒本部を設置し、実況、1時間後又は2時間後に基準値超過が示された場合は災害対策本部を設置するなど、設置基準を詳細に定めた。

▼応急組織体制の強化（注意体制、警戒体制の新設）

災害対応に必要な人員を速やかに配置できるよう、これまでの、「災害警戒本部」「災害対策本部」の前段階の体制として、「注意体制」「警戒体制」の基準を新設し、災害の危険度に応じて手順を踏みながら迅速かつ柔軟に動けるよう動員体制の整備を行った。

▼防災情報共有システムの構築

避難情報の発令に関する判断や応急対策への指示に必要となる各種の情報収集や分析を迅速かつ効率的に収集・共有し、避難情報の発令判断支援、住民への情報伝達、被害情報の収集等を一元的に行うための防災情報共有システムを構築した。

▼避難情報の発令基準の明確化

避難情報の発令基準を明確化するため、危険な区域や避難場所、避難経路を確認する「注意喚起」、高齢者や障害者など避難に時間がかかる人の避難を開始する「高齢者等避難」、そして、全ての人が非常持ち出し品を持って直ちに避難する「避難指示」に大別し、発令基準を体制設置の判断基準と同様にメッシュ情報（危険度判定）を用いて判断することとした。

また、既に災害が発生又は切迫し、安全な避難ができない命が危険な状況を「緊急安全確保」と定めた。

▼居住地域における危険区域の危険度の周知

平成26年11月の土砂災害防止法改正により、都道府県は基礎調査の結果の公表が義務付けられたが、これに加え、土砂災害警戒区域等の基礎調査実施前の地域も含め、危険渓流や急傾斜地等の危険区域の危険度を図面等により、自主防災組織を通じて住民への周知を図った。

▼寄付金を活用した防災まちづくり基金の創設

平成27年9月に、豪雨災害に係る寄付金を活用した「防災まちづくり基金」を設置し、住民の防災意識の向上を目的に「防災まちづくり事業」として、次の3事業を実施した。

「わがまち防災マップの作成支援」では、地域の自主防災組織に防災士などをアドバイザーとして派遣し、区役所や消防署等との連携のもと、地域独自の危険箇所、避難場所や避難経路、公衆電話やAEDの場所などを記載し可視化した地図「わがまち防災マップ」の作成を支援するとともに、完成したマップを印刷して地域の方々に配付している。

「地域の防災リーダーの養成」では、地域防災活動の要である自主防災組織の会長の大半が高齢者であり、後継者の育成が課題となっていることから、会長をサポートする次世代の防災活動の

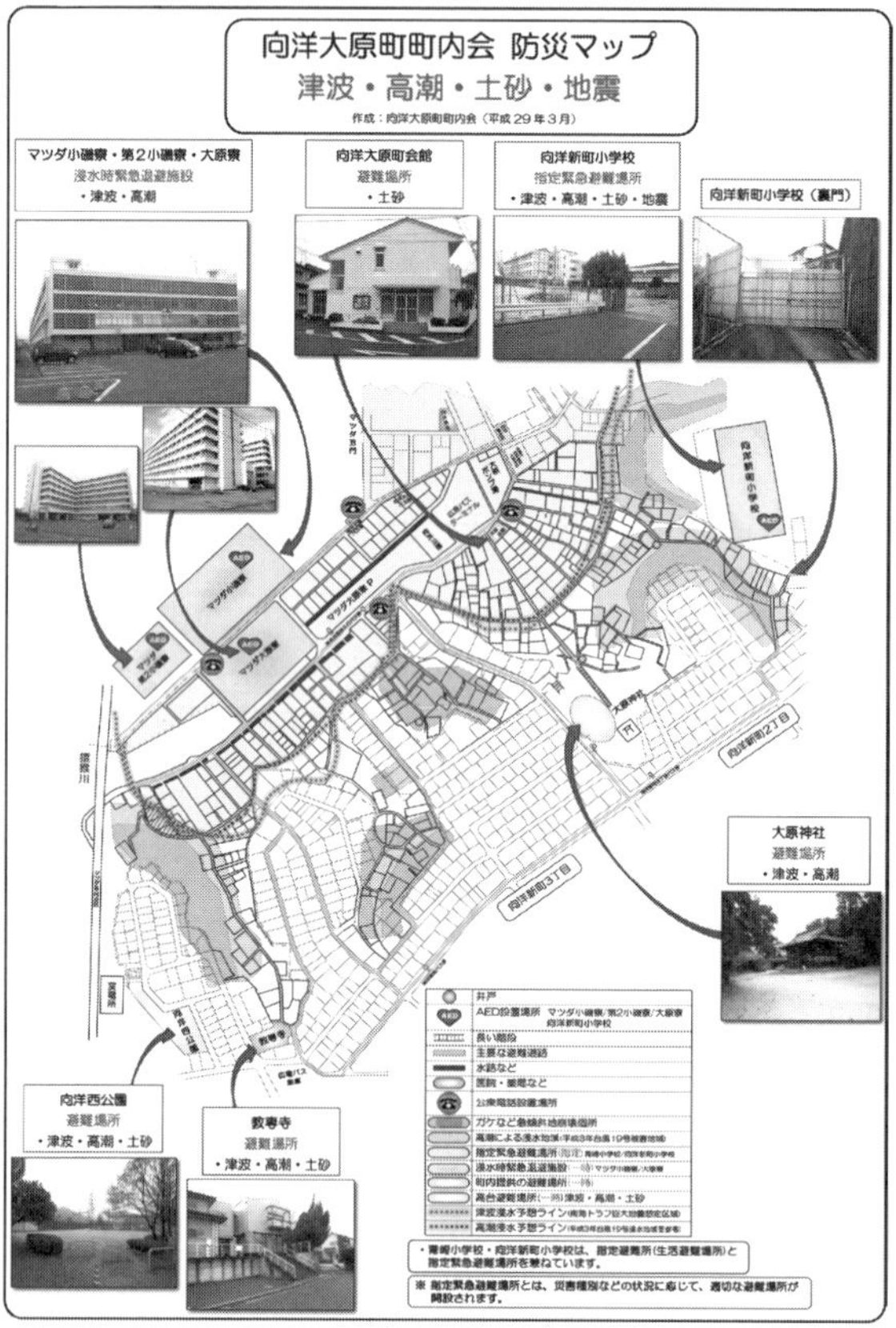

図表4　地域が作成したわがまち防災マップ

担い手を育成し、防災リーダーとして活動してもらうため、地域の方に防災士の資格の取得を促している。

「地域における防災訓練の支援」では、自前の活動資金を持っていない自主防災組織が多いことから、補助金を交付して防災訓練の実施を促している。

⑶　今後に向けて解決すべき課題

本市では、平成26年豪雨災害から4年後にあたる平成30年にも大きな豪雨災害の被害に見舞われている。その際には、災害発生前の避難情報の発令・伝達など見直しを行った災害対策を講じたものの、発令地域において多くの人命が失われたことから、避難情報を受け取った住民側の受け止めと、それに基づく避難行動のあり方が新たな課題として浮き彫りとなった。

今後も災害から住民の命を守るため、引き続き犠牲者を出さない体制づくり等の強化を続けるとともに、住民に「災害は身近に起こりうるもの」という意識を持ち、危険が迫った際に確実に安全を確保する行動をとること、自主防災組織等を中心に、日頃から地域において住民相互に助け合うことの大切さを自覚してもらうことに特に力を注ぎながら、住民、地域、行政が一体となった信頼関係づくりを進めていく。

■おわりに――自治体間の連携・協調による災害支援体制作りに向けて

ここまで災害を経験し本市が得た教訓に基づく心構えと取り組みについて紹介してきたが、被災した自治体は国や県、他の自治体からの応援や支援がなければ対応できないのが災害対応だと思っている。

本市の災害時に、全国から義援金や救援物資の提供、被災住宅の片づけなどの奉仕活動をはじめとする被災地への様々な支援や心温まる励ましの言葉を受け、被災者をはじめ、被災地で活動する職員一同大変勇気づけられ、復旧・復興を順調に進めることができたという経験を生かし、自治体間での職員の派遣を含めた災害応援体制やホットラインの構築など、我々自治体が密接に連携・協調しながら、ワンチームとなった災害支援体制作りを進めていきたいと考えている。

平成30年7月豪雨における広島市の避難対策の課題
――いかにして実際の避難行動を引き出すか

政策研究大学院大学教授
元広島市副市長
室田哲男

■3度の豪雨災害を経験して

広島市は、平成の間に3度も大規模な土砂災害に見舞われ、甚大な被害を被った。

1度目は、平成11年6・29豪雨災害（以下「平成11年災害」という）である。梅雨前線の活発化に伴う集中豪雨によるもので、市内で死者・行方不明者が20名に達した。土砂災害のリスクの高い山沿いの新興住宅地に被害が集中したことを踏まえ、発生翌年の平成12年に、土砂災害のおそれのある地域における危険の周知、警戒避難体制の整備、開発規制等のソフト対策を推進することを目的とした、土砂災害防止法（土砂災害警戒区域等における土砂災害防止対策の推進に関する法律）が制定された。

2度目は、平成26年8・20豪雨災害（以下「平成26年災害」という）である。猛烈な集中豪雨によるもので、市内で死者が77名に達した。急激な気象変化に伴う突発的・局地的な豪雨であったため、災害発生の予測が難しく、避難勧告[(1)]等の発令は災害発生後となった。この教訓を踏まえ、広島市は、危機管理体制の大幅な見直しを行うとともに、避難勧告等の発令者や発令基準の明確化、防災気象情報等の収集・分析時間の短縮、住民への情報伝達手段の多重化等を行った。加えて、土砂災害の危険区域（土砂災害警戒区域等、土砂災害危険箇所）や災害時の避難行動等の周知、地域防災リーダーの養成、「わがまち防災マップ」の作成支援など、住民の防災意識の向上や自主防災組織の育成等の取り組みを強化した。

そして3度目が、平成30年7月豪雨災害（以下「平成30年災害」という）である。梅雨前線の活発化に伴う大雨によるもので、市内で死者・行方不明者が25名に達した。広島市は、平成26年災害の教訓を生かし、災害発生前の早い段階で避難勧告等の発令や避難場所の開設などを行った。しかも、人的被害の発生箇所の大半は、土砂災害の危険区域内だったが、これらの区域の住民には土砂災害の危険性等について事前の周知を図っていた。

こうした取り組みにもかかわらず、実際に避難行動をとった住民の割合は小さく、多くの人命が失われる結果となった。このため、「いかにして実際の避難行動を引き出すか」が、大きな課題として残されることとなった。

土砂災害は、ひとたび発生すれば大きな人的・物的被害をもたらすものであるが、少しでも人的被害を減らすためには、事前の避難対策が最も重要である。しかしながら一方で、発生予測の的中率や発生の時間、場所等の予測精度が低いため、避難指示等発令の判断が難しく、実際の避難行動につながりにくいなど、市町村にとって対応が難しい災害でもある。

全国には土砂災害警戒区域が約69万4000箇所（令和6年3月末時点）あり、土砂災害は全国どこでも起こりうる。各市町村には、他の地域の災害対応における教訓を、他人事ではなく「わがこと」として捉え、自らの土砂災害に係る危機管理体制や警戒・避難対策等を再点検の上、強化していくことが求められる。

また、一人でも多くの住民の避難行動を引き出し、人的被害を最小化するためには、こうした「公助」の強化に加えて、「自らの命は自ら守る」という住民の防災意識の向上や地域防災力の強化など、「自助」「共助」の強化が不可欠である。

本稿では、平成30年災害における広島市の警戒・避難対策を概観するとともに、災害発生時における住民の避難行動・意識について、アンケート調査等の結果をもとに検証する。その上で、残された課題である「いかにして実際の避難行動を引き出すか」について考えてみたい。各地域において、土砂災害に備え、住民と行政が連携した避難対策を進めるにあたり、本稿が少しでも参考になれば幸いである。

なお、平成30年災害における広島市の被害の概要、警戒・避難対策の状況、住民の避難行動・意識等に関する記述は、主として「平成30年7月豪雨災害における避難対策等とその充実に向けた提言」（平成30年12月・平成30年7月豪雨災害における避難対策等検証会議）によるものである。

■平成30年災害の被害の概要と広島市の避難対策の状況

⑴　降雨の状況と被害の概要

平成30年7月5日から8日にかけて、梅雨前線が西日本付近に停滞し、そこに大量の湿った空気が流れ込んだため、西日本から東海にかけて大雨が連日続いた。特に、7月6日昼過ぎから7日の明け方にかけては西日本一帯で記録的な大雨となった。広島市でも、7月6日19時40分に初めて大雨特別警報が発表され、安芸区の一部で1時間に70㎜を超える非常に激しい雨となった。

この大雨により、西日本を中心に多くの地域で河川の氾濫や浸水害、土砂災害が発生し、全国で死者・行方不明者が２４５名（平成31年1月9日現在）に達する甚大な被害が生じた。広島市内でも、東部の丘陵地帯を中心に土石流やがけ崩れが山沿いや谷間に広がる住宅地を襲い、死者・行方不明者25名（うち安芸区20名）、負傷者30名、住家被害全壊１１１棟、半壊３５８棟等の被害が生じた。

⑵ 広島市の避難対策の状況

広島市では、平成26年災害の教訓等を踏まえて、避難情報の発令基準の見直しが行われ、平成30年災害においても、見直し後の発令基準に沿って、次のように避難情報が発令された。

・避難準備・高齢者等避難開始⑵は、
土砂災害警戒情報が発表された段階（7月6日14時05分）で、市内の全

安芸区矢野地区

ての土砂災害の危険区域を対象に発令された。

・避難勧告は、土砂災害警戒判定メッシュ情報の基準に達した段階（安芸区では、同日17時56分以降）で、基準に達した地区ごとに順次発令された。

・避難指示（緊急）[3]は、大雨特別警報が発表された段階（同日19時40分）で、市内の全ての土砂災害の危険区域を対象に発令された。

一方、市内で最も大きな被害があった安芸区矢野から、消防に最初の119番通報があったのは同日19時49分であり、その直前から土砂災害が発生したものと考えられる。同地区では、避難勧告は約1時間40分前（18時05分）には発令されており、避難するために十分な時間的余裕があったと言える。

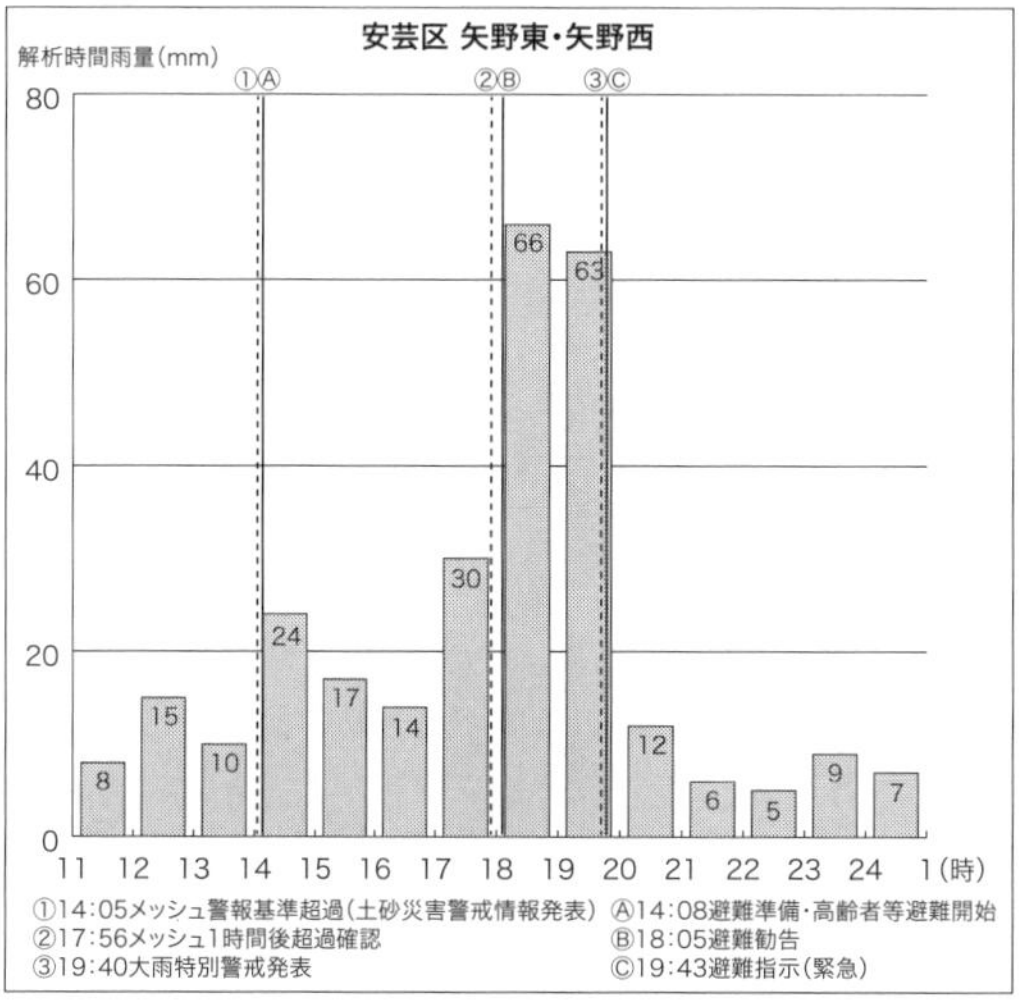

図表1　平成30年7月6日の解析時間雨量

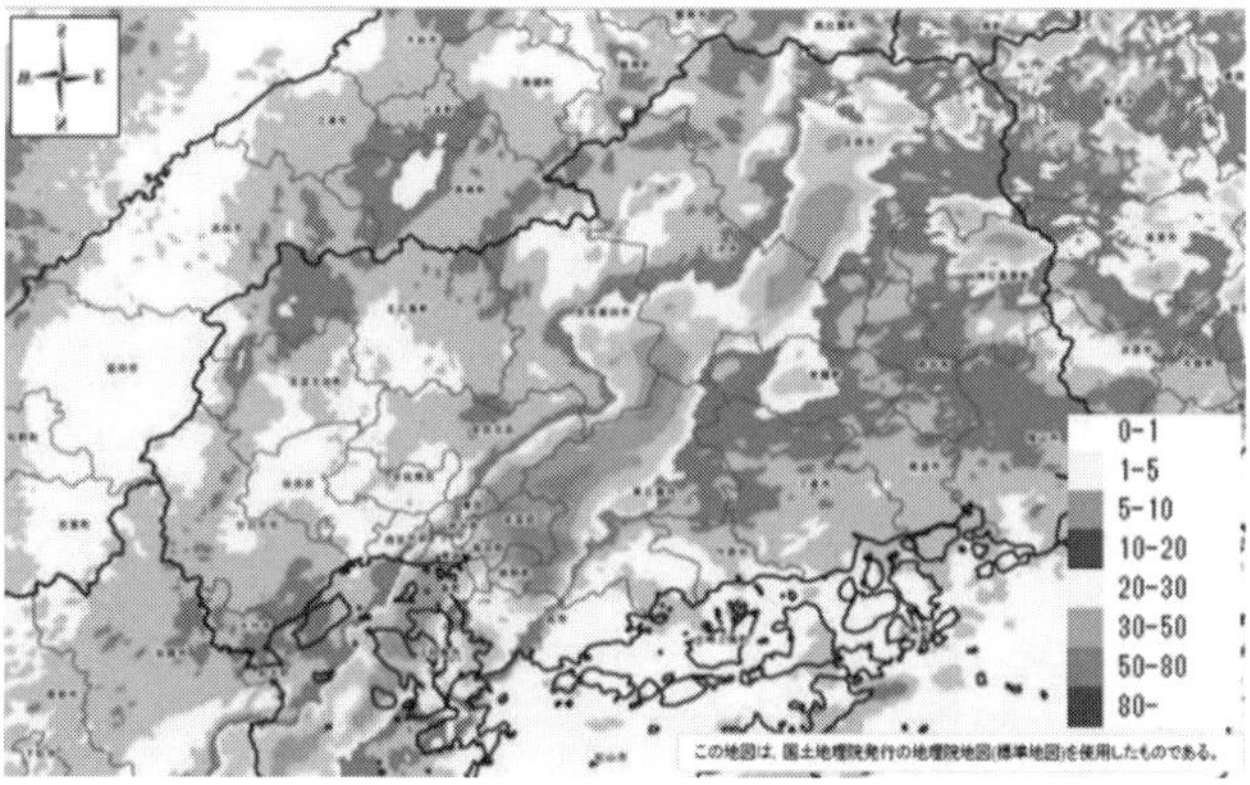

図表2　7月6日19時40分大雨特別警報発表

他の大きな被害があった地区でも、119番通報が入り始める2時間から4時間ほど前に、避難勧告が発令されている。また、指定緊急避難場所についても、地域防災計画に沿って、避難準備・高齢者等避難開始が発令された段階で拠点的な避難場所が開設され、避難勧告等が発令された段階で必要に応じ順次追加された。

このように、平成30年災害では、災害発生前の早い段階で避難勧告等の発令・伝達や避難場所の開設等が行われ、広島市の初動対応には大きな問題はなかったものと考えられる。しかも、人的被害の発生箇所の大半は、土砂災害の危険区域内であったが、これらの区域の住民には土砂災害の危険性等について事前の周知が図られていた。

しかしながら、広島市内で32万9203名を対象に避難勧告・指示（緊急）が発令されたものの、市が開設した避難場所に避難した人は最大で9489名（2・9％）にとどまるなど、実際に避難行動をとった住民の割合は小さく、多くの人命が失われる結果となった。このため、「いかにして実際の避難行動を引き出すか」が、今後の大きな課題として残されることとなった。

■住民の避難行動（広島市の住民アンケート調査結果）

平成30年災害時の住民の避難行動等について、広島市の行ったアンケート調査及び自主防災組織への聞き取り調査をもとに検証する。アンケート調査は、平成30年9月から10月にかけて、広島市内の土砂災害の危険区域内に居住する1700人（回答者858人（50・0％））を対象に行われた。

(1) 住民の避難行動

避難行動の有無については、「避難した」が22・1%にとどまり、「避難しなかった」が73・7%であった。「避難した」人の最初の避難先は、「自宅の上階」が34・2%、「親戚・知人宅」が25・8%、「市が開設した避難場所（小学校等）」が20・5%、「市が開設した避難場所以外の地域などで開設した避難場所（集会所等）」が8・4%であった。

避難した時間帯は、7月6日「14時以前」が10・5%、「14時～20時頃」が44・7%、「20時以降」が34・2%であった。土砂災害警戒情報の発表が14時05分、大雨特別警報の発表が19時40分だったので、50%以上の人が大雨特別警報の発表前に避難している。

(2) 避難した理由（「避難した」と回答した人を対象）

避難した理由（複数回答。以下同じ）を見ると、「雨の降り方などで身の危険を感じたから」（61・6%）が最も高かった。周囲の状況等をもとに、自ら避難を判断

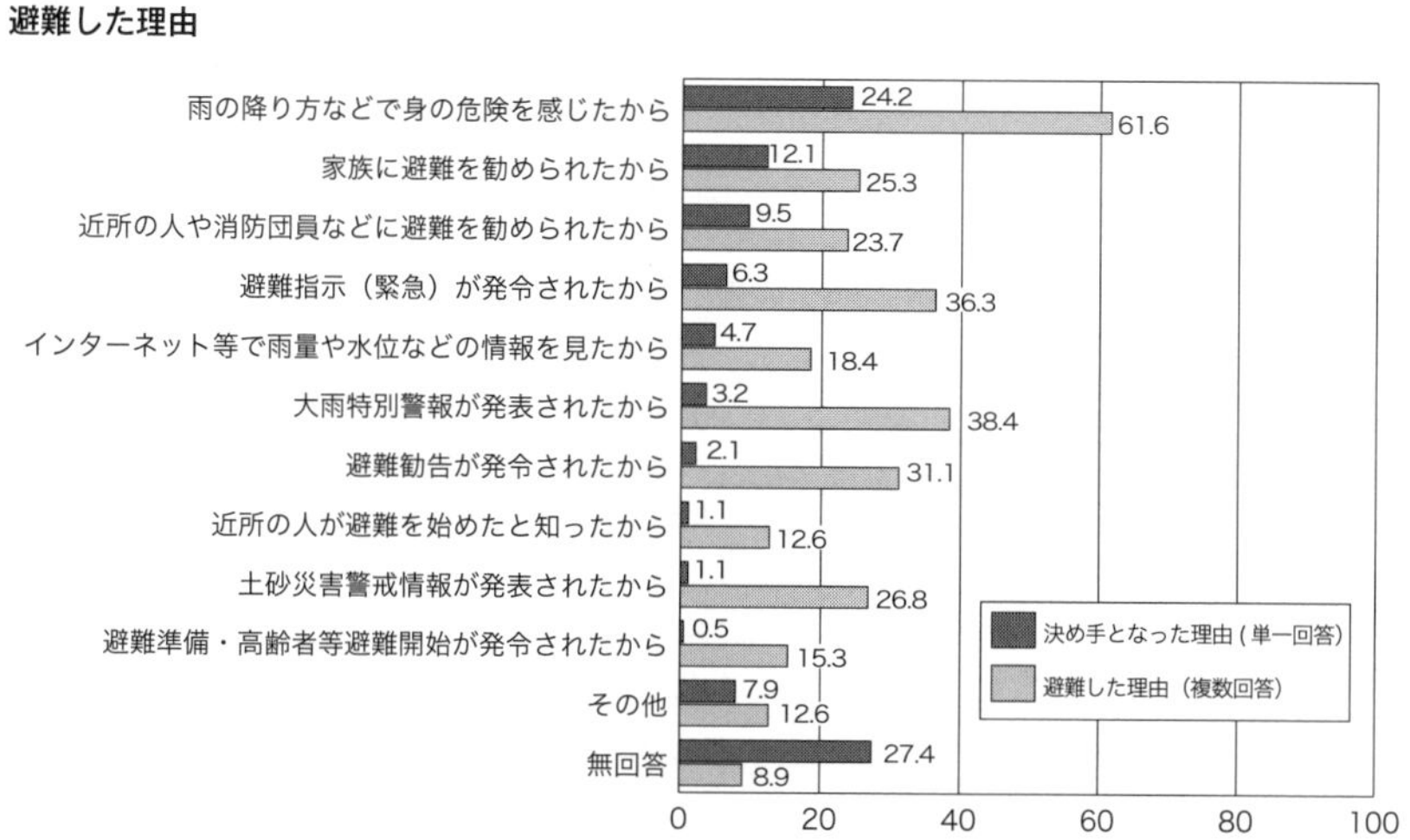

図表3 平成30年7月豪雨の避難行動に関するアンケート調査結果

した人が多かったと言える。次いで「大雨特別警報が発表されたから」（38・4％）、「避難指示（緊急）が発令されたから」（36・3％）、「避難勧告が発令されたから」（31・1％）が高くなっており、防災気象情報や避難情報が避難行動の判断材料の一つとなっている。

一方、「家族に避難を勧められたから」（25・3％）、「近所の人や消防団員などに避難を勧められたから」（23・7％）も比較的高く、身近な人等による声かけの効果が高かったことがわかる。

(3) 避難しなかった理由（「避難しなかった」と回答した人を対象）

避難しなかった理由（複数回答。以下同じ）を見ると、「被害にあうとは思わなかったから」（53・3％）が最も高く、「今まで自分の居住地域が災害にあったことがなかったから」（38・0％）も高かった。必ずしも明確な根拠なく「自分は大丈夫」と思い込んでしまう「正常性バイアス」が働いたことがうかがえる。

避難しなかった理由

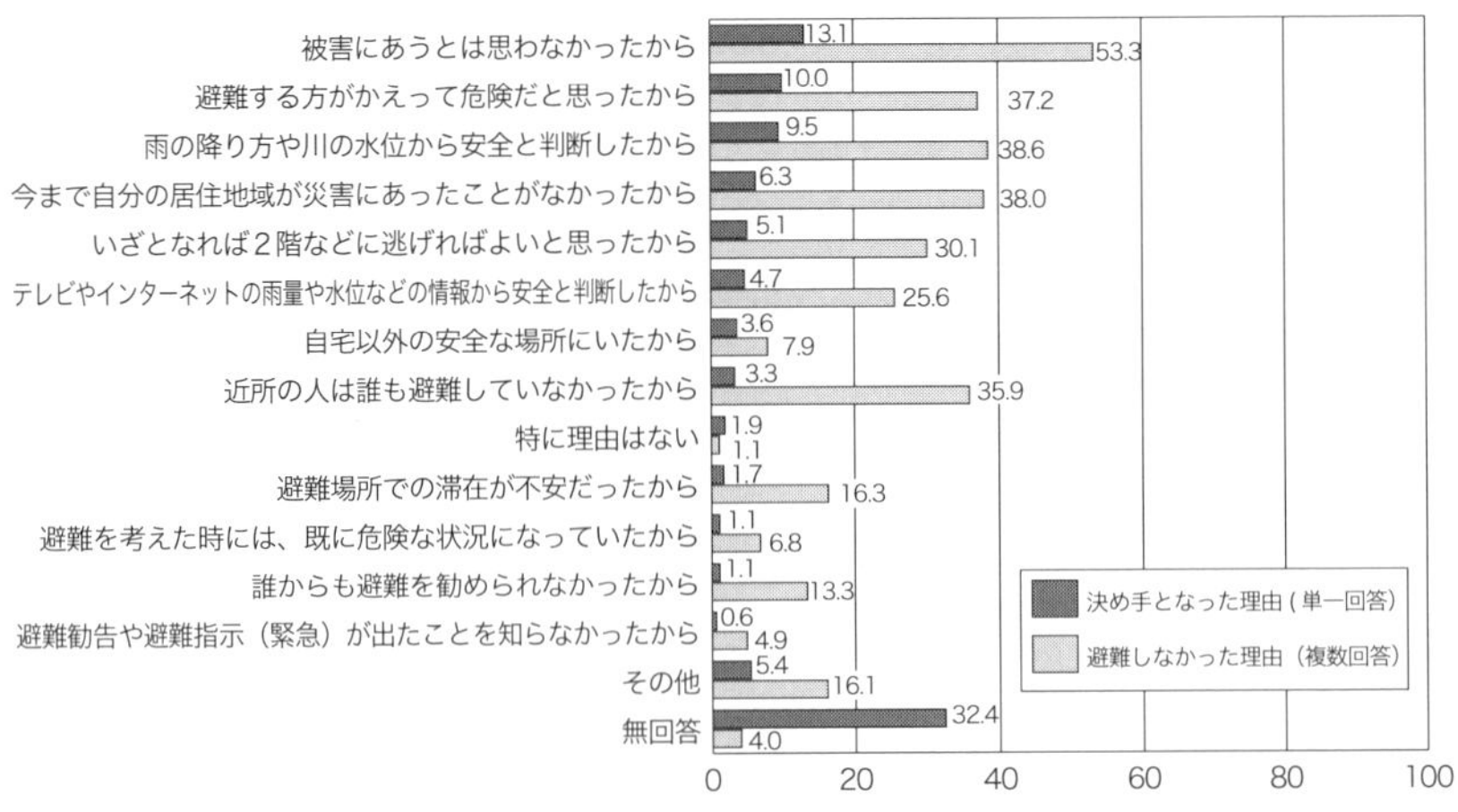

図表4　平成30年7月豪雨の避難行動に関するアンケート調査結果

また、「避難する方がかえって危険だと思ったから」（37・2％）、「避難場所での滞在が不安だったから」（16・3％）も高かった。さらに、自由記述では、「避難場所や避難場所までの経路が危険」「市が開設する避難場所が遠い」「本人又は同居人が、移動又は避難所での滞在が困難」「ペット同行避難を懸念」といった理由が相当数挙げられている。避難の際のリスクや避難場所への懸念が、避難の判断に影響を与えていることがわかる。

このほか、「近所の人は誰も避難していなかったから」（35・9％）、「誰からも避難を勧められなかったから」（13・3％）も比較的高かった。集団の中でついつい他人と同じ行動をとってしまう「同調性バイアス」が働いた可能性がある。

(4) 避難に対する備えと避難行動

避難に対する備えを行っている人の割合は、避難場所の確認が77・4％、避難経路の確認が52・1％、ハ

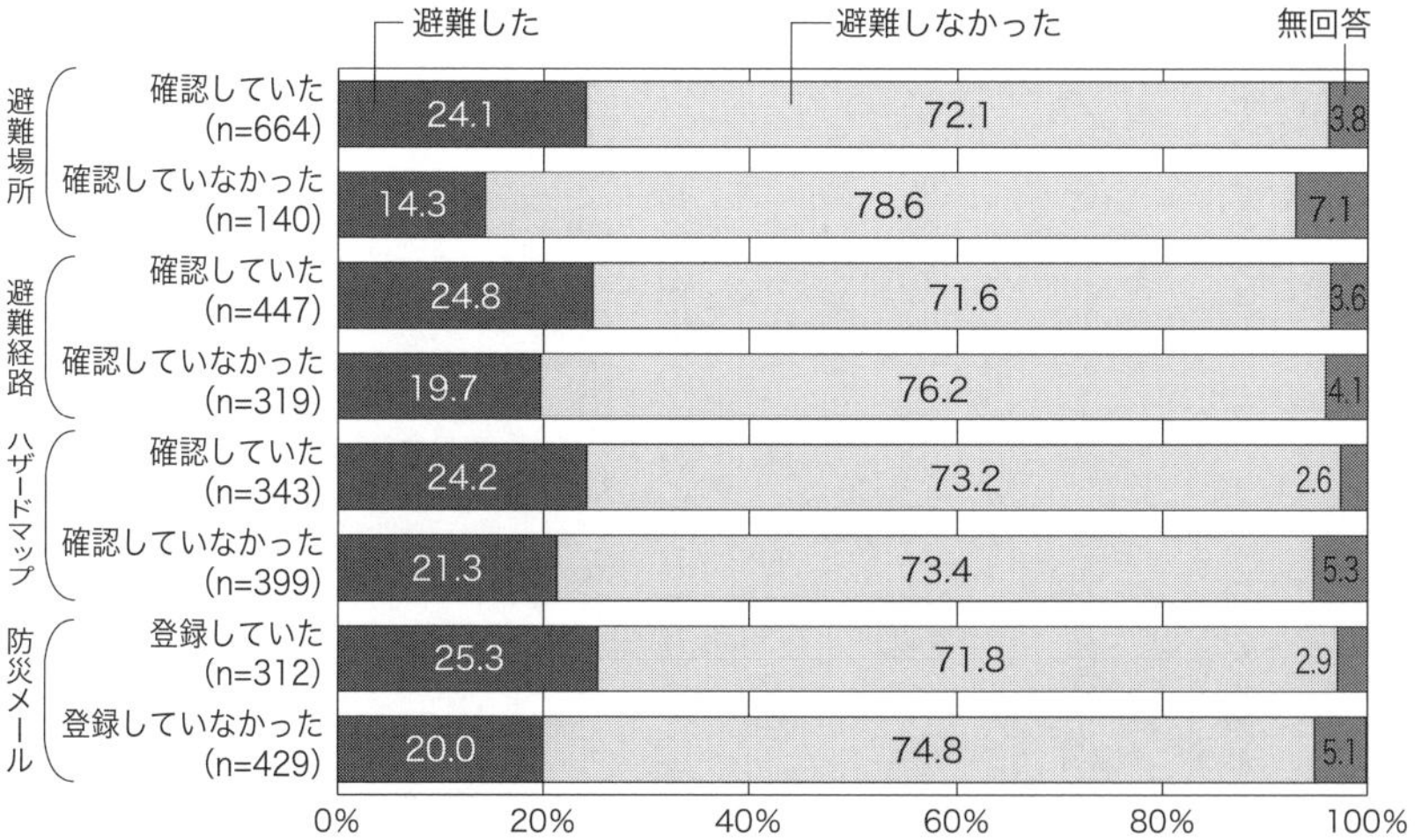

※確認・登録していなかったは、「していなかった」及び「知らなかった」を合わせたもの

図表5　避難に対する備えと避難行動

ザードマップの確認が40・0%、市防災情報メールの登録が36・4%であった。

避難に対する備えと避難行動との関係を見ると、前記の四つの備えについて、「している」人の方が「していなかった」人よりも、避難した割合がそれぞれ9・8%、5・1%、2・9%、5・3%高くなっている。避難に対する備えが、住民の避難行動を引き出すために、十分とは言えないものの、一定の効果を上げているると言えるのではないか。

(5) 自主防災組織の取り組みが避難につながった事例

平成11年災害又は平成26年災害で被災し、それを踏まえた先進的な取り組みを行っている自主防災組織連合会の会長等に対し聞き取り調査を行った結果、次のような自主防災組織の取り組みが避難につながった事例があった。

・「わがまち防災マップ」の作成・配布を通じて、危険な区域を各自が確認していた。
・隣近所で声をかけ合って少人数での避難訓練を実施しており、顔見知りになって一緒に行動する経験をしていた。
・自治会独自のメールによる防災情報の通知システムで情報発信を行うとともに、緊急連絡網による呼びかけも行った。
・河川氾濫に備え、常時監視カメラを設置し、画像はスマートフォンなどを通じて誰でも閲覧できるようにしていた。

■実際の避難行動を引き出すための五つの方策

広島市のアンケート調査等の結果を踏まえて、実際の避難行動を引き出すための方策を五つ挙げてみたい。

(1) 継続的なリスクコミュニケーション

広島市では、平成26年災害の教訓を踏まえ、防災意識の向上を図るため様々な取り組みを行ってきたが、依然として「正常性バイアス」によって「自分は大丈夫」という意識が働いたことが、避難しなかった理由の大きな割合を占めた。

実際の避難行動を引き出すためには、まずは日頃からのリスクコミュニケーションにより、自助の意識の醸成を図ることが出発点となる。このため、広島市では、土砂災害の危険区域等の周知や防災メールの登録促進等の従来の取り組みに加え、平成30年災害を契機に、避難誘導アプリの導入や子どもたちを対象とした防災体験学習を実施している。

一方、広島県では、避難の呼びかけとして、「あなたの避難が、みんなの命を救う」というメッセージを発出している。これは、正常性バイアスを乗り越えるため、自分の避難行動が他者の避難行動に影響を及ぼすという外部性をメッセージに織り込むことにより、避難を促進しようとするものである。

こうした平時のリスクコミュニケーションは、一度限りではなく継続的に粘り強く行うことが重要である。

(2) 実践的な避難訓練、「地域防災マップ」の作成

住民が参加した避難訓練等は、実災害を想定して実施することが重要である。実践的な避難訓練を重ねることにより、避難経路や避難場所、危険箇所等を住民一人一人が実地で確認し、とるべき避難行動を実際に体験することにより、「先を見越した行動」につながることが期待できる。

また、自主防災組織が中心となって、地域の地図に避難場所や避難経路、危険な場所、災害時に役立つ施設等を書き込んだ「地域防災マップ」を作成するのも有効である。作成にあたっては、実際に住民に避難経路等を歩いてもらい、避難場所等や避難する上でネックとなる箇所等を住民自ら確認してもらうことが望ましい。こうした観点から、広島市では、地域における防災訓練や「わがまち防災マップ」の作成・活用・更新の支援を行っている。

(3) 隣近所で声をかけ合って避難

アンケート調査では、家族や近所の人、消防団員等からの声かけが、効果的であることが明らかになった。また、自主防災組織への聞き取り調査では、隣近所での少人数の避難訓練、自治会独自のメールによる情報発信や緊急連絡網による呼びかけが、避難につながった事例が見られた。

このように隣近所で声をかけ合って避難することや、地域の防災リーダー等が周囲の人に声かけを行うことが、同調性バイアスを逆に利用して避難行動を引き出すための有効な方策であると考えられる。このためには自主防災組織の育成・強化が重要になることから、広島市では、防災リーダーの養成や地域における防災訓練の支援等の従来の取り組みに加え、平成30年災害を契機に、防災ライブカメラの設置支援を

行っている。

(4)　大規模災害団員による避難の声かけ、避難誘導

自主防災組織等の取り組みにあわせて、消防団員による声かけも、実際の避難行動につながる有効な手段であると考えられる。しかしながら、多くの地域で消防団員数は減少傾向にあり、特に大規模災害時には、マンパワーが不足することが想定される。このため、基本団員の確保とともに、「大規模災害団員制度」の活用を検討すべきと考える。

大規模災害団員は、大規模災害時に限って出動し、災害情報の収集・報告・地域住民への伝達、避難誘導・安否確認、避難所運営支援等の活動を行う。自主防災組織等の防災リーダーが、大規模災害団員として消防団との連絡調整等を行うことも考えられる。

避難情報が発令された際、大規模災害団員には、それぞれが居住する地域の住民に対する避難の声かけのほか、避難行動要支援者の避難支援を行うことが期待される。

(5)　「楽しい避難」の推進

避難しなかった理由として、避難場所の課題を挙げる人が相当数いた。避難場所への移動の面倒さ、避難場所での滞在の不自由さ、仕事や家事などへの影響等が、避難場所への避難に抵抗感を感じる要因になっているものと考えられる。特に、広島市では、年に数回は避難指示等が発令される地域もあるため、避難が億劫になる人も多いものと推測される。

また、避難する際のリスクを懸念する人の割合が高かったが、避難場所への移動のリスクを低下させるには、早いタイミングでの避難が必要である。早期避難を促すためにも、避難場所に関する課題の解決が求められる。

このため、自主防災組織が中心となって身近で安全な場所に避難場所を設置したり、トイレの改修等避難場所の居住性の向上を図ることなどについて検討する必要がある。

加えて、たとえ空振りになっても、後で「避難してよかった」と思えるような「楽しい避難」を推進することが望まれる。例えば、防災スリッパや紙食器等の避難所グッズを子どもたちと一緒になって作成するなど、「楽しみ」を作ることが考えられる。

また、広島市では、市内各地で自主防災組織等が主体となって、子どもたちやその家族を対象に、小学校体育館等で避難所宿泊体験イベントを実施している。この際、単なる防災訓練とするのではなく、テントの設営や炊き出しなど、キャンプのように避難所生活体験を楽しんでもらうことを重視している。こうした楽しい体験を通じて、避難場所への抵抗感が軽減され、災害時に親子で一緒に避難してもらうことが期待できる。

避難行動を引き出すための方策には、「これさえやれば大丈夫」というような決定的なものはなく、また目に見える成果がすぐに上がるものでもない。

しかしながら、平成30年災害でも、過去の災害経験を踏まえ、地域住民が自主的な防災活動に継続して取り組むことによって、避難行動につなげた事例が多々見られた。以上で挙げた方策についても、地域の実情に即したやり方で、粘り強く取り組みを継続させることが何よりも重要である。

〈注〉

(1) 令和3年の災害対策基本法の改正によって、避難勧告と避難指示は一本化され、従来の避難勧告の段階から避難指示を行うこととされた。

(2) 避難準備・高齢者等避難開始は、現在は高齢者等避難に名称変更されている。

(3) 避難指示（緊急）は、現在は避難指示に名称変更されている。

第6章

平成30年7月豪雨

Data

平成30年7月豪雨

⑴　気象の概況

・6月28日以降北日本に停滞していた前線が、7月4日にかけ北海道付近に北上した後、7月5日には西日本まで南下してその後停滞した。（中略）

・48時間雨量、72時間雨量などが、中国地方、近畿地方などの多くの地点で観測史上1位となった。

⑵　人的被害（人）

全国33道府県計	死者：237	行方不明者：8
岡山県	死者：66	行方不明者：3

⑶　住家被害（棟）

全国33道府県計	全壊：6,767	半壊：11,243	一部破損：3,991
	床上浸水：7,173	床下浸水：21,296	
岡山県	全壊：4,828	半壊：3,302	一部破損：1,131
	床上浸水：1,666	床下浸水：5,446	

※内閣府防災情報のページより（平成31年1月9日17:00現在）

平成30年7月西日本豪雨災害
――倉敷市真備町の被災から100日の取り組み

岡山県倉敷市長
伊東香織

■被災の状況

平成30年7月豪雨では、6月28日以降、西日本を中心に記録的な大雨となり、倉敷市では、48時間累加雨量270㎜と過去最大を記録し、7月6日夜には大雨特別警報が発表された。市では同日朝に第1回災害対策本部会議を開き、午前中から避難準備・高齢者等避難開始を発令して30か所の避難所を開設、その後も気象情報や現場の状況等に基づいて避難勧告・避難指示（緊急）の発令を行い、避難所を72か所まで拡大して避難を呼びかけた。

真備地区では、北から南に流れる流量が多くて川幅が広い一級河川の高梁川に、西から東に向けて合流する支流の小田川が流れ込めなくなって逆流する「バックウォーター現象」が発生し、水位が高い状態が長時間続いたことで、国管理の小田川で堤防が

小田川では堤防が、約100mにわたって決壊した

２か所決壊・６か所損壊、県管理の末政川・高馬川・真谷川などで６か所決壊・１か所損壊となり、真備地区４４００haの約３割にあたる１２００haが、最大で深さ約５mまで浸水する甚大な被害となった。市全体で災害関連死23名を含む75名の尊い命が失われ、重傷者９名、軽傷者１１１名、住家被害は浸水による全壊４６４６棟、大規模半壊４５２棟、半壊３９４棟、一部損壊３６９棟、床上浸水１１６棟など約６０００棟が被害を受けた、市はじまって以来の大災害となった。ここに改めてお亡くなりになられました方々のご冥福をお祈りいたしますとともに、被災されました全ての皆様に心からお見舞い申し上げます。この災害には災害救助法が適用され、７月14日には豪雨災害として初めて特定非常災害に指定され、24日には激甚災害に指定された。

　本稿では、年々激甚化する災害への備えを進めておられる自治体首長の方々をはじめ、職員、関係者

真備地区の被災状況

の参考になればとの思いで、被災から約100日間、私、市職員、被災者の方々、関係者で進めてきた、復旧への主な取り組みについて記していくこととする。

■被災から72時間（避難の呼びかけ、自衛隊等派遣要請、人命救助）

7月6日から7日未明にかけて、新たな避難情報を発令する度に、地区内に設置している緊急情報提供無線システム（いわゆる地域の防災無線）、携帯電話に避難情報を伝える緊急速報メール、地域のコミュニティFMへの割り込み放送、地元ケーブルテレビ、マスメディア等を通じて呼びかけを行うとともに、真備支所職員、消防局真備分署、地元消防団、町内が避難を呼びかけ続けた。しかし、地区内各所で複数の支川が決壊して堤内地に水が流れ込み、さらには本川である小田川の真備地区中央部の堤防が約100mにわたって決壊したことなどにより大量の水が地区内全域に流れ込むこととなった。

市では、消防局をあげて救助救急活動を行うとともに、岡山県を通じて自衛隊の災害派遣を要請、さらに市消防から緊急消防援助隊の派遣も要請し、警察の広域派遣要請も行われ、各救助隊による24時間体制の懸命の救助活動が続けられた。

堤防の決壊により急速に水嵩が増したため、早い段階で高台の避

消防が救助ボートで、逃げ遅れた人を家の2階から救出する

難所などに避難した方々を除いては、多くの方が逃げ遅れて自宅の屋根上から、消防や自衛隊のボートやヘリで2350名を超える方が救助された。また、市民や企業、民間団体の方々も自らのボートなどで懸命に救助活動を行っていただいた。避難所は、真備地区内の高台にある学校等であったが、想定を大幅に超える避難者数となり、離れた地区の学校や近隣自治体の公共施設等にも多くの方が避難することとなった。この時、市内の避難所の避難者数は優に5000名を超えていた。

市職員は避難所で受付、避難者名簿作成、支援物資の搬送・配布、被災者からの様々な相談に対応しつつ、一方では、避難者名簿と浸水区域の住民台帳を突合して住宅地図に状況を記入。これを用いて消防・消防団・自衛隊・警察が現地情報と突合しながら住民の救助活動・安否確認を行うローラー作戦を続けた。これにより、72時間後に家の2階押入れ上段から救助できた方もおられた。

想定を大幅に超える人が高台の避難所に（岡田小学校体育館）

保健・医療活動

市では、7月7日未明から市保健師を避難所に派遣して健康管理活動を行った。体調確認をはじめ、避難所に持病の薬を持ってきていない方への対応、透析が必要な方の受け入れ先の調整、避難所で医療必要度の高い方を確認して必要な対応につなげる、またトイレ衛生の重要性についての指導も行った。

そして市保健所では、倉敷市連合医師会、県医師会、日赤等の全面的な協力を得て、保健と医療と福祉を合わせて支援を行う「倉敷地域災害保健復興連絡会議」（ＫｕｒａＤＲＯ：Kurashiki Disaster Recovery Organization（通称クラドロ））を倉敷市保健所内に7月8日に立ち上げて対応にあたり、全国からも保健医療関係者が続々と集結された。医師による避難所での診療、検診、看護師による夜勤帯の避難所巡回、歯科医師会による口腔衛生の啓発、保健所に薬剤師会による臨時薬局も開設されるなど連携して対応にあたっていただいた。７月13日からは、市保健師が中心となって真備地区全戸把握事業を開始し、在宅避難者の方々への訪問も強化し、９月10日までに全世帯の99％以上の８８４０世帯を訪問した。

倉敷市保健所内に立ち上げたKuraDROに、全国から保健医療関係者が集結した

■ＴＥＣ－ＦＯＲＣＥの活動。市は、り災証明の申請受付を開始。避難所生活が本格化

国土交通省は、ＴＥＣ－ＦＯＲＣＥ（緊急災害対策派遣隊）として、全国から排水ポンプ車23台、照明車11台を高梁川と小田川の堤防上に集結して、7月8日から24時間体制で堤内地から堤外地への強制排水作業を開始し、7月11日には概ね浸水が解消した。その後、浸水により大量の土砂が堆積した道路の啓開作業や、

被災状況調査、そして被災直後から24時間体制で河川決壊箇所の緊急復旧工事（仮復旧）を実施し、7月21日までに完了した。県河川の仮復旧も8月3日までに完了した。

市では7月9日から、り災証明の申請受付を開始した。真備支所は浸水したため支所機能を移転した真備総合公園体育館、市役所本庁、玉島、水島、児島の各支所で手続きを始めた。

7月11日には、安倍晋三内閣総理大臣が真備地区を訪問され、堤防決壊状況の視察や、避難所に被災者を見舞われて被災状況を確認された。また、避難所となっている体育館にクーラーや冷蔵庫等を国からプッシュ型支援で設置いただいた。避難所生活が長期化していく中で、市では生活環境を向上させるために全ての避難所に段ボールベッドを導入することとした。また、各世帯のプライバシー空間を簡易に確保できる方法として、紙管と白布の間仕切りを用いる仕組みも導入した。健康面では、暑い時期のた

TEC–FORCEの排水ポンプ車が、24時間体制で排水作業を実施

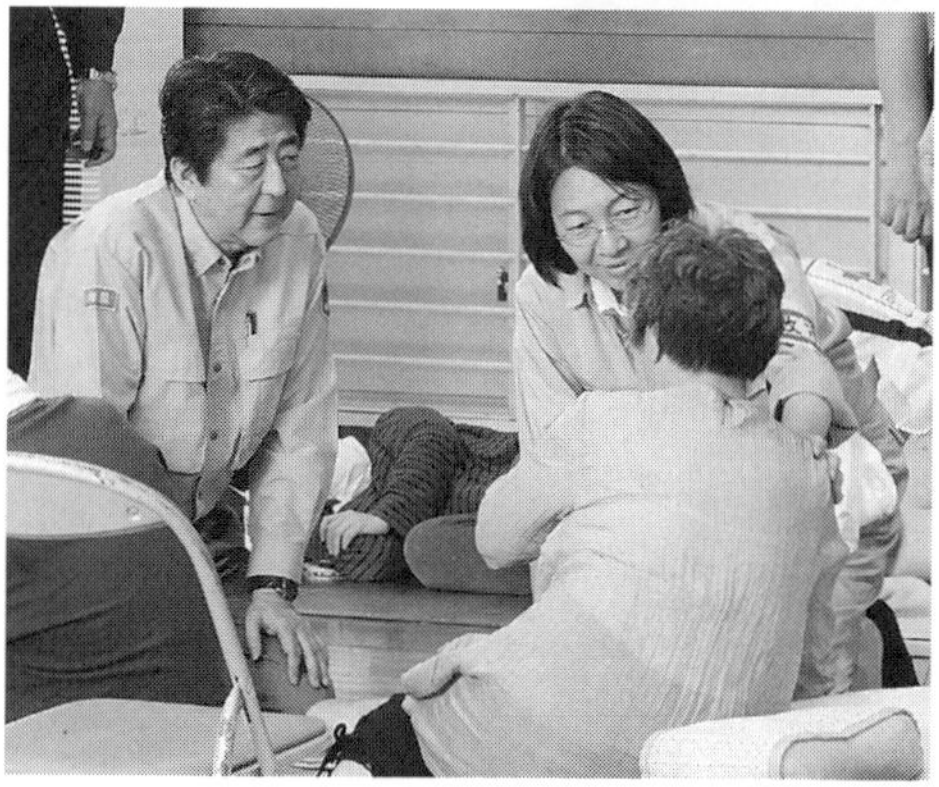

安倍晋三内閣総理大臣が、真備地区の被災状況を視察された

め避難所の弁当の食中毒への注意や、野菜ジュースの摂取も呼びかけた。そして避難所壁面に毎日、「倉敷市役所からのお知らせ」を掲出して、各種支援情報の提供を行った。

排水作業が進むにつれて、被災者は家に帰れるようになり、大変な状況になっている家の片付け作業が本格化していくことになる。

■停電、電話・携帯がつながらない

浸水により電柱が流出したことで、電線等が断線・漏電して変電所からの送電が止まり、また、家屋の浸水で、メーターや分電盤も浸水して故障したため、地区内の延べ4200戸が停電した。その後、中国電力による復旧対応で、7月12日までには全域で停電が解消された。固定電話等はNTT真備電話交換所の浸水等により不通となったが、重要回線の専用線が7月26日、インターネット回線が8月1日、加入電話が3日までに回復した。携帯電話については、浸水により機能できない基地局が生じたことで、利用可能な基地局にアクセスが集中して、通話が断続的に途切れる、もしくはつながらない現象が発生し、家族や友人、職場と連絡を取りづらい状況となった。移動通信大手3社では移動基地局車を設置し、総務省からも移動電源車が配置されたことで、7月13日までに順次、通信障害が解消された。また、電話自体が水没して相手の番号がわからなくなった人もいて、必要な番号を控えておくことが大切だとわかった。

避難所には、段ボールベッド、紙管と布の間仕切りを設置した

携帯電話の移動基地局車

送水管が流出した様子

■地区全域の8900戸が断水

少し戻るが、被災直後から、地区内の水道は浄水場が浸水し、また、堤防決壊や道路陥没による送・配水管の流出や継ぎ手部の抜けなど、各所での破損により、地区全域の約8900戸が断水していた。市水道局の説明では、蛇口から、きちんと検査した飲める水を出せるまでに何と3~4週間かかるという。一方、被災者の方々は私に「市長、水害で大変なことになったが、断水だと片付けも何もできん。早く水を出して!」と言われる。

酷暑の真っ只中で熱中症の危険性も高い、片付けが始まれば泥だらけになって衛生状態も悪くなる、擦り傷ができたら破傷風にならないように水で流さないといけない。こう考えた私は、7月9日の災害対策本部会議でこの状況を説明し、「水の供給を、飲み水と、それ以外に分けて行うことにする。飲み水は臨時給水所と、全国から支援の給水車を巡回して供給する。一方で、切れた管をどんどんつないで蛇口から水を出せるようにするが、まだ水質検査していないので飲み水以外の生活用水として使うように周知する。とにかく一日も早く蛇口から水を出す!」との方針を伝えた。水道局は、飲まないで下さいと広報しながら蛇口から水を出すのですかと目を丸くしたが、「摂取制限を伴う通水(試験通水)」という形をとれば可能なこともわかった。

以後は、他市の水道事業体も一緒になって日中は破損箇所の調査、漏水箇所の確認、市内管事業者の方々による復旧作業、夜は翌日の効率的作業のための作戦会議と頑張っていただいたことで、まずは一部地域で試験通水を開始、そして7月12日には小田川の南側全域で、14日には北側全域で試験通水を開始することができた。そして水質検査も完了したことで、7月24日までには全域で蛇口から出る水を飲んで良い状況となり、断水を解除した。

■ボランティア・全国の自治体等からの支援、真備支所の仮復旧

試験通水により蛇口から水が出るようになったことで、家の片付けが急速に進むこととなった。家から土砂をかき出し、家具や冷蔵庫、畳を外に運び出し、片付けごみを出す大変な作業が始まった。

ちょうど海の日の連休の週末とも重なり、ありがたいことに全国から多くの皆さんが真備に集まってきて下さった。ボランティアの申し出と、お願いしたいという問い合わせが急増したが、当時、真備地区内には、ボランティアの拠点となれる場所はなかった。そこで、隣の玉島地区にある国の中国職業能力開発

大学校の体育館を借りて、7月11日に「倉敷市災害ボランティアセンター」を立ち上げた。運営は、倉敷市社会福祉協議会に委託し、市内の各地区社会福祉協議会の皆さん、民生委員さん、地元の玉島地区の皆さんの協力をはじめ多くの方々の支援をいただきながら、夏の間に約5万3000人のボランティアの方々に活動を行っていただいた。被災者の方々が、その後の復旧を進める上で本当にありがたかった。市では皆さんが活動しやすいように、7月18日までに地区内の43か所に、169基の仮設トイレの設置も行った。

また被災直後から、岡山県内の市町村、全国市長会、中核市市長会をはじめとする全国の自治体、関係団体の皆さんが、各種協定に基づく応援、支援物資の提供、避難所運営、物資配布拠点の運営、応急給水活動、り災証明発行のための浸水被害調査、保健師の支援、片付けごみの収集運搬支援など様々な業務について、10月末までに延べ2万2920人の応援をいただいた。浸水被害調査等も迅速化したことで、今後、被災者が様々な支援を受けるにあたり最も基礎的な資料となる、り災証明書を速やかに発行できることにつながった。そして、本当に多くの民間団体・企業・個人の皆さんからの物資支援や炊き出し等の心のこもった支援に、被災した方々は大いに勇気づけられた。

また8月4日には、真備支所で浸水しなかった2階を仮復旧して一部業務を再開することができた。こ

倉敷市災害ボランティアセンターに集まった人々が作業説明を聞く

れに合わせ、被災者生活再建支援金や市災害義援金の申請窓口を真備支所、本庁、玉島、水島、児島の各支所に開設した。

■災害廃棄物への対応

ボランティアによる片付け支援が始まったことで、地域からの片付けごみの排出速度が加速度的に上昇することとなった。

市では可能な限り仮置場への分別持ち込みを呼びかけたが、被災者の多くは車も浸水していて遠くまで運ぶことが難しい。そのため近くの集積所前や、幅の広い幹線道路沿いに何キロにもわたってごみが積み上がっていくこととなった。緊急車両通行の支障にもなり、猛暑で地区内の衛生環境も悪化してきたため、民間事業者による廃棄物搬出体制が整うまでの間、自衛隊に災害廃棄物撤去支援を追加要請し、緊急的な対

真備地区内の幹線道路沿いに積み上げられた災害廃棄物

応を実施していただいた。

今回の災害で、人口約2万3000人の真備地区から出た片付けごみは、人口約48万人の倉敷市全体から出る一般廃棄物の約2年分相当の34万tにのぼった。これを市の処理施設で一度に処理するのは難しいため、まずは廃棄物を被災者の生活圏から離れた仮置場に搬出する作業を急ぐこととし、市内建設業者や廃棄物処理業者の方々に頑張っていただき、8月25日までに真備地区内から概ね撤去を完了することができた。

■住宅の確保支援

7月中旬から8月は、被災者にとっては、学校体育館の避難所を生活の基盤としながら、自宅と往復しての片付け作業が本格化していた時期であった。一方で、プライバシーがなかなか確保しにくい避難所生活をいつまでも続けてもらうわけにもいかない。さらに2学期が始まる9月までには、学校と子どもたちに体育館を返していかなければならない状況もあった。

そこで市では、7月17日から、民間の賃貸住宅を借上型（みなし）仮設住宅として活用する県制度の入居受付を開始した。また、真備地区内の市有地、企業の土地等も活用させていただいて建設型仮設住宅を215戸建設できる見込みが立ち、プレハブ建物と木造建物で整備することとして8月着工、9月入居に向けて進め、7月31日から申込

全国で初めて活用した、トレーラーハウス型仮設住宅

受付を開始した。この際、建設型仮設住宅が自分の住む地域から離れてしまうので、せめて知り合いと近くで入居したいとの声が上がったため、孤立を防ぐという観点から市では、「お隣入居制度」という申込み方法を考案した。また今回、初めてトレーラーハウスを仮設住宅の制度で活用できることとなったため、全国から51台を牽引してきてもらい、最も早く9月8日から入居いただくことができた。

【■：建設型仮設住宅、●市内外に点在する借上型仮設住宅】

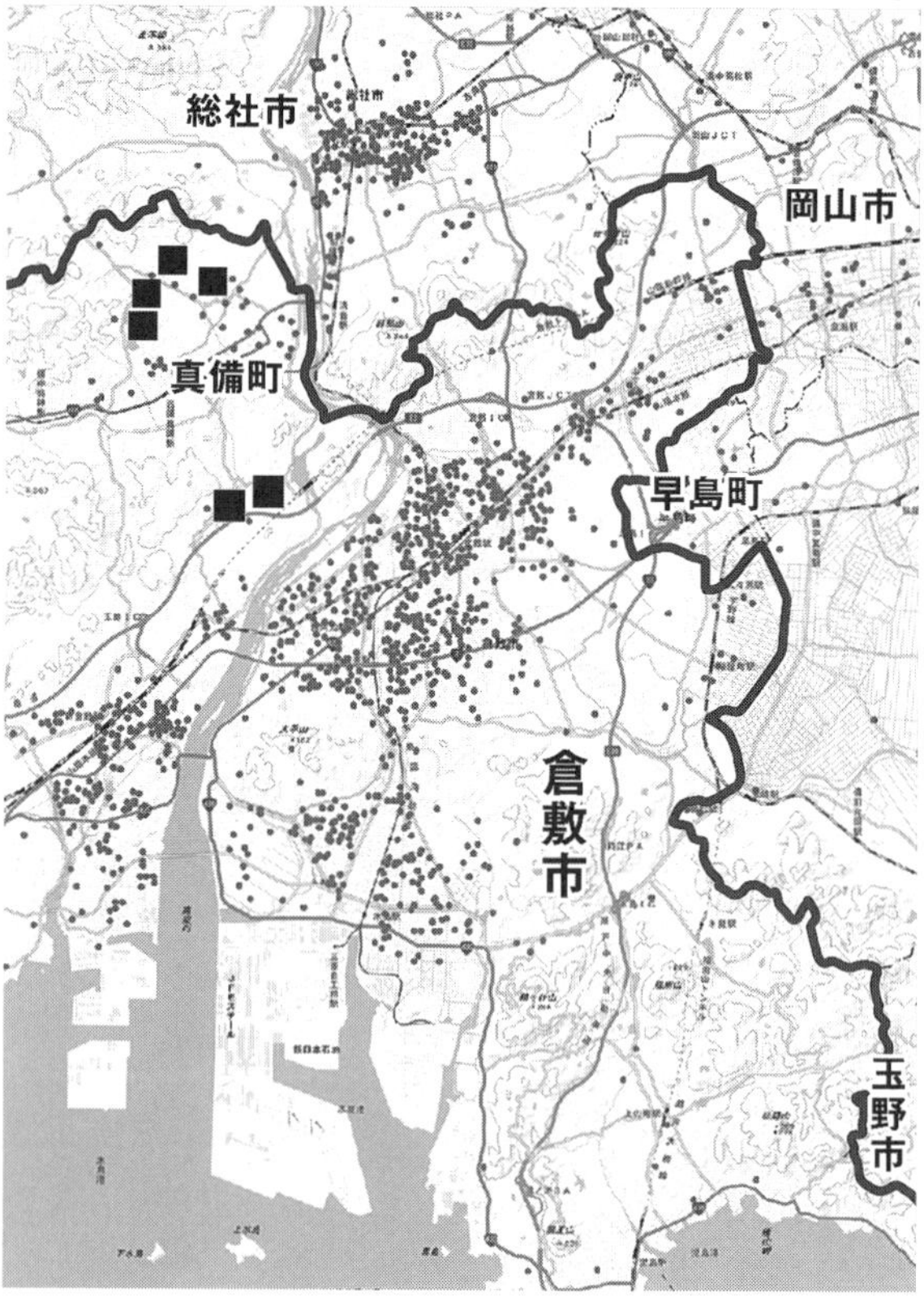

倉敷市全域と近隣自治体に広がる仮設住宅

仮設住宅の入居はピーク時の平成30年12月末には、３２８５世帯、８７８０人となった。また市では、被災住宅の応急修理制度も7月23日から実施して、１０００件を超える申請があった。

学校再開方針の発表

さて、小中学生のいる被災世帯にとって仮設住宅を申し込む時の重要な判断材料になるのが、子どもの学校がいつからどの場所で再開するかという点である。そこで、仮設住宅の申請受付を始めるのと同じ時期の7月19日に学校再開方針も発表することとした。内容は、9月3日から2学期をスタートして授業を再開すること、被災した学校は真備地区内にプレハブ校舎ができるまでは、学校ごと全員で市内の他地区にある学校の教室を借りて授業を行うことにするため転校の必要はないこと、通学のためにスクールバスを運行することを発表した。そして10月には被災した自分の学校の校庭か、近隣の学校の校庭に、プレハブ校舎を建てて真備に戻ってくる予定だということも併せて発表した。

この言わば「学校まるごと疎開方針」は、私が避難所で子どもたちとお話しする中で聞いた「学校に行くのは、絶対みんなと一緒じゃなきゃいやだ！」という心からの叫びを反映したものである。まるごと疎開は、長時間となるバス通学で子どもたちも大変だったが、疎開先の学校や地域の人たちとの交流も生まれ、多くの方々が自分たちを応援してくれている温かい思いを感じながら、自分の学校・地域に戻って頑張るぞという強い思いを全員で育む期間ともなった。

借上型仮設住宅等からスクールバスで通学してくる子どもたち

■公費解体、自費解体制度の実施

また同時期には、公費解体と、自費解体費用償還制度の実施も発表した。災害に便乗した悪質な勧誘等を防ぐためにも早い時期の7月26日には、今後、市が被災世帯から申請を受け付けて公費解体を実施する予定である旨の予告広報を開始し、8月6日に制度を創設して内容の問い合わせを受けるコールセンターも開設した。そして、まずは既に自費解体を行った世帯の費用償還受付を始めた。一方、公費解体は申請のために必要な書類の種類も多いため、事前説明会を6回開催したところ約1000組の方が参加され、9月16日から申請受付を始め、初日に274組が申請された。その後、審査・受理と進み、後日、スケジュールを決めて市・被災者・施工業者で入念な打ち合わせを行って施工日を迎えるようにし、被災者、施工業者の方々に頑張っていただき、最終的には、公費解体・自費解体を合わせて2603件の受付となった。

中小企業・農業の支援

地区内の被災した中小企業への支援として、市は7月9日から、被災証明の申請受付を開始し、18日から被災事業者を訪問して、被害状況や支援ニーズの聞き取り調査を行った。そして8月3日には、被災事業者への支援に関する説明会を開催して支援策の説明を行った。市では、聞き取り調査の結果から、今回の被災に関して当面の資金繰り等に必要となる緊急融資枠を新設する必要があると考え、低利の融資枠を最大5000万円まで設け、市で保証料を全額補助する制度を設けることとし、8月13日から申請受付を開始

真備船穂商工会による、グループ補助金申請に向けた説明会

した。また、被災した機械や設備の再建に国のグループ補助金制度の活用を希望する事業者が多かったため、真備船穂商工会が中心となって補助金を活用するために必要となる「竹のまち真備町復興グループ」を形成したこと等により、認定手続きも迅速に進み、最終的には被災した約500社のうち、約9割の事業者が復興を果たすこととなった。

被災農業者への支援としては、7月9日から被災証明の申請受付を始めるとともに、被災状況の確認や個別相談を開始した。また被災により、水路が土砂や漂着物で閉塞して地区の排水機能が大幅に低下していたため、次の豪雨に備えるべく、その早急な改善に取り組んだ。そして、7月25日から、国と市で合計8回の支援制度説明会を実施したところ、大変多くの農業者が参加されて営農再開に向けた強い意志が示されたことから、市が国と調整を行って、特に被害の大きかった農業機械やハウスの復旧支援に力を入れることとした。さらに市では、翌年からの営農再開に向けて10月から、農地に流入した土砂の撤去、流出した表土の補充、畦畔の復旧等の工事を行ったことで、被災翌年度には、被災前の水田の約9割で作付けを行うことができ、無事においしいお米を収穫することができた。

■地域コミュニティの支援

真備地区では、旧真備町の時代から住民自治組織である「まちづくり推進協議会」が全ての地区（7地区）に形成され、各地区の公民館分館を拠点として活発な活動を行っていた。被災後は避難生活で住民が離れ離れになる中でも、浸水した分館の駐車場に設けた支援物資拠点で、お互いの近況を確かめ合い支え合いながら活動していた。私は、地域の方々が集まることができる場所を一日も早く再開することが必要と考え、公共施設を復旧していく中でも公民館分館の復旧を特に急ぐことを、8月に開催されたまちづくり推進協議会連絡会でお伝えし、皆さんから安堵のお声をいただいた。

■天皇皇后両陛下のご訪問

平成30年9月14日、天皇皇后両陛下が真備地区をご訪問された。飛行機とヘリコプターを乗り継いで真備に入られ、マイクロバスに乗り替えて小田川堤防の上にお立ちになられた。ご視察では、私から小田川の決壊状況や全体の被災状況、そして被災者の生活再建の現状などについてご説明申し上げ、その後、真備総合公園体育館において被災者を見舞われ、救助活動者を労われた。両陛下がおかけ下さるお言葉には大きな優しさと、常に私たちに寄り添ってくださる強いお気持ちを感じることができ、このご訪問は、被災者の方々、そして倉敷市にとって復旧復興への大きな励みとなった。

■被災者の見守り支援

市では、被災者の孤立防止のための見守りや、日常生活の相談支援・生活支援、住民同士の交流機会の提供が必要と考え、10月1日に倉敷市社会福祉協議会に委託して、仮設住宅等の戸別訪問を行う「倉

天皇皇后両陛下は、小田川堤防の上から被災状況をご視察された

敷市真備支え合いセンター」を真備支所内に開設し、被災者見守り・相談支援等事業を始めた。体制は、社会福祉士5名からなる相談員、障がい者のおられる世帯や経済面等で不安を抱える世帯を中心に担当する相談支援員、2人1組で被災世帯を訪問する見守り連絡員からなる、合計約50名体制で行った。スタッフの中には、自らが被災された方々もおられたが皆で頑張っていただいた。

訪問対象は、真備地区内で被災した全ての世帯である約5800世帯で、市内居住の方だけでなく、仮設住宅等で市外に居住している方も含めて被災者に寄り添った伴走型支援を基本として行った。訪問時には、見守りや、生活上のお困りごと等を傾聴して、必要とする行政サービスや関係機関につなぎ、公費解体制度や災害公営住宅の申込み等の、その時どきに進みつつある支援情報を提供し、また、現在居住する地域の情報もお伝えするようにした。そして、訪問時にお聞きした被災者の方々のお声については、市役所をはじめとする関係部門で共有して、その後の復興政策につなげていった。

真備支え合いセンターの見守り連絡員による仮設住宅への戸別訪問

まちを守る治水対策

これまで前述した全ての事業の前提となるのが、まちを守る治水対策の実施である。国土交通省は、高梁川と小田川の合流点を4・6km下流に付替えて洪水時の水位を大幅に低下させる抜本的治水対策である、「小田川合流点付替え事業」を平成26年度から事業化して調査・設計を行って、まさに平成30年の秋から工事に着手する直前に、この災害が発生した。私は、7月11日に安倍晋三内閣総理大臣に、その後、加藤勝信厚生労働大臣、菅義偉内閣官房長官、石井啓一国土交通大臣等に事業の大幅な前倒しを強く要請し、国は9月7日、「真備緊急治水対策」の実施を決定し、事業完了を5年間前倒して、令和5年度までに完了させるために河川激甚災害対策特別緊急事業として行うことを発表した。また、小田川をはじめとする国・県管理河川の改良復旧工事等のハード対策や、今後、関係機関で連携して減災対策を行っていくことも示された。これらの事業は、平成31年4月に真備支所の敷地内に設けられた、国土交通省中国地方整備局高梁川・小田川緊急治水対策河川事務所が中心となって県・市とともに進めていくこととなった。

工事完了後には、水位が低下する
倉敷市街地

小田川合流点付替え事業の概要

■真備地区復興懇談会の開催、真備地区復興計画の策定に向けて

市では、平成30年9月3日に倉敷市災害復興本部を設置し、先行して設置していた被災者生活支援室

に続いて、災害復興推進室、災害廃棄物対策室、被災者見守り支援室、被災者住宅支援室、被災中小企業支援室、被災農業者支援室を設けて、取り組みを加速化していくこととした。

そして、被災からほぼ１００日後の10月17日、第２回災害復興本部会議において、真備地区の皆さんに今後の復旧復興に向けた道筋を示すため、平成31年度から令和5年度を期間とする「真備地区復興計画」を年度内に策定することを発表した。また、なるべく早く復興の方向性を示すため、年内の12月までに基本理念や基本方針、今後取り組んでいく主要な施策を示す「真備地区復興ビジョン」を策定することや、策定にあたっては「真備地区復興懇談会」を七つの地区ごとに開催して私が皆さんと直接意見交換すること、今後、住民を対象としたアンケート調査を行っていくことも発表した。

11月に行った第1回復興懇談会には、7地区合計で約５００名が参加された。意見交換では、私から国・県・市が現在進めている事業の内容やスケジュールについて説明し、住民の皆さんからは、小田川合流点付替え事業の効果やスケジュール、小田川の堤防強化、河川の樹木伐開や河道掘削などの治水に関する質問や意見をはじめ、公費解体の今後のスケジュール、住まいの再建に向けた資金面の課題など生活再建についての質問や、次に豪雨が来たときの避難場所はどこなのかなど防災面の質問が多くあげられた。

真備地区復興懇談会は、川辺、岡田、薗、二万、箭田、呉妹、服部の七つの地区ごとに開催した

市では、これらの意見を踏まえて真備地区の被災全世帯に対して、住まいの再建に関するアンケート調査を平成30年12月から翌年1月にかけて実施した。住まいの再建に向けて課題となるものは何かとの問いに対して、「堤防強化、小田川の付替えなどの進み具合」が64％で最も多く、次いで「住宅の建替え・修繕のための資金の不足」が44％などとなっており、治水対策が最も大きな課題となっていた。そこで、国と市で協議を重ね、付替え事業が竣工するまでの間も、小田川の安全度が高まっていくように、河道掘削で発生する大量の土砂を有効活用して小田川堤防の拡幅を行うことを平成31年2月に発表し、令和3年度末までの完了を掲げた。目の前にある堤防の具体的な改修計画が示されたことで、住民の皆さんが安心感を持たれたように私は感じた。その後、市では、七つのまちづくり推進協議会、高齢者、障がい者、福祉、商工業、農業など地域の公共的団体の代表や学識経験者で構成する「真備地区復興計画策定委員会」を設置して検討を行い、3月末には、具体的な施策やスケジュール等を盛り込んだ復興計画を策定した。

その後は、令和3年度末に小田川堤防の拡幅が概成、令和6年3月に明治大正期以来の大工事である小田川合流点付替え事業が竣工し、復興のシンボルであり、防災拠点でもある「まびふれあい公園」も7月に開園した。それまでには災害公営住宅の整備、リバースモーゲージ型融資を活用した高齢者の住宅再建支援、被災者の見守り、全ての公共施設の復旧、上流のダムの事前放流等の流域治水の取り組み、緊急避難場所の指定や避難路の整備、子どもたちや地域への防災教育の実施などを進めることもできた。これも真備地区の皆さんの頑張りと、本当に多くの方々のご協力のおかげと心から感謝している。今後も、この災害の教訓を生かしていくことで、真備地区をはじめ、倉敷市全体で災害に強いまちづくりに取り組んでいきたい。

第7章

令和４年８月豪雨

Data

令和４年８月３日からの大雨等

⑴　気象の状況

　低気圧が８月３日に東北地方を通過し、低気圧に伴う前線が４日にかけて北陸地方へ南下して停滞、５日には本州南岸まで南下した。（中略）東北地方と北陸地方を中心に断続的に猛烈な雨が降り、記録的な大雨となった。６日から７日は、東日本や西日本で局地的に大雨となった。

⑵　人的被害（人）

全国25道府県計　死者：２　行方不明者：１

山形県　行方不明者：１

⑶　住家被害（棟）

全国25道府県計

全壊：28　半壊：586　一部破損：337　床上浸水：1,710　床下浸水：4,381

山形県

全壊：２　半壊：53　一部破損：０　床上浸水：181　床下浸水：516

※内閣府防災情報のページより（令和４年11月１日13:00現在）

山村の動脈断絶と災害対応の難しさ

山形県小国町長
仁科洋一

■はじめに

山形県小国町は、県の西南端、新潟県との県境に位置し、北は朝日連峰、南は飯豊連峰に囲まれた自然豊かな山村である。人口は現在約６６００人、面積は７３７・56㎢で東京23区よりも広い。その約95％が森林であり、日本有数の豪雪地帯でもある。

しかしながら、その雪解け水を利用した水力発電所が町内に建設され、生産された電力を活用することによる企業誘致に成功している。その結果、中山間地でありながら、先端技術を持つ企業の集約地になっている。

当町では、昭和42（１９６７）年に当時の観測で日降水量５３２㎜の降雨があった羽越水害に見舞われ、土地、家屋、鉄道、道路、農地等の流出に加え、町内において２人の尊い命を失った災害の経験を持っている。その後、先人たちの懸

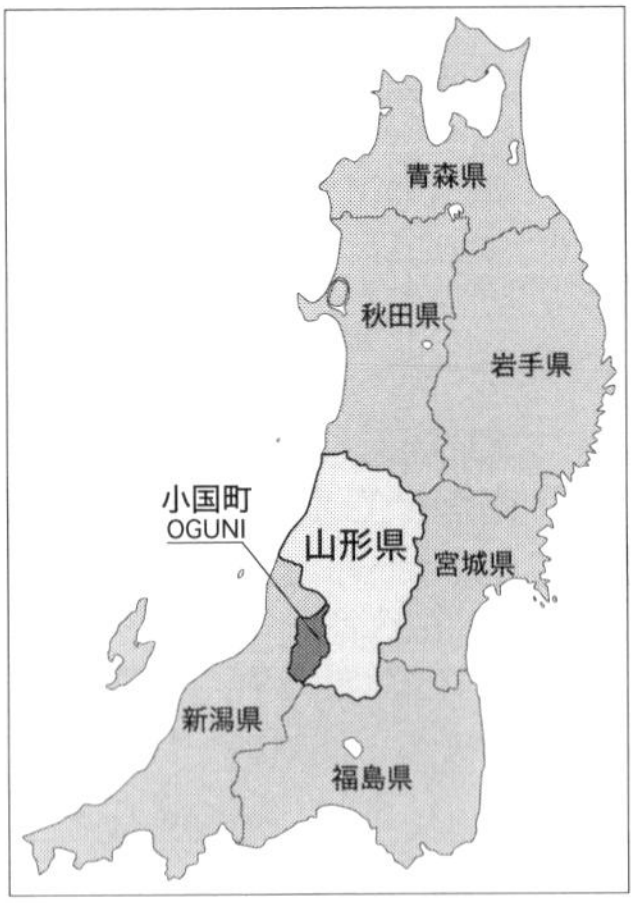

図表１　小国町の位置図

命な努力により復旧、復興を果たし、現在のまちづくりに生かしてきたのである。

■令和4年8月豪雨

令和4年8月2日、降雨はなかったが、9時44分に発表された雷注意報がそのままに、明けて8月3日10時46分には大雨注意報が発表され、その後大雨警報となり、洪水注意報は洪水警報へと変わり、待機していた町の災害対策警戒班は「第2次配備体制」（関係課長等による配備）についた。大雨注意報からお昼を跨ぐまでの1時間ほどで、各地域の水位観測所は次々と氾濫危険水位に到達した。

こうした状況から、8月3日の14時05分には、北部地区（168世帯）、沖庭地区（470世帯）に高齢者等避難情報を発令、旧北部小中学校、旧沖庭小学校に避難所を開設、併せて町中心部の役場庁舎、健康管理センターにも避難所を開設し、自主防災組織に連絡を取ったほか、防災ラジオ、ホームページ、フェイスブック、LINEで避難準備の呼びかけを実施した。（その後、19時30分両地区に避難指示を発令）

町内の小渡地域に国土交通省により設置されている荒川の水位計は、河川の幅が狭くカーブになっているところにあるため、比較的早い段階で氾濫危険水域に達するのだが、生活エリアへの到達には余裕があり、住民の方たちも状況を理解しているので、いつもは慌てて避難することはなかった。しかし、今回は違っていた。「いつもと違う」「尋常じゃない」、住民は口々にそう言いながら、避難所に避難した。開設した各避難所への避難者は、旧北部小中学校8人、旧沖庭小学校38人、役場庁舎38人、健康管理センター28人（うち町外者16人）となっている。このほかにも、町内民間企業において、帰宅困難になった従業員のために、自社の福利施設である体育館や社員用住宅などを避難所として利用するとともに、体育館につ

期　日	時間	内　　容	備　　考
8月2日	9:44	雷注意報発表	
8月3日	10:46	大雨注意報発表（雷注意報継続）	
	11:14	洪水注意報発表（大雨・雷注意報継続）	
	11:30	JR米坂線上下線区間運休	羽前椿～坂町
	11:35	大雨警報（土砂災害） 洪水警報（雷注意報継続） 　災害警戒対策班第２次配備体制	
	11:50	土砂災害警戒情報発表	
	12:09	記録的短時間大雨情報	
	13:50	JR米坂線上下線区間運休	米沢～今泉
	14:05	高齢者等避難情報発令（北部地区・沖庭地区）	旧北部小中学校、旧沖庭小学校に避難所開設
	15:30	第１回災害対策連絡会議	
	15:40	第２回災害対策連絡会議	
	17:30	JR米坂線上下線全線運休 　災害警戒対策班第３次配備体制	
	18:48	記録的短時間大雨情報	
	19:00	国道113号飯豊町～小国通行止め	
	19:20	災害対策本部設置 　災害警戒対策班第４次配備体制	
	19:30	避難指示発令（北部地区168世帯・沖庭地区470世帯）	町役場庁舎、健康管理センターに避難所開設
	19:56	小坂町地区27戸停電	
	20:33	南部地区224戸停電	
	21:00	主要地方道玉川沼沢線梅花皮橋通行止め、町道３橋通行止め	飯綱橋、小国大橋、興和橋
8月4日	2:07	記録的短時間大雨情報	
	2:17	記録的短時間大雨情報	
	2:35	国道113号新潟県村上市坂町～新潟県関川村金丸通行止め	
	2:41	大雨特別警報発表	
	3:40	山形県へ災害救助要請	
	6:33	大雨警報（土砂災害）に切り替え	
	8:30	梅花皮橋通行可能	
	9:00	町議会全員協議会に状況説明	
	11:00	第１回災害対策本部会議	
	14:05	洪水警報から洪水注意報に切り替え	
	15:00	避難所閉鎖	３箇所（旧北部小中学校・旧沖庭小学校・健康管理センター）
	17:15	国道113号関川村大島～金丸開通	
	20:22	停電復旧	南部地区
	20:32	停電復旧 避難所閉鎖	小坂町地区 １箇所（町役場庁舎）
8月5日	4:10	土砂災害警戒情報解除	
	5:20	大雨警報から大雨注意報へ切り替え	

図表２　経過（令和４年８月２日～）

	14:20 16:00 24:00	主要地方道玉川沼沢線梅花皮橋通行止め（路面陥没） 第2回災害対策本部会議 国道113号飯豊町～小国片側交互通行	
8月6日	10:00 15:00	簡易水道2箇所断水 災害対策関係課協議	白沼簡水、玉川簡水10時～17時給水対応
8月8日	 14:30	罹災証明書受付開始 災害対策関係課協議	
8月9日	15:20	国土交通大臣への要望書提出（町長） JR米坂線一部運転再開	 米沢～今泉　臨時ダイヤ
8月10日		置賜総合開発協議会から担当大臣、国交省、農水省へ要望書提出 簡易水道断水地区入浴支援サービス開始	 白沼地区、玉川地区
8月11日		罹災証明書発行、災害ごみ減免申請休日窓口設置	
8月12日		JR米坂線代行バス輸送開始 議会全員協議会に被害状況説明 山形県、沿線2市3長（小国町、飯豊町、長井市、米沢市、川西町）及び米坂線整備促進期成同盟会（会長；小国町長）によるJR東日本（株）新潟支社へのJR米坂線早期復旧要望	坂町～今泉
8月17日		山形県、沿線2市3町によるJR東日本（株）本社に要望	
8月19日	15:30	災害対策関係課協議	
8月24日	15:00	第3回災害対策本部会議	
9月2日	9:00	議会全員協議会に説明	
9月7日～8日		山形県町村会として農林水産大臣、国土交通大臣、内閣府防災担当大臣、自民党総務会長、県選出国会議員に要望	
9月28日	15:00	災害対策関係課協議	
9月30日		激甚災害指定	閣議決定
10月4日		県選出国会議員に要望	
10月5日		激甚災害施行	
11月16日		国土交通省、財務省への要望	
11月18日	15:00	災害対策関係課協議	
12月14日	11:00	山形県置賜総合支庁長への要望	

避難所名	避難者数（最大時；人）	開設日時	閉鎖日時
旧北部小中学校	8	8／3　14:05	8／4　15:00
旧沖庭小学校	38	8／3　14:05	8／4　15:00
健康管理センター	28（うち町外者16）	8／3　19:30	8／4　15:00
小国町役場庁舎	38	8／3　19:30	8／4　20:32

図表3　避難状況

いては一般の方にも開放し、実際に避難した方がいると聞いている。8月3日の1日のアメダス小国観測所における降水量はこれまで最高であった251・5㎜を超える287・0㎜となった。（国土交通省北陸地方整備局飯豊山系砂防事務所が設置している町内の朝日雨量観測所では、2日間雨量で633㎜を記録している）

この状況下にあって、15時30分には、副町長を本部長とする第1回災害対策連絡本部会議を開催し、情報収集に努めた。その後も次々に線状降水帯が発生するなど雨脚が弱まることはなく、記録的短時間大雨情報が発令され、17時30分に第2回災害対策連絡本部会議を開催、状況確認を行った上で、職員の配備体制も第3次配備体制（全課長、全課室長等、関係課全職員、その他応急対応が必要な職員の配備）に移行、さらに19時20分には私を本部長とする小国町災害対策本部を設置、第4次配備体制（全職員を配備）とした。その時刻、町中心部の横川にかかる飯綱橋や小国大橋では、橋桁近くまで増水したとの連絡もあった。

日にちが変わり、8月4日の2時41分にはついに大雨特別警報になり、朝の9時には当町の「議会全員協議会」に対して、被害状況の説明を行い、続けて11時から、第1回小国町災害対策本部会議を開催、発生した被害に対する対応策を検討し、指示を行った。

■被害状況と対応

まず被害状況の情報収集を行うため、職員が2人1組の5～6班体制となり町内の道路、河川、農地などの現地確認を実施した。前日（8月3日）の段階でも、水路の水あふれや道路への溢水、農作業小屋への浸水などの情報を把握しており、町道にかかる橋を一時通行止めにするなどの対応をしていたが、各地で多くの被害を確認した。

特に衝撃が大きかったのは、当町を東西に横断する唯一の幹線道路である国道113号が、8月4日朝から山形県側の隣接する飯豊町側で道路崩落により、通行止めになったことに加え、同日新潟県側も村上市坂町から関川村金丸まで通行止めとなったことである。町内における被害ではないものの、これにより、当町は一時大動脈である国道が通行不可能となる事態となり、町民生活に重大な影響を与えた。

当町には、近隣の中核医療機関である公立置賜総合病院や、個人クリニックで透析治療を受けている方が20人ほどおり、希望者には町で医療機関までの送迎支援を行っているが、国道113号が通行止めになると、治療が受けられなくなり命に関わる問題となる。時期が8月で降雪期ではなかったことから、山間部を通る主要地方道川西小国線（県道：小国町大石沢～飯豊町上屋地）が通行可能という幸運もあって、時間は多少かかったものの、透析患者の送迎は何とか実施できた。国道113号の通行止めに関しては、出産を控えた町内在住の妊婦の方が、大変な状況の中、周囲の助けを受け、飯豊町の国道113号道路崩落箇所を越えて診療機関への通院ができたとの情報もあった。

なお、国道113号については、国土交通省東北地方整備局山形河川国道事務所の早急な対応により、山形県側で8月5日24時に片側交互通行となり、国道の全面通行止めは解消された。（新潟県側も8月4日の午後5時15分には、関川村金丸から同村土沢の国道290号との交差点までは開通した。また、村上市花立周辺は、8月6日には一部時間を除き通行可能となった）

県道では、主要地方道玉川沼沢線梅花皮橋において路面陥没が確認され、8月3日当日の夜にはその付近で自動車が水没する被害も報告されている。

一方、鉄道であるＪＲ米坂線の被害も大きく、隣接する飯豊町内で鉄橋の崩落や、各地での線路内への土砂流出など甚大なものであった。８月３日午後から上下線全線運転見合わせとなり、それが８月８日まで続いた。８月９日より臨時ダイヤで米沢駅から長井市の今泉駅までは運転が再開されたが、今泉駅から新潟県村上市坂町駅までの間、当町内には四つの駅があるのだが、運休が続き、８月12日は代行バスによる輸送が開始されている。

この区間の運休は現在も継続しており、ＪＲ東日本株式会社と沿線自治体との復旧に向けた話し合いが硬直状態のまま、既に２年が経過している。当町はもとより、沿線市町村にとって、通勤、通学、通院、観光、商工業の事業活動等、道路も含めた鉄道の社会基盤は、まちづくりの根幹であり地方の活性化を図る上でなくてはならないものである。したがって、早期復旧に向けた活動を発災直後から実施しており、今後も引き続き取り組んでいかなければならないものと考えている。

鉄道や国道が通行不能となったということは、当町が一時孤立に近い状態になったわけであり、各方面にご心配をおかけしたところであった。

そのほか、町内一級河川・横川に隣接している小国町除雪センター（冬季間、町道等の重機による除雪作業の拠点となる施設）裏の河川法面の一部が大量の水により崩落し、建物の基礎があらわになるという被害が確認された。住家は、床上床下浸水あわせて26件の被害があったが、10件の被害を受けた小国小坂町地内では近隣住民による素早い支援行動が見られ、感激を覚えたところである。

また、水田が出穂期を迎えるタイミングで、用水路が甚大な被害を受け、金目川に設置された井の下頭首工や横川の松岡頭首工といった大口の取水口から取水できない状況となった。一時的には取水ポン

種　別	内　容	備　考
建物	⑴住家被害　26件 ⑵非住家被害　19件 ⑶事業所　12件	中規模半壊1棟　半壊2棟　床上浸水1棟　床下浸水22棟 浸水等 浸水等
観光交流施設	⑴白い森交流センターりふれ敷地内水路への土砂流入 ⑵健康の森横根敷地内水路への土砂流入	水路被害延長317m 水路被害延長20m
農業用施設	281箇所　大きなものとして ⑴松岡合口頭首工　取水不能 ⑵井ノ下頭首工　取水不能	8/8よりポンプによる取水開始 8/9よりポンプによる取水開始
林道	25路線	うち全面通行止め4路線
町道	13路線	通行止め
国道	⑴113号・南陽市方面 ⑵　同　　新潟県村上市方面	飯豊町手ノ子地内で路面一部崩壊、路面冠水により全面通行止め　8/5片側交互通行 新潟県関川村金丸地内にて路面冠水により全面通行止め　8/6通行可能
県道	⑴玉川沼沢線（小国町市野々～白子沢） ⑵玉川沼沢線（梅花皮橋）	全面通行止め　8/5一部通行可能 路面陥没8/5全面通行止め　8/8片側交互通行可能
鉄道	JR米坂線	8/3　上下線で終日運休 8/9　米沢～今泉　臨時ダイヤで運転再開 8/12　今泉～坂町　代行バス輸送開始
河川	⑴県管理河川 ⑵町管理河川	溢水8箇所、護岸損壊44箇所、埋塞2箇所、流木4箇所　※小国町除雪センター裏横川左岸浸食 河床洗掘
水道施設	簡易水道2施設断水	8/11　給水再開
下水道施設	小国浄化センター浸水	運転不能　8/18仮復旧により運転再開
停電	8/3町内251戸停電	8/4　復旧
通信設備	NTT設備（電話線切断）携帯電話つながりにくい LGWAN回線（ケーブル断線） 町HP等閲覧不可	8/5　復旧 8/5　復旧

図表4　被害状況

〈町道・県道・国道〉

町道郷土の森五味沢線　路面崩壊・路体流出

町道川下明沢線　土砂流入

主要地方道玉川沼沢線　路面陥没

国道113号路面崩壊　(山形県飯豊町手ノ子地内)

〈農業用施設〉

井の下頭首工　土砂、流木堆積

〈林道〉

林道芳ケ沢線　路面崩壊・路体流出

写真で見る被害状況①

プで川から直接くみ上げることも実施したが、大型取水ポンプのリース料と、燃料代が高額で、何日も実施できる環境ではなかった。こうしたこともあり、町内の建設事業者の精力的な復旧作業によって、約28日間でこれを解消した。ただ、現在も、取水している河川の河床低下が多く発生し、一部では取水口に水が回らない状況が続いている。

さらに国道、県道、町道の被害はもちろん、林道被害も広範囲に及んでおり、状況把握にも時間を要す

〈河川ほか〉

横川　左岸浸食　小国町除雪センター

荒川と横川の合流地点付近（米坂線橋梁）流木等の堆積

〈鉄道〉

羽前沼沢駅に停車した列車

〈一般住宅〉

床上浸水被害を受けた民家

写真で見る被害状況②

ることになる。このため、林道被害の最終的な確認が可能となるには、年を跨ぐ必要があるものもあった。

■対応の検証と課題認識

令和4年8月3日においては、大雨注意報、洪水注意報の発表から警報に切り替わるまでの時間は短く、さらに土砂災害警戒情報が発表になるまでの時間は、注意報発表から約1時間であった。その間、情報収集に努め、対応を整理しながら、事前に共有しているとおり配備体制の構築を図ったことにより、避難所対応なども比較的円滑に進められたものと認識している。また、情報発信についても防災ラジオをはじめ、SNSなども活用しながら、的確かつタイムリーに取り組むことができたのではないかと考えている。

しかしながら、災害対応については、そのつど検証しながら次の対応につなげていかなければならない。特に避難所開設のタイミングは難しく、降雨の状態とその後の推移を見ながら適切に判断することが求められる。今回の場合も、高齢者避難情報は日中（14時05分）に発令し、避難所を開設したのだが、状況を見ながら対応した。避難指示は記録的短時間大雨情報発表後であったため、少し暗くなる時間（19時30分）となった。この点は検討課題と捉えることができる。

避難を進めるにあたり、一般的に課題とされるのは、住民の正常性バイアス、すなわち「自分は大丈夫」という考えといわれている。行政のバイアスを含め当町でもこれまではそのような感覚はあったが、この豪雨を契機に避難の考え方は少し変化するのではないかと考えている。同時に、我々も早めに対応することが重要になってくることから、その後の豪雨の際などでは、早急に避難所を開設することが多くなっている。空振りでもいいから、まずはいち早く対応する、ということである。令和6年9月20日からの豪雨に際しても、この時の経験を生かしていち早く避難所を開設したところである。

このほか、災害対応にＤＸの活用は不可欠であると感じた。避難情報の発信はもちろん、即時性のある被害情報の確認などにおいてＤＸの力は大きく、ＤＸ推進計画を策定する中で活用手法の検討を図っているところである。また、民間事業者とレジリエンス強化にかかる連携協定を締結するなどの取り組みも進めている。

さらには、国道１１３号の寸断という大きな被害に直面して、ダブルネットワークの必要性を特に強く認識したところである。現在進められている高規格道路・新潟山形南部連絡道路の整備について、改めて早急に推進を図るべく活動を進めなければならない。

災害直後から国をはじめ各関係機関や関係者等に対し、災害復旧の要望活動を行ってきた。おかげさまで、この豪雨災害において当町が実施する復旧事業はほぼ完了しているところである。改めて関係者の皆様に御礼を申し上げる。

なお、当町では、昭和42年の羽越水害を契機に、国直轄の砂防事業が進められており、結果として流木等による大きな被害が多くなかったことは、その効果が発揮されたものと考える。これまでの国をはじめ関係機関等における砂防事業や河川の維持管理の取り組みにも感謝申し上げたい。

ただ、ＪＲ米坂線の区間運休をはじめ一部の農業用施設などでは、復旧がかなっていないものもあり、まだ課題として積み残っていると認識している。

おわりに（災害対応から得たもの）

当町では、先人たちが自然とともに暮らしてきたことにより培われた、生きるための知恵と技、そして資源にあふれている。こうした自然と人の関わりから育まれてきた独特の文化を生かしていくための戦略を、まちづくりの中心に据えるとともに、その基本理念を「白い森まるごとブランド構想」とした総合計画による政策を進めている。当町が有する「人」「環境」「暮らし」それぞれの魅力を価値ある地域資源に位置づけ、それをさらに磨き上げ、発信することで地域の誇りを確立していくことを目指している。それがブランド構想の基本的な考え方である。安全、安心はもちろん、災害への対応も一つのブランドに捉えることもできるのではないかと考えている。気候変動などに伴う災害の頻発化、激甚化などはあるものの、災害への普段の備えと対応にかかる不断の見直しを積み重ね、先人たちの自然とともにある暮らしを学び、継承することで一つずつ課題を克服していきたいと考えている。

第8章

国、関係団体、民間企業からのアドバイス

知っておきたい応急対策職員派遣制度

総務省自治行政局公務員部応援派遣室長
伊藤　哲也

■はじめに

大規模災害では、大量の災害対応業務が短期間に発生することから被災をした地方公共団体の単独での対応が困難な場合が多く、被災をしていない地方公共団体の職員が被災をした地方公共団体に応援に入ることが必要となる場合が多い。総務省では、東日本大震災での経験のほか、熊本地震において被災市区町村の災害対応業務のマネジメントを支援する体制が課題とされたことや、地方公共団体を被災地方公共団体に1対1で割り当て多くの応援職員を速やかに派遣するカウンターパート方式による支援、いわゆる対口支援（たいこうしえん）が効果を上げたことを踏まえ、全国知事会、全国市長会、全国町村会及び指定都市市長会（以下「関係団体」という）と連携して、平成30年に「応急対策職員派遣制度」を構築した。制度構築以降、総務省と関係団体が連携し大規模災害の発生時に応援職員の派遣を被災市区町村に行ってきた。大規模災害時の地方公共団体間の職員の派遣は、大きく分けて応援職員が所属をする地方公共団体からの職務命令による公務出張により被災地方公共団体に入り応援を行ういわゆる短期派遣と、派遣職員が所属する地方公共団体と被災地方公共団体間で地方自治法第２５２条の17の規定に基づく手続を行い被災地方公共団体の身分を併せ有することとした上で職員派遣を行ういわゆる中長期派遣があるが、応急対策職員派遣制度に基づく派遣はいわゆる短期派遣である。

本稿では、この応急対策職員派遣制度について各地方公共団体に知っていただきたい事項の説明をする。以下の各節では、応急対策職員派遣制度の概要を説明し、応急対策職員派遣制度の運用について令和6年能登半島地震の例により説明をするとともに、当該災害の受援団体の声から応急対策職員派遣制度の運用を想定した受援団体における平時の備えの例について説明し、最後に全体の総括を行う。

なお、本稿中の意見にわたる部分については、筆者の私見であるので念のため申し添える。

■応急対策職員派遣制度の概要等

(1)　応急対策職員派遣制度が必要な背景

図表1は内閣府が作成した「災害時に市町村で発生する災害対応業務のイメージ」である。災害時には初動期から応急対応期を経て復旧・復興期に至るまで様々な災害対応業務が短期間に同時に発生することがわかる。

被災をした市区町村において災害時に発生する様々な災害対応業務のマネジメントを行いそれぞれの災害対応業務を円滑に実施することが、被災住民の生活再建のために重要である。しかしながら、過去の事例を見ると必ずしも適切にマネジメントが行われていない事例も見受けられる。そのため災害対応業務のマネジメントに対する支援が重要である。

また、これらの短期間で同時に発生する災害対応業務を被災市区町村の職員のみで対応することは困難な場合が多く、その場合は人的資源の確保が必要になる。この人的資源の確保は、災害対応業務における目の前のマンパワーの不足を解消する趣旨もあるが、災害時は復旧・復興に向けて被災市区町村の職員でなければ行えない業務も多くあることから、被災市区町村の職員でなくとも対応が可能な災害対応業務については、外部から人的資源を確保して対応し、被災市区町村の職員は被災市区町村の職員でなければ行えない業務に注力するという趣旨も含むものである。人的資源の確保は被災住民の生活再建のために重要であり、人的資源の確保の一つの方法として被災をしていない地方公共団体の地方公務員による被災市区町村に対する応援があり、この場合、多くの応援職員を速やかに派遣し支援することが重要である。

これらに対応をするために平成30（2018）年に総務省において関係団体と連携し制度化し

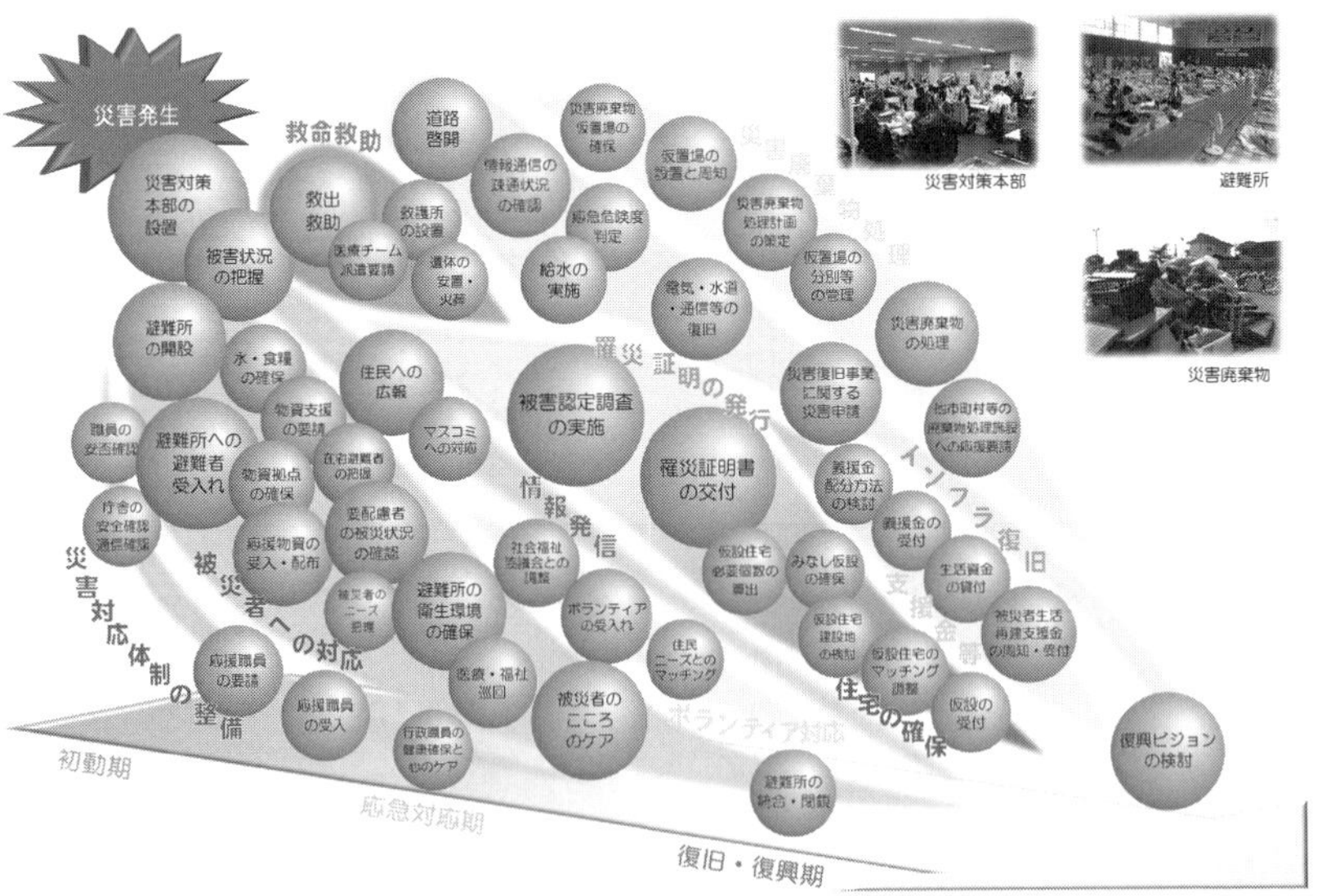

出典：内閣府（防災）「市町村のための人的応援の受入れに関する受援計画作成の手引き」（令和3年6月）

図表１　災害時に市町村で発生する災害対応業務のイメージ

たものが応急対策職員派遣制度である。

(2) 応急対策職員派遣制度(1)の概要

応急対策職員派遣制度では、前述(1)の「災害対応業務のマネジメントに対する支援」及び「多くの応援職員を速やかに派遣し支援」のそれぞれに対応する被災市区町村への地方公務員の派遣を制度化している。一つ目は被災市区町村が行う災害対応業務のマネジメントの支援のための「総括支援チーム」の派遣、二つ目は避難所の運営、罹災証明書の交付等の災害対応業務に対するマンパワー支援のための「対口支援チーム」の派遣である。両チームの派遣については、原則として被災市区町村から被災都道府県に対し応援要請を行い、被災都道府県外からの広域的な応援が必要な場合は、被災都道府県から、総務省、関係団体及び被災地域ブロック幹事都道府県で構成される応援職員確保調整本部（事務局：総務省）に連絡され、必要な調整を経た上でチームを派遣する都道府県・指定都市が応援職員確保調整本部で決定され、決定された都道府県・指定都市から被災市区町村にチームで応援のための職員が派遣される。

総括支援チームの役割は、被災市区町村の長の指揮の下で、被災市区町村が行う災害対応業務のマネジメントを総括的に支援することであり、被災市区町村の長への助言、幹部職員との調整、被災市区町村の被害状況や応援職員のニーズ把握、被災都道府県をはじめとする関係機関及び総務省との連携などを行う。総括支援チームは、災害マネジメント総括支援員（通称ＧＡＤＭ(2)（ギャドム））と災害マネジメント支援員など数名で構成され、災害マネジメント総括支援員については、災害対応に関する知見を有し、地方公共団体における管理職等の経験などを有する地方公共団体職員であり、災害マネジメント支援員については、避難所運営業務や罹災証明書の交付業務などの災害対応業務に関する知見を有する地方公共団体職員である。災害マネジメント総括支援員と災害マネジメント支援員については、所属地方公共団体の推薦を受け、総務省・消防庁で実施する研修を受講し、総務省において名簿に登録をすることによりその資格が得られる。

対口支援チームの役割は、避難所の運営、罹災証明書の交付等の災害対応業務(3)に係るマンパワー支援である。対口支援チームを派遣して応援をする地方公共団体については、都道府県又は指定都市を原則として1対1で被災市区町村に割り当てることとしている。この割り当てて応援を行うことを「対口支援」と呼んでいる。

なお、応急対策職員派遣制度において都道府県からチームの派遣を決定した場合は、管内の指定都市を除く市区町村と一体的にチームを編成し支援を行うこととされている(4)。

応急対策職員派遣制度に基づくいわゆる短期派遣に係る応援職員の派遣に要した費用の負担については、法令の定めによるほか、応援職員を派遣した地方公共団体と被災市区町村又は被災市区町村を包括する被災都道府県とが協議して定めるものとされている。その応援に要する経費(職員の時間外勤務手当・活動経費等)について、応援側の地方公共団体が負担する場合には特別交付税によりその8割が措置される。

■令和6年能登半島地震における応急対策職員派遣制度の運用等

応急対策職員派遣制度については、平成30(2018)年の制度創設以来、平成30年7月豪雨、北海道胆振東部地震、8月の前線に伴う大雨、房総半島台風、東日本台風、令和2年7月豪雨、令和4年3月福島県沖地震、令和4年8月3日からの大雨、令和5年7月15日からの大雨、令和6年能登半島地震、令和6年9月20日からの大雨、の計11の災害で運用されている（令和6（2024）年10月1日現在）。本節では応急対策職員派遣制度の運用について令和6年能登半島地震を例に説明するとともに、当該災害の受援団体の声から応急対策職員派遣制度の運用に対する受援団体における平時の備えの例について説明をする。

(1) 初　動

令和6（2024）年1月1日16時10分に地震が発生し、石川県輪島市及び同県志賀町で震度7を観測したほか、北海道から九州地方にかけて震度6強から1までを観測し、気象庁においてその名称を「令和6年能登半島地震」と定めた。

総務省の応急対策職員派遣制度の運用に係る主な初動対応としては、1月1日16時45分には応援職員確保調整本部を設置、1月2日9時55分には関係団体を通じ、全国の地方公共団体に対して速やかに応援派遣ができるよう必要な準備を要請、同日18時52分には、石川県内の輪島市、珠洲市、能登町、穴水町、七尾市及び志賀町（以下「被災6市町」という）への総括支援チームの派遣を決定し、1月3日及び4日には現地入りし活動を開始した。1月3日14時52分には石川県内の被災6市町及び加賀市に対して、中部ブロック等の都道府県・指定都市から対口支援チームとして各20名程度の派遣を決定し、1月3日から活動を開始した。その後、被災市町の人的支援ニーズを伺いながら、石川県、新潟県、富山県内の被災市町からの随時の新規・追加の派遣要請に基づき、全国の都道府県及び指定都市からの対口支援チームの派遣を決定していった。

(2) 被災市町への応援職員の派遣

被災市町への派遣状況についてまとめたものが図表2及び図表3である。前述(1)のとおり、総括支援チームについては、1月3日及び4日には現地入りし活動を開始しており災害対応業務のマネジメントの支援を行っている。支援の終了時期については、被災6市町における避難所運営や罹災証明書の交付等の状況によって異なるが、珠洲市を支援した浜松市の4月14日の支援終了から七尾市を支援した名古屋市の6月21日の支援終了まで順次支援が終了していった。

対口支援チームは、被災県・被災指定都市である石川県、富山県、新潟県及び新潟市を除く全ての都道府県・指定都市である63団体が被災

総括支援チームの派遣実績

石川県内の被災6市町に対し、総括支援チーム（避難所運営等の支援に向けた応援ニーズの確認、災害マネジメント支援）の派遣を決定。6月21日をもって、6市町全てにおいて総括支援チームの派遣を終了。

被災市町	派遣元団体※	派遣時期
輪島市	三重県	1月4日より活動開始し、5月31日に支援を終了
珠洲市	浜松市	1月3日より活動開始し、4月14日に支援を終了
能登町	滋賀県	1月3日より活動開始し、5月31日に支援を終了
穴水町	静岡県	1月3日より活動開始し、5月6日に支援を終了
七尾市	名古屋市	1月3日より活動開始し、6月21日に支援を終了
志賀町	愛知県	1月3日より活動開始し、6月16日に支援を終了

※都道府県には域内市町村職員を含む。

対口支援方式（カウンターパート方式）による派遣実績

石川県内14市町、富山県内3市及び新潟県内1市に対し、63都道府県市から対口支援方式（カウンターパート方式）による支援チームの派遣（避難所の運営・罹災証明書の交付等の災害対応業務を担うマンパワーの派遣）を決定。8月4日をもって、全ての被災市町における支援チームの派遣を終了。1日当たりの派遣人数の最大値は1月26日の1,263名。

全体派遣人数推移グラフ（8月3日時点）

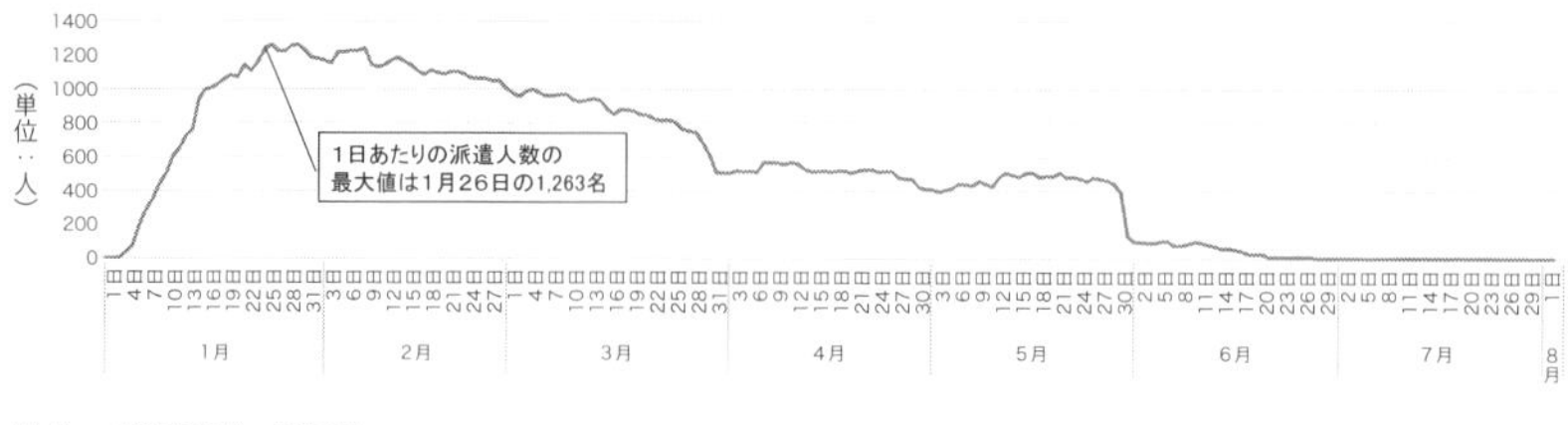

出典：総務省作成資料

図表2　能登半島地震における被災市町への応援職員の派遣

市町に応援に入った。派遣期間については、1月3日から始まり、1月26日の1263名をピークに息の長い支援が続き、8月4日に珠洲市を支援した浜松市の対口支援チームの派遣の終了まで約7か月続いた[5]。対口支援方式による支援は、被災市区町村に対して応援都道府県・指定都市が1対1で支援を行うのが原則であるが、被害の状況が甚大であったこともあり被災6市町を中心に一つの被災市町に対し多くの都道府県・指定都市の対口支援チームが入り、輪島市では令和6年能登半島地震では最大である20団体の対口支援チームが応援に入った。多くの対口支援チームが応援に入った被災6市町の総括支援チームは対口支援チーム間の調整などの災害対応業務のマネジメントも行った。

また、被災市町1団体当たりの応援団体数だけでなく応援職員数も多かったのも特徴であ

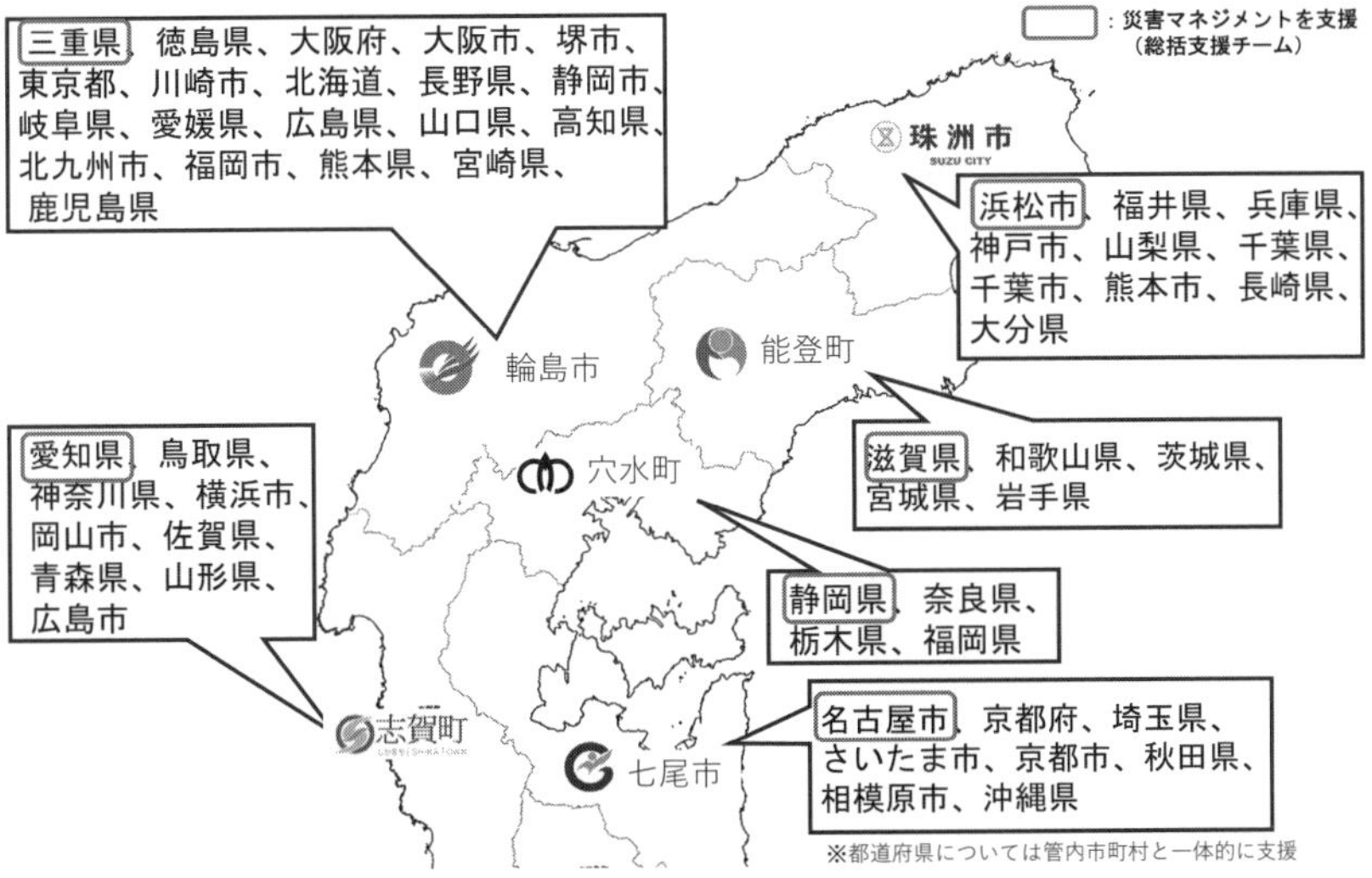

出典：総務省作成資料

図表3　能登半島地震における被災6市町への対口支援団体等

り、最大である20団体の対口支援チームが応援に入った輪島市は応援職員数も最大となり、300人規模の応援が行われた。輪島市の一般行政職の職員数は264人(6)であり、300人規模の応援職員は同市の一般行政職の職員数を超える人数である。

このような多くの応援都道府県・指定都市の対口支援チームと大人数の応援職員のマネジメントを長期間にわたって行わなければいけないという状況は、程度の差はあれ被災6市町に共通して見られた。

(3) 令和6年能登半島地震における受援団体の声から応急対策職員派遣制度の運用を想定した受援団体における平時の備えについて

総務省においては、応急対策職員派遣制度をより良い制度とするために令和6年能登半島地震における応援団体及び受援団体からヒアリングを行った。ヒアリング時の受援団体の声から応急対策職員派遣制度の運用を想定した受援団体における平時の備えの例について説明する。

まず、「応急対策職員派遣制度を知らなかった」という声である。応急対策職員派遣制度を知らない中で、膨大な災害対応業務を自団体の職員でどう処理していくか悩んだが、応急対策職員派遣制度を知り支援を受けたことで災害対応業務が進んだとのことである。「応急対策職員派遣制度の概要等」の(1)で述べたように、短期間で同時に発生する災害対応業務を被災市区町村の職員のみで対応することは困難な場合が多い。時として被災都道府県外の地方公共団体に応援を求めることが有意なこともあるため、平時から市区町村においては応急対策職員派遣制度を理解しておくことが重要である。

次に、「受援体制に課題があった」という声である。大規模災害の発生時に人的資源を自団体のみでは確保しにくい一般行政職の職員数が少ない市区町村ほど応援を求める必要性が高いことが想定される。そのため応援職員を受け入れる体制の整備については、一般行政職の職員数が少ない市区町村も含めて平時からしっかりと行う必要がある。

最後に、「総括支援チームのおかげで災害対応をスムーズに運営できた」という声である。前述のとおり、被災をした市区町村において大規模災害の発生時に発生する様々な災害対応業務のマネジメントを行い、それぞれの災害対応業務を円滑に実施することが被災住民の生活再建のために重要である。しかしながら、個別の市区町村で見ると、災害対応業務のマネジメントの経験が少ないことも想定されることから、そこをサポートするのが応急対策職員派遣制度における総括支援チームである。総括支援チームは災害マネジメント総括支援員を核に被災市区町村の長のサポートも行うことから、平時から市区町村長に応急対策職員派遣制度による総括支援チームの位置付けについて理解を得ておくと大規模災害の発生時に総括支援チームの派遣を受けた場合の災害対応業務のマネジメントがスムーズになると考えられる。

おわりに

本稿では、応急対策職員派遣制度について各地方公共団体に知っていただきたい事項について説明を行ってきた。大規模災害の発生時に被災市区町村が被災住民の生活再建を進めるためには、応急対策職員派遣制度を知り、必要がある時は、躊躇なく応援要請を被災市区町村から被災都道府県に行うことが重要である。加えて平時からの受援体制の整備も重要である。応急対策職員派遣制度を知り応援の要請を行っても、応援職員が被災市区町村で活動ができなければ応援の効果は発揮されないためである。

最後に、応急対策職員派遣制度は地方公共団体間の共助の仕組みである。運用にあたって全地方公共団体のご理解、ご協力を今後ともお願いしたい。

〈注〉

(1) 詳細は総務省ＨＰ（https://www.soumu.go.jp/main_sosiki/jichi_gyousei/koumuin_seido/hisai_chiho_kokyodantai.html）。

(2) 「General Adviser for Disaster Management」の略。

(3) 正確には「災害応急対策を中心とした災害対応業務のうち、避難所の運営及び罹災証明書の交付のほか、本制度以外の仕組み等において対象としていない業務。」が応急対策職員派遣制度の対象となっている。被災市区町村の災害対応業務への地方公務員の応援は、各府省庁がそれぞれの所管分野に基づき制度化をしている。各種応援制度については、総務省ＨＰ（https://www.soumu.go.jp/main_sosiki/jichi_gyousei/koumuin_seido/hisai_chiho_kokyodantai.html）の資料「〔参考〕災害時における応援派遣の主な仕組み（初期・応急期）」を参照。

(4) 例えば千葉県であれば、対口支援チームとしての千葉県は、千葉県庁の職員と指定都市である千葉市を除く千葉県内の市役所及び町村役場の職員で構成し、指定都市である千葉市は、千葉市として別の対口支援チームとなる。

(5) 応援職員確保調整本部も同日付で廃止をしている。

(6) 令和５（２０２３）年４月１日現在。

全国市長会による防災対策と能登半島地震への支援

全国市長会事務総長　稲山博司

■はじめに

我が国では近年、毎年のように甚大な災害が発生し、自治体においてはその都度困難な対応に迫られている。全国市長会は、全国の都市自治体の市区長により構成される、公的な性格の団体ではあるが、一方で任意団体の特色を生かしながら、全国の都市自治体に資する防災対策や被災地の支援等に取り組んでいる。本稿では、そうした本会の活動の一端を紹介することとしたい。

全国市長会の役割と組織等

本会は、昭和38年の地方自治法改正による市長の「全国的連合組織」であるが、現在、815の都市自治体（792の市と23の特別区）の全ての都市の市区長によって組織されている。

本会では、全都市に共通する課題や、単独では解決が難しい問題への対応について意見集約等を行いながら政府等に働きかけを行うなど、重要な役割を果たしてきた。近年は、各府省の個別施策の立案にあたって、全国の課題等を迅速に申し入れ、その実現を図るという各種の政策調整が主要な活動になっている。

なお、本会では、分野別の四つの常任委員会とともに、防災対策などの特別委員会等が設けられ、また、全国9ブロックに支部が、都道府県ごとに県市長会が置かれ、それぞれ各都市間の連絡等にあたっている。

■全国市長会による防災対策、被災市等の災害対応への支援

(1) 全国市長会による防災対策の概要

本会では、平成30年に「防災対策特別委員会」を設置し、防災対策の推進強化や政府等に対して要望の実現を働きかけてきた。

また、災害が発生した際には、災害対策本部などを設置して対応にあたるとともに、HPの「災害掲示板」による各市区からの情報収集や発信、総務省が運用する応急対策職員派遣制度等への参画などの支援の仕組みが整備されている。

ア　ネットワークによる発災直後の急性期における支援

本会では、主に発災急性期における被災自治体への支援を強化するため、平時から関係市区長間において連絡先を相互に共有することにより、緊密な連携のもとに迅速・効果的な被災地支援等ができるよう、緊急連絡網による体制を整備するとともに、独自の支援ルールを定めている。

具体的には、被災都市の市区長がまず都道府県会長に支援要請を行い、県内各市区からの支援では要請に応じきれないと考えられる場合には、支部長等において、支部内連絡網を活用し、支部内で必要な支援や情報提供等を行う。さらに、支部内調整のみでは要請に応じきれないと考えられる場合には、支部長か

ら、近隣支部又は会長等に応援を要請することとし、また、他の支部においては、被災地の支部長又は会長等からの要請に基づき、各支部内において応援に必要な調整を行うこととしている。

イ　国の各機関とのホットライン等による連携

災害発生時においては、被災市区長が地方整備局長に直接連絡し、テックフォース（緊急災害対策派遣隊）の派遣支援等を迅速に要請できるよう、平時からの関係強化と連絡体制を構築した。また、地方農政局等へ直接支援を迅速に要請できるような体制も構築している。

ウ　その他の団体との災害協定による支援

平成30年12月に日本弁護士連合会と連携協定を締結し、被災者への相談等を実施できるよう互いに連携協力をすることを定めた。被災後の経済的事情等による自殺といった不幸な事態を招かないよう専門家による相談支援を実施していただいている。

また、被災市区への物的支援等が迅速に行われるよう、関連企業等との連携による支援にノウハウを持つ特定非営利活動法人ジャパン・プラットフォーム（ＪＰＦ）との間で、令和元年12月に連携協定を締結した。被災都市のニーズを本会が把握してＪＰＦに要請し、ＪＰＦでは、被災市区長と直接協議して対応可能な事項を整理した上で、関連企業・ＮＧＯ等に対し物資や輸送手段等の支援の呼びかけや調整を行うこととしている。

⑵　総務省等と連携した人的支援

被災地の復旧・復興にあたっては、市町村の技術職員や事務職員の確保が大きな課題となる。地方団体からの応援職員の派遣については、総務省においては、本会などの地方三団体や指定都市市長会と連携し、発災直後の応急対策職員の短期派遣と復旧・復興段階の中長期派遣の仕組みが設けられており、本会においては、こうした取り組みと連携し、全国の市区に協力を呼びかけるなどの支援を行っている。

■能登半島地震への支援

(1) 全国の市区長ネットワークによる支援について

令和6年能登半島地震のような大規模災害では、発災直後には、政府の対策本部、地元都道府県や市町村などが核となって、被災者の救出・救助、避難所への受け入れ・運営、被災者の生活支援といった業務を迅速に行うことが求められる。その後、初動期から応急対応期、復旧復興期と推移する中で、民間企業、NPO団体、ボランティアなど国民各層からの支援活動に支えられて初めて成り立つが、その中で、全国市長会では、全国の都市自治体と市区長のネットワークを活かした支援を行ってきた。全国の市区長には、大災害を経験した方も多く、貴重なノウハウや心得が蓄積されている。被災地の首長は、突発的な事態にあって不安な心理状況に陥ることも少なくないことから、全国の同志から支えられていると思える関係を構築することは、その後の円滑な災害対応にあって重要なものとなる。

発災直後の混乱の中では、総合力の発揮が求められる一方で、個々の自治体等による一方的な支援活動が、現地の支障とならないよう留意する必要もある。ここでは、地震の発生からごく初期の発災直後の対応に絞って、全国市長会や全国自治体による支援活動を振り返ってみることとしたい。

(2) 発災直後の情報収集等について

元日に発生した能登半島地震は、極めて深刻な事態が容易に予想されたことから、本会においても「災害対策本部」を設置し、支部・都道府県市長会や都道府県、国と綿密に連携を取りながら、最大限の支援協力を行うこととした。

また、全国の市長らのネットワークにより、すぐさま災害状況の把握が行われた。全国市長会長（立谷相馬市長（当時））、防災対策特別委員長（大西熊本市長）、石川県市長会長（村山金沢市長）らが相互に連絡を取り、被災状況の確認や今後の対応について協議が行われた。大きな被害が予想された珠洲市、七尾市、輪島市の3市長ともすぐさま連絡が取られ、市長会として必要な支援を行っていくことの相互確認が行われた。こうした初動対応には、全国の首長同士のＳＮＳ等を通じた連携が少なからぬ役割を発揮したようだ。

本会では、1月2日には、市区による被災市町村への人的物的支援等の情報共有を行うための「災害情報掲示板」をホームページに開設した。また、総務省の応急対策職員派遣制度に基づく応援職員確保調整本部に参加し、まずは石川県内6市町村への総括支援チームの派遣団体が決定された。

また、1月3日には、防災対策特別委員長が、石川県知事、被災地の市長、内閣府防災対策担当大臣、防衛大臣等と連絡を取り情報交換を行ったほか、熊本市から職員4名を先遣隊（現地リエゾン）として石川県に派遣開始し、迅速な被災状況等の把握に努めた。また、都道府県市長会を通じて、各市区長等に対して、情報提供や短期的職員派遣への協力を依頼した。

(3) 発災直後の支援物資の提供等

こうした情報収集等に並行して、当会としても支援物資の確保に向けた様々な調整が直ちに行われた。発災直後から国のいわゆるプッシュ型支援が開始されており、混乱期に受け入れ態勢が整わない中で、現地の災害対応への制約要因にならないよう、被災市長からの要請を確認した上で、まずは現地が必要とするものを的確に支援するという基本方針の下に、現地との調整やニーズの把握に努めた。

また、1月2日には大西委員長が石川県知事とも連絡を取り、支援物資受け入れ体制の確保を要請し、今後の受け入れ拠点を県観光物産館とする旨の確認も行われた。こうしたことを踏まえ、支援物資等の確保に向けた働きかけが、立谷会長などの尽力の下で鋭意行われた。例えば、1月3日には、JPFや民間関係団体等と連携し、喫緊に必要な物資として簡易トイレを確保し、5日及び6日に合計4万7000個を石川県に発送した。なお、被災直後から避難者数は5万人を超える状況となっており、側面的支援とは言え、こうした個別対応での限界も強く実感された。

また、全国の都市自治体からも、姉妹都市や協定等に基づき、発災直後から給水支援や医療支援などの人的支援、支援物資の提供などの物的支援の動きがいち早く見られた。支援物資に関しては、様々な制約の下で、内閣府防災及び石川県が中心となって対応が行われた。

(4) 応急応援職員等の人的支援

正月休み中に発生した能登半島地震は、職員自身が被災者であることが多く、応急対応職員の参集も困難な状況にあった。国では、応急給水の支援、健康危機管理支援チームの派遣に加えて、総務省の派遣制度に基づき、総括支援チームに続いて、避難所の運営や物資仕分け等の応急対応のための職員派遣が進められた。厳冬期の、応援職員の宿泊場所の確保がつかないという極めて過酷な環境の下での自己完結の応援となった。

その結果、1月中旬過ぎには、順次対口支援の団体を増やす形で、石川、富山、新潟の18市町に対して、56都道府県市から全体で1000人を超える規模の派遣が行われた。この他にも、友好都市間など多くの都市自治体から様々な分野の応援職員の派遣があり、本会の「災害掲示板」にもその一部の情報提供が行われている。

⑸　国への緊急要請等

被災地では、被災者への生活支援の強化、生活関連インフラの早期復旧、災害廃棄物の処理支援、伝統工芸産業等の復興など多くの課題が浮き彫りになっていた。全国市長会としては、北信越支部市長会や被災県市長会が中心になって、「能登半島地震に関する緊急要請」を取りまとめ、1月19日には、支部長（花岡東御市長）、石川県会長（村山金沢市長）、富山県会長（藤井富山市長）らが、内閣官房長官、総務大臣、国土交通大臣らに面談の上、要請活動が行われた。

林内閣官房長官への「能登半島地震に関する緊急要請」（全国市議会議長会会長らとの共同要請）（令和6年1月19日）

また、本会として1月23日には、防災対策特別委員会を開催し、全国市長会における対応状況等を報告するとともに、今後の支援の強化が確認された。

■今後に向けて

近年の大規模な自然災害を踏まえ、本会では災害発生時における助け合いのシステムを整え、直近では、令和5年7月15日からの秋田県内の大雨等の災害でも本会ネットワークが生かされている。引き続き、国や全国の自治体、関係団体等と密接に連携しながら、災害に強い地域づくりに向けて、被災地支援等を進めていくこととしている。

災害対応にあっては、被災自治体がどう支援を受けるのか受援計画がしっかりと議論されて策定されていることが重要である。災害は想定を超えた形で突然に襲ってくる。その形態も多様であるが、各自治体の受援計画を、能登半島地震等を教訓に今一度検証し、現実に機能するより良いものにしていく取り組みが不可欠である。本会の支援活動自体は、あくまで側面的なものではあるが、市長らのネットワークの力を一層生かしたものとなるよう努力する必要もあろう。関係者のご尽力とご協力に期待するものである。

災害時のイオンの役割について

イオン株式会社執行役副社長
渡邉 廣之

■イオングループの紹介

イオンは、アジアを中心に14か国、約1万8000の店舗・拠点で総合スーパー事業やスーパーマーケット事業等の小売事業と総合金融事業やディベロッパー事業等九つの事業を展開し年間約45億人のお客さまにご利用いただいている総合小売企業集団だ。

また定款第2条に記載の基本理念において、「お客さまを原点に平和を追求し、人間を尊重し、地域社会に貢献する。」としているように、そもそも小売業は地域に根差した産業であり、地域とともに繁栄するものである。それは、小売業の重要な使命の一つである。

■イオンの災害対応

(1) 阪神・淡路大震災

イオンは、地域のライフラインとしての役割を担うため、従前より災害時に様々な取り組みを実施してきた。平成7年1月17日、兵庫県南部で発生したマグニチュード7・3の阪神・淡路大震災では、イオンの40店舗が甚大な被害を受けたが発生直後よりグループ従業員の懸命な復旧活動により、ジャスコ長田店は翌日の1月18日、食品を中心に店頭販売を開始。この迅速な対応は、平成6年、千葉市海浜幕張に完成したイオングループ本社に構築したマルチメディア衛星通信ネットワークによるものである。店舗と本社が通信を活用することで店舗の被害状況やお客さまの状況が瞬時に把握でき、「地域社会に貢献する」という小売業の使命を果たすことができた。この阪神・淡路大震災の経験を通じ、通信の重要性を再認識した。イオンは、これを機にBCP（事業継続計画）の重点項目として地震安全対策に加えライフラインとしての通信機能を更に強化した。

平成7年9月、これまでの各マニュアルをまとめた「グループ地震防災規程」を策定。これまで首都直下地震や南海トラフ地震等に対応し、7回の改定を行ってきた。

(2) 新潟県中越地震

平成16年10月23日午後5時56分、新潟県中越地方で震度6強の強い地震が発生した。ジャスコ小千谷店（新潟県小千谷市）とジャスコ十日町店は、大きな被害を受けライフラインが途絶。直ちにイオン本社

ジャスコ西宮店
（店頭販売）

ジャスコ長田店
（節分に恵方巻提供）

本社衛星通信アンテナ
（被災店舗より直接報告）

と関東カンパニーに対策本部を設置。安否確認と被害状況の確認を実施。地震発生から約1時間後には、支援物資や人的応援の手配を開始した。翌24日朝には、支援物資がジャスコ小千谷店に到着、おにぎりやパン、毛布、カイロなどを提供した。さらに、25日には小千谷市から要請のあった医薬品をヘリコプターで緊急空輸した。また、発災翌日の10月24日には、ジャスコ小千谷店駐車場に緊急避難用大型テント「バルーンシェルター」が国内で初めて使用され、約3週間、最大450人の被災者が四つのシェルターで避難生活を送った。これを機に全国各地へ「バルーンシェルター」の配備計画が進められ、現在、イオンのショッピングセンター（SC）を中心とした30か所に配備している。

(3) 東日本大震災

平成23年3月11日14時46分、東日本大震災が発生。地震発生時、東北地方のイオングループでは449店舗が被災し、従業員合計約2万7000人が勤務していた。店舗でお買い物中のお客さま1人と従業員1人が亡くなり、多数の重軽

国内初の緊急避難用大型テント展張

ジャスコ小千谷店

傷者が発生した。多くの店舗が営業を中止。物流センターでは東北・関東地方の10か所が被害を受け、特に東北の物流センターや仙台プロセスセンターは壊滅的な影響を受けた。

震災発生15分後、イオン本社に対策本部を設置。安否確認や建物の安全確認、物流体制の再構築を再優先に状況確認に奔走。状況把握に衛星電話やEメールを活用し被災地への応援部隊派遣と支援物資の配送を指示。従業員の安否確認は、発災3日後の3月14日までに74％、15日までに86％が確認された。応援部隊はイオングループ各社より延べ2600人が派遣され、物流面では静岡以西の物流センターを代替センターとして活用し、その後東北地区の物流センターは、6月1日に完全復旧した。物流が滞る中、イオンは、航空・鉄道会社と連携し、被災地に物資を提供。日本航空と連携し、トップバリュのレトルトごはんを青森に空輸。またJR貨物と提携し、水や食品を大阪から秋田へ輸送。さらにはフランス、韓国、中国など海外から水やティッシュなどの物資を調達し、トルコ政府から提供されたミネラルウォーターを含め、これらを被災地へ届けた。

震災後1か月間で77自治体から支援物資要請を受け、約200万点を提供。旧ジャスコ南方店跡地を仮設住宅用地として無償提供し、351戸を建設した。

震災直後、イオン多賀城店では店長が迅速に避難を指示し、約600人が無事避難。イオン石巻SCでは、約900人が屋上に避難、その後2階フードコートを臨時避難所として開放。避難者は約2300人に達し、食品や毛布を提供。3月26日に約2週間に及ぶ避難所としての役割を終了した。

震災後、イオンは早期営業再開を目指し復旧に全力を注いだ。発災翌日には東北地方の161店舗が営業を再開、2週間後には94％が営業再開。甚大な被害を受けていたイオン気仙沼店とイオン多賀城店も仮営業を開始。開催が危ぶまれた地域の名物行事「ゆりあげ港朝市」もイオンモール名取の敷地内で開催。8月には東北地方の全441店舗が営業再開を果たした。

平成25年、政府は震災復興期間を「復興・創成期間」とし、被災地自立支援を決定。これを受け、イオンは「にぎわい東北　つなげよう、ふるさとのチカラ」をスローガンに掲げ、地域の創生を目指すと発表。食品や日用品の供給が困難な東北地方沿岸部で出張販売や移動販売を実施。平成26年にイオンタウン釜石（岩手県釜石市）、平成28年にイオン広野店（福島県双葉郡広野町）を開店。平成30年に開店したイオンモールいわき小名浜（福島県いわき市）は津波対策を強化し、災害時の避難スペースを提供する設備を整えた。現在も東北各県の地元産品を「にぎわい東北」として国内各店舗で販売しているほか、海外でも東北フェアを地域の方々と連携し実施している。

さらに東北の創生に向けた方針の一つとして「地域の未来を〝ともにつくる〟社会貢献活動」を掲げ、これまでに東北エリア約35か所で31万9897本の植樹を行ったほか、延べ41万4515人のグループ従業員が瓦礫の撤去や帰還・移住に向けた家屋片付け等、地域産業の復興支援ボランティア活動を行った。

⑷　能登半島地震

令和6年1月1日の能登半島地震では、約1万人がイオン施設に避難。イオンは店舗再開を速やかに実施。1月29日には輪島市で移動販売を開始。店頭販売も実施し、多くの被災者が食材や日用品を購入。1月末までに約146万個の物資を提供。2月5日に穴水町の小学校2校が授業を再開し、トップバリュ商品を中心にゼリーやヨーグルトなどを給食補食として提供。その後、支援は24校に拡大し、春休みまで続けた。

イオンBCM

東日本大震災以降、イオンは災害時の適切な対応はもとより、平常時からの運用・改善・定着を図る事業継続マネジメント（BCM）を実施する必要性を認識。BCPの実効性向上を目指して「イオングループBCM5か年計画」を策定した。目的は災害時の社会的責任の遂行、外部連携による技術習得及び各社BCPの相互連携。計画は、1人命を守る（安否確認、被災者支援、物資供給）、2生活を守る（早期営業再開と非被災地店舗の活力向上）、3安全・安心な施設（地域防災拠点構築）を柱としている。

「イオンBCMプロジェクト」では「情報」「施設」「商品・物流」「訓練」「外部連携」の五つの分科会を設け、産・官・学・民が一体となり地域防災の仕組みづくりを推進した。商品・物流分野では、取引先との情報共有を強化し、工場の被災情報を共有する仕組みを構築。定期的な物流訓練も実施している。施設安全分野では、全国67か所の防災拠点化と30か所に「バルーンシェルター」を配備。受水槽に災害時用バルブも約70店舗に設置。情報分野では「イオン災害状況報告システム」で被害状況を把握し、「イオンレスキューWEB」で地域の被災情報を収集。大規模地震を想定した訓練も定期的に実施している。訓練分野では、店舗と本社での被害確認や早期復旧訓練、年2回の総合防災訓練を実施。外部連携分野では、エネルギー会社、地域行政、病院、大学、民間企業との連携を強化し、全国で1080以上の防災協定を締結。平成29年には小売業で初めて災害対策基本法に基づき「指定公共機関」として指定された。イオンが有する広範な事業領域で、災害時の商品調達・物流、一時避難所としての機能、平時の防災啓発活動で社会に貢献している。

■まとめ

イオングループのＢＣＭ運営において、地域のお客さまや自治体、お取引先さまと一体となって取り組むこと、過去の災害データの蓄積、実践や訓練での継続的なアップデート、専門家の科学的根拠に基づく助言と最新知見の取り入れが重要である。減災に向けた取り組みをショッピングセンター単位で計画し、地域のお客さまと共に訓練や啓発活動を実施していくことで有事の際の小売業の使命を果たしていく。

〈インタビュー〉県内解体業者、県外業者が語る
民間企業による能登半島地震への対応

■被災地での取り組み（発災から1か月）

地元解体業者　令和6年1月1日の能登半島地震発災後、人命救助に奔走している中、1月末に復旧の初期段階として被災建物の解体の話があった。しかし当時、2万とも5万ともカウントされた建物の解体をどのように進めるか、その規模感から予想することもできなかった。しかも、道路や自宅の敷地をふさぎ、復旧作業や生活再建の妨げにもなっていた。

そのような中、東日本大震災時の公費解体などを経験した地元企業などの知見から、1棟を1週間で解体したとして、所定の期間内に完了させるとすると500～800班、作業人員3000～5000人、重機等が約1000～2000台、運搬車両が2000～3000台必要と想定した。

地元企業がその仲間だけで対応できるかどうか不安はあったが、まずは地元が立ち上がる必要があると思い行動した。

県外業者A　一方で被災地の状況をニュース等で知り、平成19年の震災の際に協力した企業は、交通網、技術面での専門業者の不足などを心配した。そこで何とか現地に行って何かできないかと思い、車を走

らせたが、やはり現地に行けず、方々へ連絡したが、その打開策がなく、悶々としながら被災地を後にした。

県外業者B 我々は炊き出し、支援物資の搬送など現地のボランティア活動から参画した。何とか身体は現地に行けたが、物資や資材が不足しており、できることを日々やっている状況だった。さらに道路の状況が悪いため、金沢から片道3時間から4時間かけて被災地に入った。水道も復旧しておらず、宿泊場所がないため基本は金沢から日帰りで、作業時間は1日4時間ほどだったので、発災から1か月は何ができたかわからない状況だったが、何かしらの支援をしていた。これが実感である。しかし、この何かしらの支援をしたことが大事な時期だったのかもしれない。

■被災地での取り組み（発災から2か月目）

地元解体業者 発災から、1か月過ぎると、様々な状況がわかりつつある一方、いろいろな情報が流出した。ただ、この時期の情報の多くは憶測による情報や、伝聞による過大過小となった情報なども多く含まれていた。さらに、情報のタイムラグもあり、1週間前のこと、1か月前のことが今の情報のように伝わっていた。

県外業者A 県外の我々のところには、似たような情報が別々の所から入った。例えば、「奥能登地域で解体が始まるが、人と重機を地元会社が必要としている。来週にも名簿を提出して現地にいつから乗りこみできるか連絡がほしい」という情報が、地元企業からと言って伝わってきたり、大手建設会社が募集していると伝わってきたりした。その具体的な内容などもバラバラで、実際は解体が今後始まるということだけが事実で、それ以外は伝言の中で情報が変化したもののようだった。しかし、この情報を信じて、作業員や重機などを集めて動いた会社は、「いつになったら始まるんだ？」という被災地を応援したいという気持ちから疑念に変わったケースもあり、被災地への思いが離れたりしていた。

県外業者B　また、この時期、行政やマスコミにより解体撤去に10年以上かかるなどという情報がクローズアップされていたが、今思うと、その表現の意図は、「早期に対応しなければ、被災者の人口流出に歯止めがかからず、生活再建もできない」ということだと思う。また、地域でボランティアをしていると、一生の中で何度も災害に遭うと「別の場所に引っ越そうかな」という声をよく聞いた。

地元解体業者　地元の民間の団体においても、各会員の現状報告も含め、被災地の現場状況を独自に集約して意見交換する災害対策本部会議を月1回開催し始めた。このような会議は現在も続いており、正しい情報をリアルタイムで集約し共有することが重要だと思う。

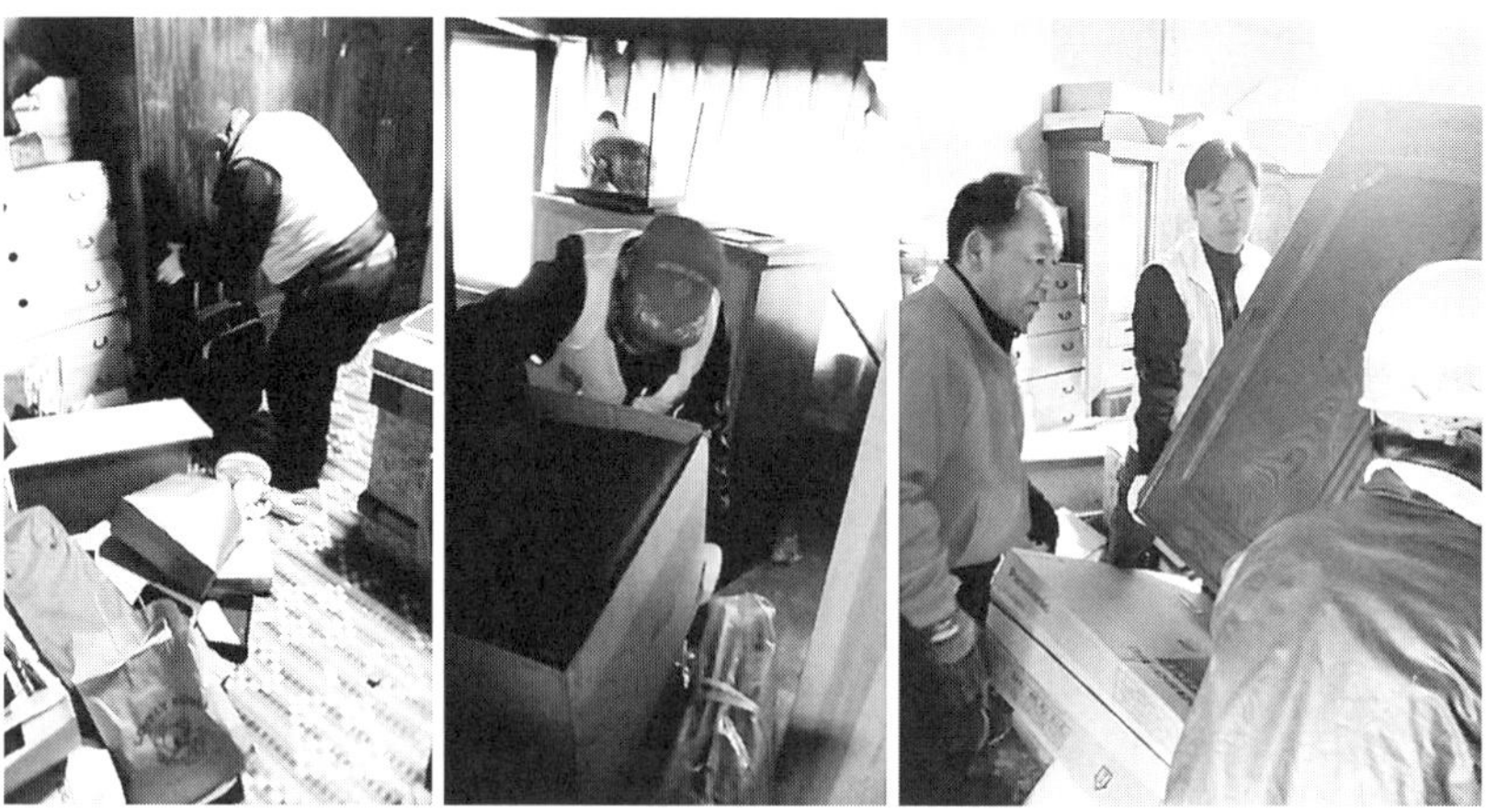

家屋内での支援活動

■被災地での取り組み（発災から3か月目）

地元解体業者　何かを変えなければならないという時期であった。発災から3か月、避難生活もかなり限界になりつつ、卒業、入学、入社など新年度を迎える変化の時期でもあった。しかし、その新しい変化の時期に1月から時間の止まった空間は複雑な気持ちであった。

県外業者A　3か月目ではないが、我々が被災地の解体作業に取りかかったのは、さらにその3か月後で、その際には4人で被災地の近くに家を借りて対応し始めた。金沢から被災地へ毎日通うのは無理があるので、なるべく近くということでこの方法をとった（それでも片道1時間ほど要するが）。本来はこのような行動が発災後3か月目にはできたらよかったが、準備が整うまでに時間がかかった。

その最大の理由の一つが、能登地方の業者だけでは足りず県内外の業者が作業に従事しているものの、半島の先に位置する被災地の交通の便の悪さなどに加えて宿泊施設が不足しているため、解体作業をなかなか始められないということだと思う。

県外業者B　解体の作業は、単純に建物を解体すれば良いのではなく、重機で解体した後に、手作業で木材や金属などを分別している。そして仮置場まで運搬する。このような作業のため、1棟解体するのに約1週間から10日ぐらい時間を要していた。しかも仮置場までの道が狭かったり、凸凹していたりと思った以上に作業は進まない状況であった。さらに、仮置場が思ったより狭かったり、ボランティアの人たちの搬入があったりと結構仮置場が混雑していることも日々の作業が進まない原因であった。

■被災地における取り組みの苦労

地元解体業者　解体したくてもできない、解体してもらいたいけどできないといった事態は、地域性もあると思う。古くからの集落や町は相続の関係で、相続の権利者全員の同意がないため解体の申請ができないといった話を地元で聞く。確かに、建物が新しければ所有者がはっきりしているが、古い家や敷地内での以前の母屋で現在使用していない建物など、おじいちゃんの名義のままということがある。そのため、そのような古い家がすぐには壊せない、壊さないと新しい家の修理に入れないなどといったことが起きているようだ。

県外業者A　このことは東日本大震災時にもあり、土地の所有者と建物の所有者が相続の関係で異なる。さらに、兄弟で建物を半分ずつ相続しているなど、相続時は仲良く区分したつもりが、災害時には裏目に出た感じだと思う。

地元解体業者　蔵など登記上ない建物の扱いも難しい。母屋より被害が大きく、母屋より先に解体したほうが良いが、建物としての判断がつかず解体できないことがある。我々としても被災地の方に寄り添いながら作業を実施していきたいが、作業が進まなかったり、安全が確保できなかっ

運搬された支援物資

たりすると対応をお断りしなければならないこともある。

県外業者B 災害復旧を行っていく上で、電気や水道のライフラインも大切であるが、一番は道路などのインフラである。元々が狭い道も多い地域であるが、倒壊した建物等や道路に散乱した支障物のため、さらに通行できる車両の大きさが制約される。場所によっては片側通行の個所もあり15㎞位離れた場所の仮置場に1日1回しか運べないこともあった。

また、我々が解体した場所はガスについては心配はなかったが、都市ガスの地域では、火災や爆発などにも留意が必要だと思う。

県外業者A 災害時の対応で行政の方も大変苦労していると思う。しかし、被災地の気持ちを考えると災害時の手続きや判断などが遅いような気がする。東日本大震災の時もそうであったが、行政の方は通常の事務を行いながら、災害対応の事務も行っているため、圧倒的にマンパワーが不足していると感じる。現地の情報が行政に伝わり反映される仕組みも少ないため、我々からの情報を活用できる仕組みがあると現場で何が困っているか、何が問題かを的確に把握できるのではないか。

県外業者B 解体する建物としない建物、解体すべきだけど解体できない建物などが、エリア内に点在していることも解体作業を難航させている。できれば隣近所複数の建物を解体でき、その他のライフラインなども新規に作り直したほうが良いと思う。たまたま古い家で、今回は一部損壊で済んだが、次は半壊や全壊となるかもしれない、隣の家が新しくなった際に迷惑をかけるかもしれないといった地域の近所付き合いでの心配事も被災地にはあるようだ。

■おわりに

建物の解体に関係する県内外の企業の方にお話を伺った。どの災害でも、これまでも被災地は懸命に復興に向けて日々努力している。特に被災を受けた方々の気持ちを第一に何をやるか、どのようにすべきかを考えていく仕組みが今後必要であると強く感じた。

（聞き手：（株）価値創造マネジメントセンター代表取締役　日高　正人）

おわりに――

「災害対応市町村現場の経験と知恵を集約！防災関係者必読の書！」――市町村アカデミー学長で復興庁事務次官等を歴任された岡本全勝氏からいただいた推薦の言葉である。まさに、現場の経験と知恵を可能な限り集約した本だと自負している。

筆者は、社会システムマネジメント及びプログラム&プロジェクトマネジメントという分野を専門とし、大学では大型の地域産学連携研究・実践事業のPO（プログラム・プロジェクトオフィサー）かつ学生指導を行いながら、共同編者である森民夫氏らと一般社団法人NEXTの活動に関わっている。

社会システムマネジメントに関わっていると、AIやデータサイエンスの最前線で活躍する方とお話をする機会が多い。話の結論はだいたい「横串で判断をしている人たちの現場の経験と知恵が最も（AIシステムの実装上）重要」だということになる。

また、地域活性化マネジメントについても長らく従事しており、フィールドワーカーとしても、常に多くの事象に目を配らなければならない現場のリーダーたちの経験と知恵こそ、多くの人々に伝えるべきものであると確信している。まさに発災当時も執筆当時も現役の首長であった方々十数名、全国各地から「経験と知恵」をお寄せいただいたことは、極めて重要な機会であったと考えている。

プロジェクトマネジメントやフィールドワーカーとして関わっている立場から感じることは、「特定の地域にたまにしか起こらない」災害だからこそ、不断の経験→改善の積み重ねが重要であり、特に緊急事態には、システムの律速段階というかキーとなる「稀少な人的リソース」、例えば、地元のプロフェッショナル、民間のノウハウ、若い人、各分野のベテラン等を組織的に確保することが必須となる。本書においてもしばしば取り上げられる、啓開（移動ルートを確保すること）、建造物解体、生活（圏）重視の視点、ケアマネジメントの重要性、企業運営のノウハウの取り入れ等、ロジスティックス全般、ソフト・ハード両面にまたがって、重要な観点である。

今回、本書籍の取りまとめの中心を担ったのは一般社団法人NEXTのメンバーで、長年、地方自治や社会システムと向き合ってきたベテランで構成されている。

NEXTの略称は、Neighbourhood Empowerment Transformation（＝X）Team の頭文字を並べたもので、近隣同士が協力して（高め合って、ポテンシャルを引き出し合って）、新たな展開を開いていくチームという意味を込めている。

近隣とは、（距離はあっても）仲間という意味合いでもあり、誰かが誰かに命令、従属するということではなく、あらゆる分野で地域に関わる人々の相互支援の関係づくりを進めていこうとするものである。NEXTはこうした視点に立って、地域のあらゆる課題に取り組んでいきたいと考えており、関係者の皆様方の参画に期待している。

本書は広範な分野を網羅している。実務には必要不可欠だが、少し整理する気持ちで、私が気になったキーワードを掲げてみた。

避難場所の確保・運営、罹災証明実務、公費解体、自治体加入LINEグループ、SNSの発信、アウトドアライフの応用、過去の被災者との交流・支援、トイレカー、創造的復興、まず啓開という考え方、中央からのではなく地域の実情に根ざした超法規的措置、初期対応と課題の振り返り、カタストロフィーとも言える状況への対応策、リーダーと対策チームのモチベーション、ＢＣＰ、情報発信、迅速性、正確性、経済的欲求・承認欲求によるデマの拡散対策、自治体間の連携・協調による災害支援、教訓の蓄積と制度への反映、広域合併した地域への対応、条件不利地域の切迫感、対口（たいこう）支援、地域のライフライン、生活圏の考え方による多くのステークホルダーの協力、思いつきではなく、運用経験に基づく法制度や周辺制度の改革。

最近、老朽化したインフラ対策の重要性への認識が改めて高まっており、さらに巨大地震や気候変動に伴う大災害等が予期（正確な予測は無理にしても）される時代となった。ハード面ではなく、基礎自治体や民間組織による災害対策の経験と知恵の活用を目指していきたいものである。最後となったが、多忙を極めておられる全国の現役首長の方々をはじめとした共著者の皆様、私どもとともにこの本の制作に取り組んで下さった(株)ぎょうせいの皆さんに心からの感謝の意を表したい。

令和7年2月

早稲田大学環境総合研究センター上級研究員
ＡＥＯＮＴＯＷＡリサーチセンター副代表
岡田久典

著者等略歴

※令和7年1月現在

〈第1章〉

泉谷　満寿裕（いずみや・ますひろ）

珠洲市長

昭和39年生まれ。昭和62年早稲田大学政治経済学部政治学科卒業。昭和62年から平成7年野村證券株式会社勤務を経て、平成7年に泉谷菓子舗入社。平成15年泉谷菓子舗代表。平成16年珠洲生必株式会社代表取締役。平成18年6月珠洲市長に就任（現在5期目）。

茶谷　義隆（ちゃたに・よしたか）

七尾市長

昭和40年七尾市生まれ。昭和59年石川県立七尾高等学校卒業。平成2年近畿大学法学部法律学科卒業。昭和59年から大阪国税局及び管内税務署勤務。平成25年北陸税理士会・税理士を経て、令和2年11月七尾市長に就任（現在2期目）。

片岡　聡一（かたおか・そういち）

総社市長

昭和34年総社市生まれ。昭和59年青山学院大学法学部卒業。内閣総理大臣公設第一秘書等を経て、平成19年総社市長に就任（現在5期目）。全国に先駆けて平成29年「総社市大規模災害被災者の受入れに関する条例」を制定。平成30年の西日本7月豪雨災害において、全国初の行政主導のペット避難所を開設するなど、いち早く独自の災害対策を実施。

柿沼　伸佳（かきぬま・のぶよし）

一般財団法人国連支援財団事務局次長

一般社団法人国連支援SDGS促進協会代表理事、一般財団法人国連支援財団事務局次長／人道的災害救助支援航空隊副司令官。金融業界を経て現職。人道的支援、社会貢献活動、災害支援や地域文化の振興、地域経済の振興等に日々活動。

日高　正人（ひだか・まさと）

株式会社価値創造マネジメントセンター代表取締役

阪神・淡路大震災後、国の各種計画や制度策定の支援を手がけ、近年では、

PMC（プロジェクトマネジメントコンサルタント）という我が国初の事業支援スキームを提唱し、災害廃棄物処理、地域の復興や再生、地域の価値創造を実施。

佐竹　直子（さたけ・なおこ）
チーム中越代表／蔵王のもりこども園園長／NPO法人多世代交流館副代表理事
新潟県長岡市生まれ。昭和60年に地元の高校卒業後、白梅学園短期大学で学び、昭和62年から長岡市内の保育園で勤務。平成4年には青年海外協力隊でフィリピンに派遣され、ピナツボ火山被災地の保育者養成等に携わる。帰国後は多世代交流、子育て支援、被災地支援、保育施設の運営などに力を入れている。

〈第2章〉

森　民夫（もり・たみお）
前長岡市長
昭和24年長岡市生まれ。昭和47年東京大学工学部建築学科卒業。昭和50年建設省入省。平成11年長岡市長に当選（以降5期）。平成21年全国市長会会長に就任（以降4期）。中央教育審議会委員、東日本大震災復興構想会議部会長代理、中央防災会議専門委員等を歴任。平成28年長岡市長退任。以後、近畿大学、筑波大学客員教授、東京大学非常勤講師、（一社）NEXT代表理事等を歴任。

〈第3章〉

徳山　日出男（とくやま・ひでお）
政策研究大学院大学客員教授
昭和32年岡山市生まれ。東京大学工学部卒業。工学博士。昭和54年建設省入省。平成8年アメリカ合衆国連邦政府国際研究員、平成23年1月東北地方整備局長に着任後、53日目に東日本大震災が発生。人命救助、復旧、復興に尽力。平成27年国土交通事務次官。平成28年に退官後、現職。

山本　正徳（やまもと・まさのり）
宮古市長
昭和30年宮古市（旧田老町）生まれ。岩手医科大学歯学部卒業。宮古歯科医師会副会長（平成12年）、合併協議会委員（平成16年）、宮古市教育委員（平成17年）、教育委員長（平成20年）を経て、平成21年7月3日から宮古市長に就任（現在4期目）。

菅原　茂（すがわら・しげる）

気仙沼市長

昭和33年生まれ。東京水産大学（現東京海洋大学）水産学部卒業。昭和55年4月から株式会社トーメン（現豊田通商）、平成4年1月から株式会社菅長水産、平成19年1月から自由民主党宮城県第6選挙区支部（小野寺五典事務所）に勤務。平成21年12月から衆議院議員小野寺五典氏公設第一秘書。平成22年4月30日第2代気仙沼市長に就任（現在4期目）。

佐藤　仁（さとう・じん）

南三陸町長

宮城県志津川町（現在の南三陸町）生まれ。同町議、同町長を経て、歌津町と合併して発足した南三陸町の初代町長に就任（現在5期目）。東日本大震災の当日、町防災対策庁舎で津波に巻き込まれたが生還。「なりわいの場所は様々であっても、住まいは高台に」を基本に、防災集団移転促進事業、災害公営住宅整備事業等を実施し、令和5年7月に復興事業を完遂させた。

立谷　秀清（たちや・ひできよ）

相馬市長

昭和26年相馬市生まれ。昭和52年福島県立医科大学医学部卒業。医師免許取得。昭和55年公立相馬病院（現:公立相馬総合病院）勤務。昭和61年医療法人社団茶畑会理事長就任。平成7年福島県議会議員1期。平成14年1月19日相馬市長に就任（現在6期目）。

山本　育男（やまもと・いくお）

富岡町長

昭和33年生まれ。昭和58年東京農業大学卒業。富岡町議会議員（平成12年3月から平成29年1月）、富岡町議会副議長（平成24年3月から平成28年4月）、富岡町商工会会長（平成21年5月から平成30年5月）を経て、令和3年8月富岡町長に就任（現在1期目）。

岡田　久典（おかだ・ひさのり）

早稲田大学環境総合研究センター上級研究員、博士（工学）

山口県生まれ。熱帯農学専攻。メガバンクのシンクタンク研究員等を経て、現職。国際P2M（プロジェクト・プログラム）学会理事、地域活性学会域学連携部会長。現在の専門は社会システムマネジメント。現在、AEONTOWAリサーチセンター副代表、（一社）NEXT理事などを務める。

原　雅彦（はら・まさひこ）
アイボックス株式会社代表取締役
広島県生まれ。災害廃棄物関連として、京都市災害廃棄物収集運搬処理システム開発、釜石市災害廃棄物収集運搬処理システム開発、東日本大震災釜石市災害廃棄物処理事業業務支援、東京都大島町災害廃棄物処理事業業務支援、関東地方環境事務所災害廃棄物処理計画作成モデル事業業務支援に従事。その他多くの廃棄物処理関連事業に携わり、現在に至る。

〈第４章〉

大西　一史（おおにし・かずふみ）
熊本市長
昭和42年熊本市生まれ。商社勤務、内閣官房副長官秘書を経て、平成９年熊本県議会議員に初当選（以降５期）。平成26年11月熊本市長に就任（現在３期目）。全国市長会防災対策特別委員長。

大森　とも子（おおもり・ともこ）
河内パワフルおに嫁ブランド推進協議会会長
昭和29年熊本市生まれ。熊本市内の短大を卒業後、医療機器メーカーに就職。結婚を機に退職し、河内町に嫁ぐ。結婚以降、義両親・夫とともに河内みかんの生産に40年以上従事。平成23年にみかん農家のお嫁さんを中心に組織した「河内パワフルおに嫁ブランド推進協議会」の会長に就任。

西村　博則（にしむら・ひろのり）
益城町長
昭和31年生まれ。県立熊本工業高校卒業。造船会社勤務を経て、昭和51年４月益城町入庁。保険課長、健康づくり推進課長を歴任。平成26年４月の益城町長選に出馬し、当選。現在３期目。

〈第５章〉

松井　一實（まつい・かずみ）

広島市長

昭和28年広島市生まれ。京都大学法学部卒業。昭和51年労働省入省。在英国日本大使館一等書記官、労働省婦人局婦人労働課長、労働省職業安定局高齢・障害者対策部高齢者雇用対策課長、厚生労働省大臣官房総務課長、厚生労働省大臣官房総括審議官（国際担当）・ILO理事（政府代表）、中央労働委員会事務局長を歴任。平成23年４月広島市長に就任（現在４期目）。

室田　哲男（むろた・てつお）

政策研究大学院大学教授、防災・危機管理コースディレクター

昭和34年神戸市生まれ。昭和59年東京工業大学大学院社会工学専攻修了。同年自治省入省。総務省消防庁国民保護・防災部長、広島市副市長等を歴任。令和５年７月から現職。博士（政策研究）。東京大学生産技術研究所研究顧問。

〈第６章〉

伊東　香織（いとう・かおり）

倉敷市長

平成２年東京大学法学部を卒業後、郵政省（現総務省）に入省。平成20年に倉敷市長に就任し、これまでに岡山県市長会長、中核市市長会長、中国市長会長などを歴任。現在、全国市長会副会長。平成30年７月西日本豪雨災害では、真備地区の復旧復興の陣頭指揮を執り、災害に強いまちづくりに取り組んでいる。

〈第７章〉

仁科　洋一（にしな・よういち）

小国町長

昭和27年生まれ。日本大学文理学部社会学科卒業。東芝セラミックス株式会社（現クアーズテック合同会社）アメリカ社CFO、同取締役常務、コバレントマテリアル株式会社（現クアーズテック合同会社）執行役上席常務総務部長、同小国事業所長、グローバルウェーハズ・ジャパン株式会社管理部長を歴任。平成28年小国町長に就任（現在３期目）。

〈第８章〉

伊藤　哲也（いとう・てつや）
総務省自治行政局公務員部応援派遣室長
昭和45年生まれ。法政大学大学院修了。博士（公共政策学）。平成４年４月自治省入省。島根県地方課、各務原市企画財政部参与、青森市企画財政部長、消防庁地域防災室課長補佐、内閣官房国土強靱化推進室参事官補佐などを経て、令和５年７月より現職。

稲山　博司（いなやま・ひろし）
全国市長会事務総長
昭和34年徳島県徳島市生まれ。昭和58年３月東京大学法学部卒業。同年４月自治省入省。平成20年６月群馬県副知事、平成26年７月総務省選挙部長、平成27年７月官房総括審議官、平成29年７月消防庁長官、平成30年８月内閣官房まち・ひと・しごと創生本部地方創生総括官を歴任し、令和元年７月退官。令和２年８月から現職。

渡邉　廣之（わたなべ・ひろゆき）
イオン株式会社執行役副社長 人事・生活圏推進担当兼リスクマネジメント管掌
昭和57年伊勢甚ジャスコに入社。平成６年よりイオン本社人事部勤務。平成18年銀行業参入に携わり、平成24年にイオンフィナンシャルサービス取締役、平成27年イオン銀行代表取締役社長、平成29年イオンフィナンシャルサービス取締役副社長を歴任。令和４年にイオン株式会社執行役、令和４年より現職。

日高　正人（ひだか・まさと）
株式会社価値創造マネジメントセンター代表取締役
※第１章略歴を参照

首長たちの戦いに学ぶ
災害緊急対応100日の知恵

令和７年４月20日　第１刷発行

編　集　（一社）NEXT代表理事・前長岡市長
森　民夫

発　行　株式会社**ぎょうせい**
〒136-8575　東京都江東区新木場1-18-11
URL：https://gyosei.jp

フリーコール　0120-953-431
ぎょうせい　お問い合わせ　検索　https://gyosei.jp/inquiry/

〈検印省略〉

印刷　ぎょうせいデジタル株式会社

ISBN978-4-324-11503-9
（5108990-00-000）
〔略号：災害知恵〕